WiSo-KURZLEHRBÜCHER

Schmitz/Seibt

Einführung in die anwendungsorientierte Informatik

Band 1: Systemtechnische Grundlagen

Einführung in die anwendungsorientierte Informatik

Band 1: Systemtechnische Grundlagen

von

Dr. Paul Schmitz
Professor für Informatik an der Universität zu Köln

und

Dr. Dietrich Seibt
Professor für Betriebswirtschaftslehre,
insbesondere Betriebsinformatik
Universität Essen (GHS)

3., verbesserte Auflage

Verlag Franz Vahlen München

CIP-Kurztitelaufnahme der Deutschen Bibliothek

Schmitz, Paul:
Einführung in die anwendungsorientierte Informatik / von Paul Schmitz u. Dietrich Seibt. – München : Vahlen
(WiSo-Kurzlehrbücher)

NE: Seibt, Dietrich:

Bd. 1. Systemtechnische Grundlagen. – 3., verb. Aufl. – 1985.
ISBN 3 8006 1136 8

ISBN 3 8006 1136 8

Druck: Buch- und Offsetdruckerei Wagner GmbH, Nördlingen

Vorwort zur 3. Auflage

Die in der 2. Auflage vorgenommenen Veränderungen und Erweiterungen im Bereich „Systemtechnische Grundlagen" der Anwendungsorientierten Informatik haben sich bewährt. In der jetzt vorgelegten 3. Auflage sind eine größere Anzahl von Korrekturen, Präzisierungen und aktuellen Ergänzungen berücksichtigt worden, die sich einerseits als Resultat dreijähriger Lehr-Erfahrungen mit der 2. Auflage ergeben haben, andererseits zur Anpassung an die inzwischen weiterentwickelte DV-Technologie notwendig erscheinen. Aufbau und Gliederung des Buches sowie inhaltlicher Umfang bleiben hiervon unberührt.

Das Konzept für den bereits 1982 angekündigten Band II „Gestaltung technologiegestützter betrieblicher Informationssysteme" muß noch einmal vollständig überarbeitet werden. Das sprunghafte Wachstum des Einsatzes von Mikrorechnern am Arbeitsplatz und die zunehmende Vernetzung verschiedener Typen von technologiegestützten Informationssystemen wirken sich entscheidend auf den Gestaltungsprozeß aus und machen ein neues Konzept für den II. Band erforderlich.

Wiederum möchten wir unseren Mitarbeitern, die uns Anregungen für die Neuauflage gegeben haben, herzlich danken. Wertvolle Hinweise und Vorschläge haben wir von unserem Kollegen, Herrn A. Schönlein erhalten. Ganz besonderer Dank gebührt Frau Dipl.-Hdl. Ursula Pickel für die Koordination der redaktionellen Arbeiten und für die sorgfältige Durchführung der Änderungen im Manuskript.

Köln, Essen im März 1985 — P. Schmitz, D. Seibt

Vorwort zur 1. Auflage

Aufgabe der anwendungsorientierten Informatik ist die Entwicklung von benutzerorientierten Informationssystemen, d.h. von Mensch-Maschine-Systemen, in denen als Aufgabenträger neben den Menschen das automatische Datenverarbeitungssystem – das Computersystem – tritt. Je nach Anwendungsgebiet entstehen verschiedene anwendungsorientierte Informatiken; schon jetzt konkretisieren sich die Betriebsinformatik, deren Objektbereich betriebliche Informationssysteme sind, die medizinische Informatik, die juristische Informatik usw. In dieser Einführung sollen insbesondere die methodischen, vom konkreten Objektbereich unabhängigen Aspekte der anwendungsorientierten Informatik dargestellt werden. Soweit zur Erläuterung exemplarische Beispiele herangezogen werden, geschieht dies vornehmlich an Aufgabenstellungen aus der Betriebswirtschaft, wodurch jedoch die Allgemeingültigkeit der grundsätzlichen Ausführungen nicht geschmälert wird.

Gegenüber anderen Einführungen in die Informatik, bei denen meist das Rechnersystem oder einzelne Komponenten eines solchen Systems im Mittelpunkt stehen und bei denen die Anwendungen vielfach nur peripher behandelt werden, wird hier der Versuch unternommen, ein Gleichgewicht zwischen den Funktionen des automatischen Datenverarbeitungssystems und denjenigen Aktivitäten, die zu dessen Anwendung notwendig sind, herzustellen. Die Verfasser sind sich über die Problematik dieser Idee wegen der derzeit noch nicht ausgereiften wissenschaftstheoretischen Konzeption der Informatik im Klaren; insofern soll diese Einführung als ein Versuch einer integrativen Darstellung anwendungsorientierter Mensch-Maschine-Systeme verstanden werden.

Die Grundidee für den Aufbau dieses Buches besteht darin, aus den Teilaufgaben eines Informationssystems, die einer automatischen Bearbeitung zugeführt werden sollen, Anforderungen an die hierbei einzusetzenden Hilfsmittel abzuleiten. Dieser Ableitungsprozeß wird iterativ durchgeführt; insbesondere entsteht auf diese Weise in mehreren Schritten ein ständig detaillierteres Konzept eines automatischen Datenverarbeitungssystems. Wir sind sicher, daß hierdurch für den anwendungsorientierten Leser ein verständlicher Zugang zur automatisierten Datenverarbeitung gegeben wird.

Bei der Betrachtung des automatischen Datenverarbeitungssystems steht dessen funktioneller Aufbau, der in erster Linie für die Anwendung von Bedeutung ist, im Vordergrund. Demgegenüber wird der konstruktive Aufbau solcher Systeme, der ja zudem einem ständigen technischen Wandel unterworfen ist, nur peripher dargestellt.

Obwohl Wirtschaftlichkeitsprinzipien im Rahmen dieses Buches immer wieder als Zielsetzungen bei der Ableitung der Anforderungen an die Hilfsmit-

tel des Automatisierungsprozesses herangezogen werden, wird die Gesamtproblematik der Wirtschaftlichkeit rechnergestützter Informationssysteme nicht breit behandelt, da hierzu der Rahmen, der für diese Einführung zur Verfügung stand, nicht ausreichte.
In diesem Buch wird Wert auf klare Begriffsbestimmungen gelegt. Soweit entsprechende Begriffe des Deutschen Normenausschusses aus dem Bereich der Informationsverarbeitung existieren, wurden diese herangezogen. Damit soll ein Beitrag zur notwendigen Vereinheitlichung der teilweise verwirrenden Vielfalt von Begriffsbestimmungen auf dem Gebiet der Informatik geleistet werden.
Das Buch ist im wesentlichen aus Vorlesungen an der Universität zu Köln entstanden. Es ist in erster Linie als Einführung für Studierende gedacht. Daneben soll es aber auch dazu verhelfen, dem in der Datenverarbeitung Tätigen Hintergründe und Zusammenhänge in seinem Arbeitsbereich transparent zu machen.
Für die Unterstützung bei der Bearbeitung der Korrekturabzüge möchten wir Herrn Dipl.-Kfm. U. Hasenkamp und Herrn stud. rer. pol. W. Klein herzlich danken.

Köln, im Januar 1975 P. Schmitz, D. Seibt

Vorwort zur 2. Auflage

Die Grundideen dieser Einführung in die anwendungsorientierte Informatik, nach denen bereits die erste Auflage konzipiert worden ist, haben sich bewährt, so daß dieselben auch für diese überarbeitete zweite Auflage beibehalten werden konnten. Insbesondere das Konzept der schrittweisen Verfeinerung eines ADV-Systems erleichtert den Zugang zu den Systemtechniken der automatisierten Datenverarbeitung. Gerade für Studenten, die bis dahin noch keine Berührung mit der Informatik gehabt haben, bewährt sich dieses Konzept, wie die Vorlesungen an den Universitäten Köln und Essen auf der Basis dieser Einführung zeigen.
Auch die durchgängige Verwendung klarer Begriffsbestimmungen – weitgehend auf der Basis der Begriffe des Deutschen Normenausschusses – wurde beibehalten. Leider konnten jedoch noch nicht alle Änderungen und Ergänzungen der wichtigsten Norm DIN 44300 in ihrer überarbeiteten Form einbezogen werden, da sie erst jetzt als Neuentwurf vorgelegt wurden und noch nicht als endgültig und ausgereift angesehen werden können. Soweit in den Begriffsbestimmungen auf die DIN-Norm abgestützt wird, handelt es sich zum Teil um derzeit gültige Normen, zum anderen auch um modifizierte Bestimmungen entsprechend den jetzt vorliegenden Entwürfen.
Die in der ersten Auflage in einem Band konzipierte Einführung wird nunmehr auf zwei Bände verteilt: Die Darstellung der Phasen der Entwicklung

eines rechnergestützten betrieblichen Informationssystems sowie die betrieblichen Voraussetzungen und methodischen Hilfen haben in der ersten Auflage etwa 30% des gesamten Volumens eingenommen. Gerade die Erfahrungen und Erkenntnisse über diese beiden Teilbereiche und ihre Bedeutung für die Lehre haben in den letzten Jahren erheblich zugenommen. Diese Gründe haben uns veranlaßt, den Prozeß der Gestaltung technologiegestützter betrieblicher Informationssysteme einschließlich der hierzu verfügbaren Methoden in einen zweiten Band zu verlegen.
Die betont funktionelle Betrachtungsweise, die bereits der ersten Auflage zugrundegelegen hat, wurde ebenfalls beibehalten. Infolgedessen waren keine tiefgreifenden Änderungen notwendig. Die fortschreitenden Entwicklungen haben ihren Niederschlag gefunden in Form von Ergänzungen der neuen Abschnitte 4, 5 und 6. Der Abschnitt 6 wurde um ein Kapitel über ADV-Systemklassen ergänzt. Die Beispiele für automatisierbare Teilaufgaben innerhalb von Abschnitt 7 wurden zum Teil durch neuere Beispiele ersetzt. Wesentliche Erweiterungen enthält der Abschnitt 9. Hier sind insbesondere die Ausführungen über das Betriebssystem sowie über die Grundlagen für Datenbanksysteme, soweit sie für eine Einführung erforderlich sind, ergänzt worden. Außerdem ist dieser Abschnitt erweitert worden um ein Kapitel über die grundlegenden Verbundformen von ADV-Systemen.
Auch die Neuauflage des Buches ist gedacht als eine Einführung für Studierende und hierbei insbesondere für solche der Wirtschaftswissenschaften. Daneben soll es aber auch dem erfahrenen Praktiker eine Hilfe für das Verständnis der Hintergründe und Zusammenhänge liefern.
Allen unseren Mitarbeitern, die Anregungen für die Neuauflage gegeben haben, möchten wir an dieser Stelle herzlich danken. Ganz besonderer Dank gilt Frau Dipl.-Hdl. Susanne Berendes für die Koordination der redaktionellen Arbeiten und Frau stud. rer. pol. Ursula Pickel für die sorgfältige Erstellung des Manuskriptes.

Köln, Essen, im Sommer 1982 P. Schmitz, D. Seibt

Inhaltsverzeichnis

1 Einführung

1.1 Zum Begriff Informatik

Informatik als eigenständige Wissenschaft ist noch zu jung, als daß man eine einheitliche Begriffsbestimmung für dieses Fachgebiet erwarten könnte. Es gibt eine Vielzahl unterschiedlicher Definitionen für diesen Begriff Informatik, die sich in Gegenstand und Zielsetzung unterscheiden. Das Spektrum der Auffassungen soll durch einige wichtige Begriffsbestimmungen illustriert werden. Gleichzeitig soll diese Betrachtung die historische Entwicklung aufzeigen.

Grundlagen für die Entwicklung der Informatik lieferten etwa ab 1935 der englische Mathematiker A.M. Turing mit seinen Überlegungen über die Möglichkeiten und Grenzen der Berechenbarkeit mit Hilfe von automatischen Rechenmaschinen, der deutsche Ingenieur K. Zuse mit seinen Arbeiten zum Bau des ersten programmgesteuerten Rechners (Z 3) und der amerikanische Mathematiker C.E. Shannon mit seinen Arbeiten über Schaltkreis-, Codierungs-, Informations- und Kommunikationstheorie. Die Geschichte des Baus von Automaten, insbesondere von Rechenmaschinen, reicht allerdings bis weit in das Mittelalter. Sie ist u.a. mit den Namen Leibniz, Schickard, Pascal und Babbage verbunden.

Die Rechnerentwicklung und die damit in Verbindung stehenden wissenschaftlichen Überlegungen haben nach dem Zweiten Weltkrieg zunächst in den USA große Fortschritte gemacht. Meilensteine waren die Entwicklung der MARK I von Harward (1945) und die Entwicklung der ENIAC (Electronic Numerical Integrator and Calculator) von J.P. Eckert und J.W. Mauchly (ebenfalls 1945). Die theoretischen Überlegungen, durch die das noch heute tragende Prinzip des "Computer mit Programm im Speicher" gefunden wurde, stammen von J. von Neumann. Sie wurden 1946 in seiner Arbeit "Preliminary Discussion of an Electronic Computing Instrument" niedergelegt.

In den USA verwendete man bald die Begriffe

- Computer Science,
- Information Science,
- Computer and Information Science.

"Information Science" hat die wissenschaftliche Information zum

Gegenstand [1] und steht damit dem russischen Begriff "Informatika" nahe [2]. "Computer Science" befaßt sich als Wissenschaft vom Computer mit Aufbau und Strukturen von Computern und - je nach Interessenlage der Wissenschaftler - auch mit der Computer-Anwendung [3].

In Frankreich ist der Begriff "Informatique" verbreitet worden. Von der Académie Francaise wird für "Informatique" folgende Begriffsbestimmung gegeben: "Science du traitement rationnel, notamment par machines automatiques, de l'information considérée comme le support des connaissances humaines et des communications, dans les domaines technique, économique et social" [4]. Bei dieser Abgrenzung steht die Information im Vordergrund der wissenschaftlichen Betrachtung. Rechner werden lediglich als technisches Hilfsmittel zur Verarbeitung von Informationen gesehen.

In der Bundesrepublik Deutschland ging die Initiative zur Einführung einer eigenständigen wissenschaftlichen Disziplin "Informatik" von einer Gruppe von Mathematikern, Elektrotechnikern und Physikern aus, die sich für eine verstärkte Verwendung von Rechenanlagen in Universitäten, Technischen Hochschulen und Forschungszentren eingesetzt hatte. Aufgrund der fachlichen Ausrichtung dieses Initiativkreises erfolgte eine starke Anlehnung an die "Computer Science". In der Begründung der Rahmenordnung für die Diplomprüfung in Informatik ist die Informatik 1969 definiert worden als "Technik des Entwurfs und der Anwen-

---

1) Information Science wurde vom Georgia Institut of Technology wie folgt definiert: " Information Science is a Field of Study and Research Concerned with the Nature and Properties of Information, and with the Laws Governing its Generation, Organisation, Transformation and Utilization."

2) "Informatika" wird definiert als "wissenschaftliche Disziplin, die die Struktur sowie die Eigenschaften wissenschaftlicher Informationen untersucht. Vgl. Michajlov, A.E.; Cerny, A.E. und Giljarevskij, R.S.: Grundlagen der wissenschaftlichen Dokumentation und Information. Köln und Opladen 1970, Band 1, S. 43

3) Den ersten Versuch zur Begründung einer Computer- and Information-Science als neue Wissenschaft machte S. Gorn, ohne jedoch eine genaue Begriffsbestimmung zu geben. Gorn, S.: The Computer and Information Science. A New Basic Discipline. In: Society for Industrial and Applied Mathematics Revue, April 1963, S. 150-155

4) Vgl. hierzu IFIP World Conference on Computer Education 1970. Conference Edition of the Papers in Three Parts, edited by B. Scheepmaker, Amsterdam 1970, Vorwort.

dung von Datenverarbeitungssystemen" [5].

Im zweiten Datenverarbeitungsprogramm der Bundesregierung, das sich insbesondere die Förderung der Computer-Anwendung zum Ziel gesetzt hatte, wurde Informatik gleichgesetzt mit "Wissenschaft von der Struktur, den Computersprachen und der Programmierung von Datenverarbeitungsanlagen sowie der Methodik ihrer Anwendung einschließlich der Mensch-Maschine-Wechselwirkung" [6]. Der erste Teil dieser "Definition" ist konzentriert auf den Computer als Erfahrungs- und Erkenntnisobjekt. Im zweiten Teil wird angedeutet, daß die wissenschaftliche Behandlung der Methodik der Computer-Anwendung eine Erweiterung des Erfahrungs- und Erkenntnisobjektes der neuen Wissenschaft erforderlich macht: Anwendungen bzw. Anwendungssysteme beinhalten neben Rechnern immer auch Menschen als Systemkomponenten. Die Gestaltung rechnergestützter bzw. automatisierter Informationssysteme, die heute in vielfältigen Formen für verschiedene Zwecke in vielen Organisationen zum Einsatz kommen und unentbehrlich geworden sind, macht eine umfassende Wissenschaft von den Informationssystemen erforderlich. Diese "Allgemeine Informatik" soll nicht nur für die technischen Probleme von Computern, sondern auch für die organisatorischen, verhaltensstrukturellen und ökonomischen Fragen der Informationssysteme - als Mensch-Computersysteme - zuständig sein [7].

Der Nutzen einer "Allgemeinen Informatik", die als Interdisziplin die Erkenntnisse verschiedener Wissenschaften auf ihr Erfahrungsobjekt "Informationssysteme als Mensch-Maschine-Systeme" anwendet und zu einer neuen Synthese verbindet, tritt um so klarer hervor, je mehr die Spezialisierung in den einzelnen Teilgebieten Platz greift. Ein deutliches Beispiel hierfür ist die Kerninformatik - von vielen als "die eigentliche Informa-

---

5) Vgl. Kommission für Prüfungs- und Studienordnungen der Ständigen Konferenz der Kultusminister der Länder in der Bundesrepublik Deutschland und der Westdeutschen Rektorenkonferenz - Fachausschuß für die Diplomprüfungsordnung der Informatik: Studienmodelle für das Studium der Informatik. o. O. 1969

6) Vgl. Bundesminister für Bildung und Wissenschaft (Hrsg.): Zweites Datenverarbeitungsprogramm der Bundesregierung. (Bonn 1971), S. 29

7) Vgl. Szyperski, N.: Unternehmungs-Informatik. Grundlegende Überlegungen zu einer Informationstechnologie für Unternehmungen. BIFOA-Arbeitsbericht 68/2, S. 6; ebenso Grochla, E.; Szyperski, N.; Seibt, D.: Ausbildung und Fortbildung in der Automatisierten Datenverarbeitung. Eine Gesamtkonzeption. München - Wien 1970, S. 65ff.; ebenso Grochla, E.; Schmitz, P.; Seibt, D.; Szyperski, N.: Ein Vorschlag für einen Studiengang "Diplom-Betriebswirt der Fachrichtung Informatik". In: Angewandte Informatik, Heft 2/1972, S. 85

tik", von anderen als "Informatik im engeren Sinne" bezeichnet. Im Studien- und Forschungsführer Informatik wird die (Kern-)Informatik als "Wissenschaft von der systematischen Verarbeitung von Informationen - insbesondere der automatischen Verarbeitung mit Hilfe von Digitalrechnern - bezeichnet [8]. Im Fächerkatalog für die Informatik, der 1976 vom Fakultätentag Informatik festgelegt wurde, wurden folgende Teilgebiete abgegrenzt [9]:

- Theoretische Informatik

  (Teilgebiete: Automatentheorie, Formale Sprachen, Algorithmentheorie, Informations-, Kommunikations-, Codierungstheorie usw.)

- Praktische Informatik

  (Teilgebiete: Datenstrukturen und -organisation, Programmier- und Dialogsprachen, Übersetzerbau, Betriebssysteme usw.)

- Technische Informatik

  (Teilgebiete: Schaltungstechnologie, Mikroprogrammierung, Rechnerorganisation, Prozeßrechner usw.)

- Anwendungen der Informatik

  (in der Mathematik, in der Betriebs- und Volkswirtschaft, in Recht und Verwaltung, in Naturwissenschaft und Technik usw.)

In diesem Katalog wird nirgendwo ein zentrales Erfahrungs- und Erkenntnisobjekt deutlich, von dem aus die Frage nach der konstruktiven Aufgabe dieser Wissenschaft beantwortet werden kann. Statt dessen haben sich eine Reihe von speziellen Informatiken herausgebildet, die auf die jeweiligen besonderen Probleme der Computer-Anwendung in verschiedenen Bereichen eingehen, beispielsweise die Betriebs- und Wirtschaftsinformatik, die Medizininformatik, die Verwaltungsinformatik und die Rechtsinformatik. Gegenstand dieser speziellen Informatiken sind Beschreibung, Erklärung und Gestaltung rechnergestützter bzw. - allgemeiner - technologiegestützter Informationssysteme als Mensch-Maschine-Systeme in den jeweiligen Organisationen der verschiedenen Bereiche, z.B. in Betrieben und Unternehmungen, in medizinischen Einrichtungen, in Behörden und staatlichen Einrichtungen.

Die Abgrenzung der Wissenschaft "Informatik" muß sowohl eine

---

[8] Vgl. Studien- und Forschungsführer Informatik, hrsg. von W. Brauer, W. Haacke und S. Münch. 2. Aufl.; Berlin 1984, S. 39

[9] Vgl. Studien- und Forschungsführer Informatik, hrsg. von W. Brauer, W. Haacke und S. Münch. 2. Aufl.; Berlin 1984, S. 67

Antwort auf die Frage nach der konstruktiven Aufgabe geben als auch die Breite der heute existierenden Anwendungsbereiche berücksichtigen. Aus diesem Grund wird Informatik wie folgt definiert:

> *Informatik*: Wissenschaft zur Beschreibung, Erklärung und Gestaltung von technologie-gestützten Informationssystemen als Mensch-Maschine-Systeme in Organisationen.

Informatik wird somit hier gesehen als "Konstruktionslehre für technologiegestützte Informationssysteme in Organisationen". Schon heute - und in Zukunft verstärkt - wird nicht nur eine Technologie (die Rechnertechnologie), sondern werden mehrere Technologien zur Gestaltung von Informationssystemen als Mensch-Maschine-Systeme eingesetzt. Die Informatik muß das Zusammenwachsen dieser Technologien aus der Sicht des Gestaltungsobjektes "Informationssysteme" berücksichtigen, wenn möglich zweckgerecht beeinflussen.

Die terminologischen und sprachlichen Probleme bei der Zusammenführung von Wissen aus den verschiedenen Teilgebieten der Informatik dürfen nicht unterschätzt werden. Abgesehen von einer bisher fehlenden Basis bewährter, auf einem gemeinsamen Vorverständnis beruhender allgemeingültiger Grundbegriffe, sind gegenwärtig beträchtliche Sprachschwierigkeiten zwischen den Informatikern mit unterschiedlichen Interessenschwerpunkten feststellbar. Diese Schwierigkeiten werden sich nicht dadurch aus dem Wege räumen lassen, daß man eine und nur eine einheitliche (Meta-)Sprache auf hohem Abstraktionsniveau für alle Informatiker fordert. Eine solche Sprache kann wahrscheinlich nur einen (kleinen) Teil der vorhandenen Kommunikationsprobleme lösen helfen. Wichtiger erscheint die (schrittweise) Einigung auf eine einheitliche Entwicklungsmethodologie, die auf den zentralen Gegenstand "technologiegestützter Informationssysteme als Mensch-Maschine-Systeme" ausgerichtet ist. Alle Teilgebiete der Informatik würden aus Sicht einer solchen Methodologie einordnenbar und auf Relevanz beurteilbar. Zur Schaffung der Entwicklungsmethodologie wird man einerseits als Eingangsgrößen die Erkenntnisse und Erfahrungen aus den anwendungsorientierten bzw. gestaltungsorientierten speziellen Informatiken nutzen müssen. Andererseits muß diese Entwicklungsmethodologie mit einer sprachlichen Vereinheitlichung und Präzisierung verbunden sein, die sie zum allgemein verwendbaren Instrument für alle Informatiker werden läßt.

1.2 Zur Betrachtungsweise der anwendungsorientierten Informatik

Das Grundmodell eines rechnergestützten Informationssystems besteht darin, daß ein oder mehrere menschliche Problem- bzw. Aufgabenträger ein Gerät (= Rechner) benutzen, um durch ihn ihr(e) Problem(e) lösen bzw. ihre Aufgabe(n) abwickeln zu lassen [10]. Voraussetzung ist, daß das Gerät eine Arbeitsvorschrift enthält bzw. ihm eine solche Arbeitsvorschrift eingegeben werden kann, durch die der Prozeß der Aufgabenabwicklung festgelegt - "programmiert" - wird. Die Rechner der ersten Rechnergeneration boten kaum Hilfen in Form von Programmiersprachen oder vorprogrammierten Problemlösungen, durch die die Formulierung der Arbeitsvorschriften unterstützt werden konnte. Der Formulierungsaufwand war hoch und mußte in vollem Umfang vom Benutzer getragen werden. Da in der Pionierzeit der Computer-Anwendung nur eine sehr kleine Anzahl von einzeln gefertigten Computern durch eine sehr kleine Anzahl von Benutzern eingesetzt wurde, fand man sich - gezwungenermaßen - mit dieser Schwierigkeit ab.

Dies änderte sich ab der sogenannten zweiten Computergeneration (ca. Ende der 50er Jahre). Einige große Hersteller von elektronischen und elektrotechnischen Geräten erkannten, daß Computer nicht nur in technischen Labors sowie in mathematischen und naturwissenschaftlichen Instituten für einige Spezialisten nützlich sein konnten. Sie prognostizierten vielmehr einen sprunghaften Anstieg der Anzahl der potentiellen Computer-Anwender unter der Voraussetzung, daß spezielle Hilfsmittel geschaffen würden, die den Anwendern die Benutzung des Computers erleichterten. Seit der zweiten Computergeneration, die den Übergang zur Serienproduktion von Computern markiert, ist es üblich, zwischen die Anlage als technischem Gerät und den Anwender mit der Aufgabe, die er auf diesem Gerät zur Abwicklung bringen will, Betriebs- und Kommunikationshilfen (Betriebssysteme, Programmiersprachen, vorprogrammierte Lösungen für Teilprobleme) zu schalten. Auf diese Weise wird die Nutzung automatischer Da-

[10] Szyperski spricht in diesem Zusammenhang von "Aktor-Systemen", in denen sich "Informationsbenutzer" und "Informationsgeneratoren" als Aktortypen gegenüberstehen. Menschen und Rechner können jeweils entweder Benutzer oder Generatoren sein. Vgl. Szyperski, N.: Informationssysteme, computergestützte. In: Handwörterbuch der Organisation, 2. Aufl. Stuttgart 1980, S. 920ff.

tenverarbeitungssysteme erleichtert. Der Formulierungs-/Programmierungsaufwand für den Anwender wird dadurch erheblich verringert. Bei der Betrachtung des Zusammenhangs zwischen der Aufgabe, dem technischen Gerät und den Betriebs- und Kommunikationshilfen lassen sich zwei grundsätzlich verschiedene Auffassungen erkennen: Die geräteorientierte und die anwendungsorientierte Betrachtungsweise.

Bei der ersten Betrachtungsweise (vgl. Abbildung 1-1) ist das technische Gerät die Basis des Systems. Das Gerät wird ohne

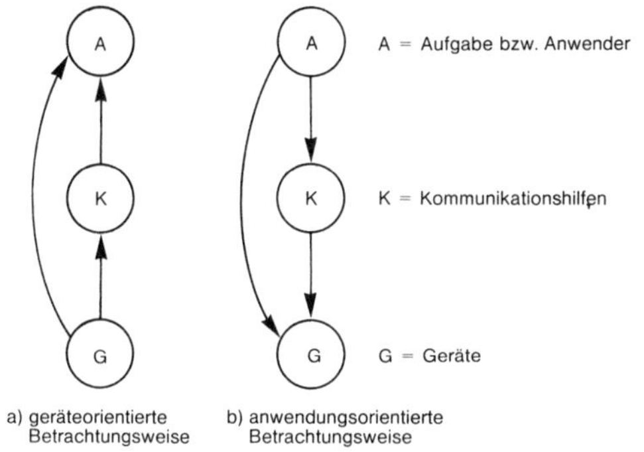

Abb. 1-1: Zur Betrachtungsweise der Informatik

Orientierung an der möglichen Anwendung, d.h. ohne Berücksichtigung der Probleme der potentiellen Benutzer konzipiert. Aus der Funktion des Gerätes werden die Betriebs- und Kommunikationshilfen abgeleitet, wiederum ohne Berücksichtigung der Aufgaben, die später mit diesem System erfüllt werden sollen. Der Anwender muß seine Aufgabe gezwungenermaßen auf die Gegebenheiten des vorhandenen Gerätes und der vorhandenen Betriebs- und Kommunikationshilfen ausrichten. Er steht bei dieser Betrachtungsweise auf der niedrigsten Stufe.

Eine solche Betrachtungsweise ist dem heutigen Stand der Computertechnik und -Anwendung nicht angemessen. Sie ist in reiner Form auch nicht mehr anzutreffen. Sie war ausgeprägt in den Anfängen der Computer-Entwicklung. Es zeigt sich aber auch heute noch, daß bei der Entwicklung von Geräten und von Betriebs- und Kommunikationshilfen noch zuwenig Rücksicht auf die Erfordernisse der Anwendung genommen wird. Beispiele sind technisch überzüchtete Anlagen oder Anlagenteile mit Eigenschaften, die nicht wirtschaftlich genutzt werden können, und vorprogrammierte Teillösungen, die nicht durchschaubar sind, weil sie zu speziell auf die technischen Besonderheiten einer bestimmten Anlage ausgerichtet sind.

Die anwendungsorientierte Informatik benutzt die umgekehrte Blickrichtung (vgl. Abbildung 1-1). Ausgangspunkt ist das zu lösende Problem bzw. die abzuwickelnde Aufgabe oder Aufgabengruppe. Aus der Aufgabe wird abgeleitet, wie die Betriebs- und Kommunikationsmittel beschaffen sein müssen. Aufgabe, Betriebs- und Kommunikationshilfen bestimmen dann das Gerätekonzept.

Weniger noch als die geräteorientierte ist die anwendungsorientierte Betrachtungsweise in reiner Form und ohne Berücksichtigung der grundsätzlichen technischen Möglichkeiten denkbar. Vielmehr muß es sich um einen iterativen Prozeß handeln: Ausgehend von einem groben Aufgabenkonzept ergibt sich zunächst ein grobes Anforderungsprofil für die Betriebs- und Kommunikationshilfen und für das Gerätekonzept. Mit diesem Grobprofil lassen sich dann umgekehrt das Aufgabenkonzept und daraus wiederum die Betriebs- und Kommunikationshilfen und Geräte weiter verfeinern. Insbesondere auch für die Einführung in die anwendungsorientierte Informatik ist diese Vorgehensweise zu empfehlen, da der Lernende die ADV-Anlage hierbei nicht als Selbstzweck, sondern als Hilfsmittel zur Lösung von Problemen kennenlernt. Dies entspricht dem Standort des anwendungsorientierten Informatikers, für den der Aufbau von Informationssystemen als Mensch-Rechner-Systeme zur Erfüllung von Informationsverarbeitungsaufgaben, die sich im Kontext einer Organisation stellen, zentraler Gegenstand ist.

1.3 Phasen der Entwicklung von technologiegestützten Informationssystemen zur Erfüllung von Informationsverarbeitungsaufgaben

Die Entwicklung eines komplexen Systems, mit dessen Hilfe über einen längeren Zeitraum hinweg Daueraufgaben erfüllt werden sollen, ist selbst häufig ein komplizierter Prozeß, an dem viele Personen und organisatorische Stellen zu beteiligen sind. Diese Aussage gilt nicht nur für rechnergestützte Informationssysteme, sondern beispielsweise auch für den Bau eines Kraftwerkes, für die Einrichtung einer neuen Fertigungsstraße oder für den Bau eines Flugzeuges.

Zur Bewältigung der Komplexität und zur Sicherung der organisatorischen Beteiligung wird der Entwicklungsprozeß üblicherweise in überschaubare Phasen gegliedert. Die Anzahl der Phasen und die Abgrenzung der Phasen voneinander sind bestimmten Bedingungen der einzelnen Systementwicklung individuell anzupassen, beispielsweise

- der inhaltlichen und funktionalen Komplexität des Systems,
- dem Umfang der vorhandenen Ressourcen,
- der geplanten Entwicklungsdauer,
- dem Grad der Konkretisierung und Detaillierung der Vorüberlegungen (wie genau weiß man schon, was man will?).

Für die Entwicklung von technologiegestützten Informationssystemen wird vorgeschlagen, den Entwicklungsprozeß in sachliche und in formale Phasen zu gliedern. Es handelt sich hier um zwei Dimensionen des gleichen Prozesses.

Unterschieden werden zunächst acht sequentiell zu durchlaufende, sachliche, d.h. am Gestaltungsobjekt "Informationssystem" orientierte Phasen:

Phase I : Initialisierung
Phase II : Voruntersuchung
Phase III : Grobkonzeption
Phase IV : Logisch-organisatorischer Detailentwurf
Phase V : Datenverarbeitungstechnischer Detailentwurf
Phase VI : Realisierung (parallel logisch/organisatorisch und datenverarbeitungstechnisch)
Phase VII : Übergabe/Einführung (parallel logisch/organisatorisch und datenverarbeitungstechnisch)
Phase VIII: Feinanpassung

Die Phasen I bis V können zum ersten Hauptabschnitt "Entwurf und Analyse" zusammengefaßt werden. Die Phase VI bildet den zweiten Hauptabschnitt "Realisierung" der Systementwicklung. Dem dritten Hauptabschnitt "Erprobung und Konsolidierung" sind die Phasen VII und VIII zuzuordnen. Erst nach einer bewußt vollzogenen Feinanpassungsphase sollte dann der routinemäßige Betrieb des fertig entwickelten Informationssystems beginnen. Der Systembetrieb ist nicht Teil der Systementwicklung, obwohl er immer wieder von Wartungsphasen unterbrochen werden wird, die bestimmte Aktivitäten beinhalten, die auch in bestimmten Entwicklungsphasen auftreten.

Über die Dauer der Systementwicklung und des Systembetriebs können keine allgemeingültigen Aussagen gemacht werden. Diese Größen hängen von vielen Faktoren ab, beispielsweise vom Umfang der Funktionen, die automatisiert werden, von der Menge der Personen/Stellen, die am Entwicklungsprozeß beteiligt sind, weil sie spätere Benutzer des Systems werden, und von der Geschwindigkeit, mit der sich Technologie-Veränderungen vollziehen. Im allgemeinen wird die Systembetriebsdauer ein Vielfaches der Systementwicklungsdauer betragen. Beide zusammen bilden die Lebensdauer (life time) des Systems. Der in 8 Phasen eingeteilte Systementwicklungsprozeß und der durch eine mehr oder weniger große Anzahl von Wartungsphasen unterbrochene Systembetriebsprozeß bilden gemeinsam den Lebenszyklus (life cycle) eines Informationssystems. Lebensdauer und Lebenszyklus sind wichtige Kriterien, "die vor allem bei den Entscheidungen im Hauptabschnitt Entwurf und Analyse" berücksichtigt werden müssen.

In einer zweiten Dimension können darüberhinaus drei formale Phasen, Planung, Durchführung und Kontrolle unterschieden werden, die prinzipiell als Teilphasen bei jeder einzelnen sachlichen Entwicklungsphase durchlaufen werden sollten. Abbildung 1-2 zeigt den gedachten Zusammenhang zwischen den sachlichen und den formalen Phasen in Form einer Matrix.

Die Verwendung "normativer Formulierungen" bei der Erläuterung der Phasen der Informationssystementwicklung soll zweierlei verdeutlichen:

- Es gibt (noch) keine allgemein anerkannte, durch vielfachen Einsatz in der Realität der Systementwicklung überprüfte und bewährte Vorgehensweise bezüglich der Phasen-Abgrenzung/Gliederung;
- die Verfasser empfehlen aufgrund eigener subjektiver Erfahrungen und Erkenntnisse eine bestimmte Vorgehensweise.

Die detaillierte Begründung für diese Vorgehensweise wird im zweiten Band dieser Einführung geliefert.

1.4 Wissenstransfer zur Informatik

Damit die Hauptaufgaben der Beschreibung, Erklärung und Gestaltung technologiegestützter Informationssysteme in Organisationen wirksam erfüllt werden können, muß ein Wissenstransfer von verschiedenen Disziplinen bzw. Wissenschaften stattfinden. Abbildung 1-3 zeigt die Zusammenhänge in grob vereinfachter Form [11]. Es soll verdeutlicht werden, daß nicht nur technologieorientiertes Wissen verschiedener Provenienz, sondern auch Kenntnisse über Organisationsstrukturen, über menschliches Verhalten, über Ziel-Mittel-Relationen sowie über Beziehungen zur

11) In Anlehnung an Seibt, D.: Betriebsinformatik. In: Handwörterbuch der Betriebswirtschaftslehre, 4. Aufl., hrsg. von E. Grochla und W. Wittmann, 1974, Sp. 583

Objektbez. Phasen / Formale Phasen	Initialisierung	Voruntersuchung	Grobkonzeption	logisch-organisatorischer Detailentwurf	Datenverarbeitungstechn. Detailentwurf	Realisierung	Übergabe/ Einführung	Feinanpassung
Planung								
Durchführung								
Kontrolle								

Abb. 1-2: Objektbezogene und formale Phasen der Entwicklung technologiegestützter Informationssysteme

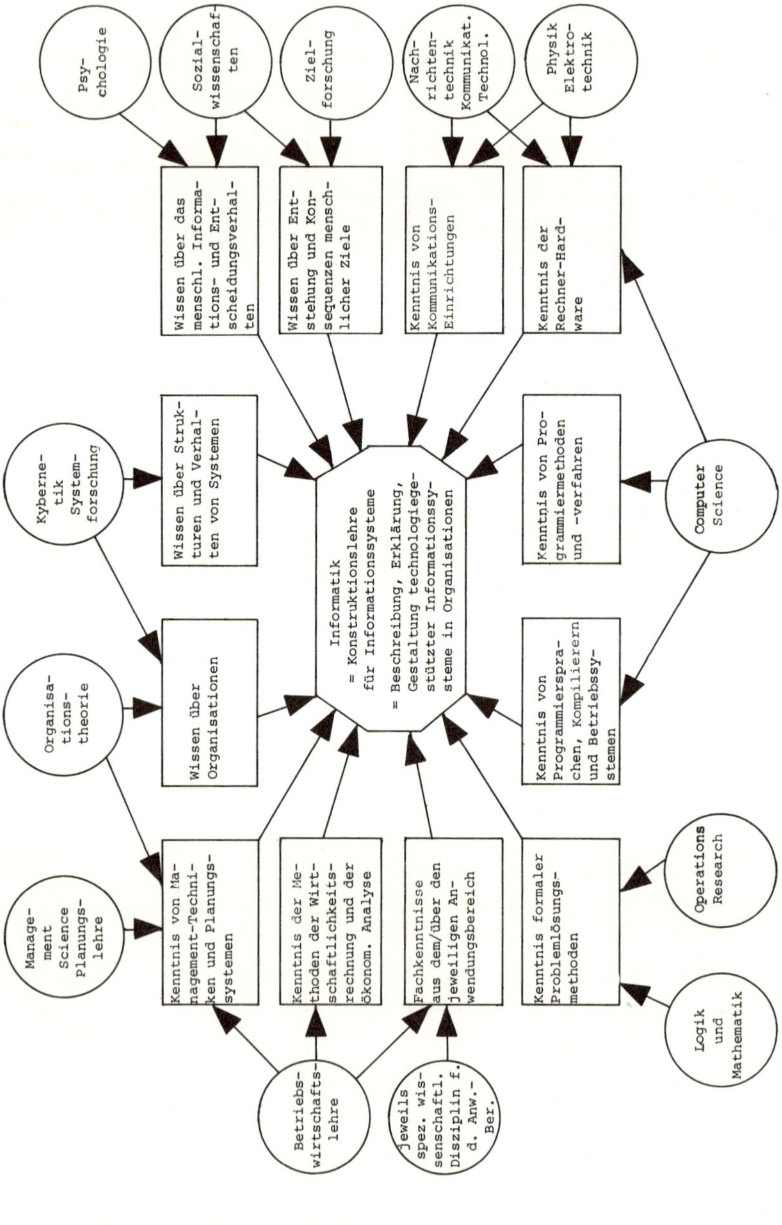

Abb. 1-3: Wissenstransfer zur Informatik als Konstruktionslehre für Informationssysteme

Umwelt des Informationssystems notwendig sind, um die Hauptaufgaben der Beschreibung, Erklärung und Gestaltung von Informationssystemen erfolgreich bewältigen zu können. Der Prozeß der Bildung einer grundlegenden Theorie der technologiegestützten Informationssysteme steckt noch ganz in den Anfängen. Dies gilt um so mehr als auch die meisten als "Zulieferanten" auftretenden Disziplinen noch keine ausgereiften Theorien besitzen.

2 Das Grundkonzept eines ADV-Systems

2.1 Algorithmische Prozesse

Aus dem täglichen Leben sind jedem eine Vielzahl von Verfahren (Methoden) bekannt, nach denen bestimmte Klassen von Aufgaben gelöst werden können. Ein solches Verfahren besteht aus einer Vorschrift, die im allgemeinen aus einer Folge von mehr oder weniger detaillierten Anweisungen zusammengesetzt ist. Einfache Beispiele sind die Vorschrift zur Multiplikation von zwei Zahlen, die Vorschrift zum Aufsuchen des Logarithmus einer Zahl aus einer Tabelle, das Rezept zum Herstellen einer Speise, die Regeln, die beim Steuern eines Fahrzeuges durch den Straßenverkehr zu beachten sind.

Wird ein Verfahren auf eine bestimmte Aufgabe aus der zu diesem Verfahren gehörenden Klasse angewendet, so läuft ein Prozeß ab, der aus einer Folge von Aktionen besteht, und der nach seiner Beendigung die Lösung für die Aufgabenstellung liefert, zum Beispiel das Produkt von zwei Zahlen nach Anwendung des Multiplikationsverfahrens, die fertige Speise nach Anwendung des Kochrezeptes.

Stellt man die Aktionen des Prozesses und die Anweisungen des zugrundeliegenden Verfahrens einander gegenüber, so stellt man bei genügend großer Auflösung des Prozesses bzw. des Verfahrens fest, daß zwar jeder Aktion eindeutig eine Teilanweisung zugeordnet ist, daß aber umgekehrt in dem Verfahren Anweisungen auftreten, denen nicht bei jedem Prozeß eine Aktion zugeordnet werden kann.

Zur Erläuterung dieses Tatbestandes sei folgendes Teilstück aus einer Rechnungsschreibung angeführt:

1) Durch Multiplikation von Menge und Einzelpreis wird ein Bruttopreis ermittelt;

2) es wird festgestellt, ob der Bruttopreis größer oder gleich DM 100,- ist;

3) zu bestimmten Fällen wird ein Rabattbetrag errechnet;

   a) sofern der Bruttopreis größer oder gleich DM 100,- ist, werden 3% Rabatt gewährt,

b) im anderen Fall (Bruttopreis kleiner als DM 100,-) wird kein Rabatt gewährt;

4) der Rechnungsbetrag ergibt sich als Differenz aus dem Bruttopreis und dem Rabattbetrag.

Wird diese Vorschrift für konkrete Werte von Menge und Einzelpreis angewendet, so werden in jedem Fall die Anweisungen 1), 2) und 4) durch entsprechende Aktionen realisiert, wogegen von den beiden Anweisungen 3a) und 3b) nur eine zur Ausführung gelangt. Ist der Bruttobetrag zum Beispiel DM 50,-, so wird die Anweisung 3b) ausgeführt, ist der Bruttobetrag DM 150,-, so wird die Anweisung 3a) ausgeführt. In diesem Beispiel ist also jeder Anweisung 1), 2) und 4) eine Aktion zugeordnet, nicht

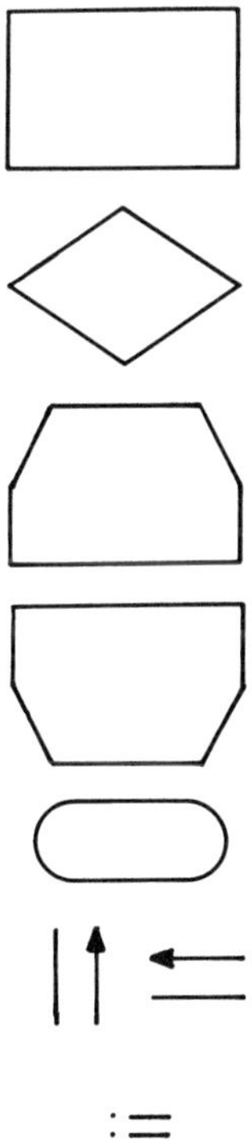

Verarbeitung, allgemein (Process)
(einschließlich Ein-/Ausgabe)

Verzweigung

Schleifenbegrenzung (loop limit)

Anfang

Ende

Grenzstelle; insbesondere Beginn oder Ende eines Verfahrens bzw. eines Prozesses

Verbindungen, Vorzugsrichtungen sind von oben nach unten sowie von links nach rechts. Bei Abweichungen von der Vorzugsrichtung wird auf das nächstfolgende Sinnbild eine Pfeilspitze gerichtet.

Zuweisungszeichen; z.B. A := B bedeutet: Der Wert der rechts stehenden Größe wird der links stehenden Größe zugewiesen.

Abb. 2-1: Sinnbilder für die graphische Darstellung von Verfahren bzw. Prozessen
Die verwendeten Symbole sind eine Untermenge der Sinnbilder für Programmablaufpläne nach DIN 66 001.
Eine nähere Erläuterung der Bedeutung eines Sinnbildes wird durch eine entsprechende Eintragung im Sinnbild vorgenommen.

aber den Anweisungen 3a) und 3b).

Diese Feststellung über die Zuordnung der Aktionen eines Prozesses und der Anweisungen der zugrundeliegenden Vorschrift gilt bei genügend großer Auflösung für jedes Paar Prozeß und zugehöriger Vorschrift. In jeder Vorschrift gibt es also im allgemeinen zwei Typen von Anweisungen:

- Anweisungen, denen eindeutig, d.h. unabhängig von dem konkreten Prozeß eine Folgeanweisung zugeordnet ist,
- Anweisungen, denen mehrere Folgeanweisungen zugeordnet sind; im konkreten Prozeßablauf wird die Folgeanweisung aus einer Menge von Anweisungen nach einer bestimmten, durch die Aufgabenstellung gegebenen Bedingungskonstellation ausgewählt [1].

Eine gegenüber der verbalen Beschreibung vielfach geeignetere Definition eines Verfahrens ist dessen graphische Darstellung [2]. Hierzu werden die in Abbildung 2-1 dargestellten Sinnbilder verwendet. Die graphische Darstellung des oben beschriebenen Teilstückes aus einer Rechnungsschreibung unter Verwendung dieser Sinnbilder ist in Abbildung 2-2 wiedergegeben.

Unter allen Verfahren sind für die Informatik die sogenannten Algorithmen von besonderer Bedeutung; für diese Einführung ist der Algorithmus wie folgt definiert: [3]

Algorithmus: Satz von Anweisungen zur Lösung einer Klasse von Problemen. Der Algorithmus hat die folgenden Eigenschaften:

- er besitzt eine endliche Anzahl von Anweisungen;
- er besitzt eine Start-Anweisung;
- er besitzt mindestens eine Ende-Anweisung;
- er läßt für jeden Prozeß, den er steuert, beliebig viele Eingangsdaten zu;

---

[1] Der Fall, daß - je nach Bedingungskonstellation - mehr als zwei alternative Folgeanweisungen in der Vorschrift festgelegt sind, läßt sich - wie man leicht erkennt - auf den Fall mit nur jeweils zwei alternativen Folgeanweisungen zurückführen. Im folgenden wird daher durchweg stets der Fall zweier alternativer Folgeanweisungen betrachtet.

[2] Die bessere Eignung der graphischen Darstellung ergibt sich aus der größeren Kommunikationsfreundlichkeit. Neben der graphischen Darstellung werden bei komplexen Verfahren mit einer Vielzahl von Bedingungen und daraus resultierenden Verzweigungen auch andere Techniken, z.B. die Entscheidungstabellentechnik, auf die hier nicht näher eingegangen wird, verwendet (vgl. hierzu die in Band 2 angegebene Literatur).

[3] Diese Bestimmung reicht für die diesem Buch zugrundeliegende Zielsetzung aus. Für eine exaktere Bestimmung des Begriffes Algorithmus wird auf die Automatentheorie verwiesen.

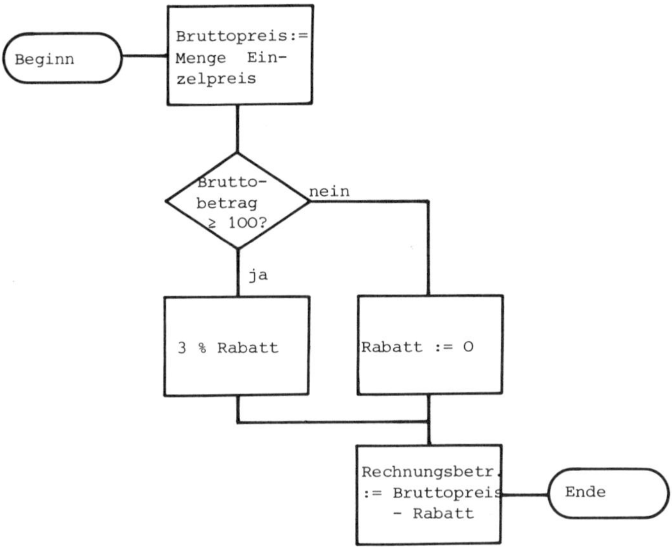

Abb. 2-2: Graphischer Plan für ein Teilstück aus einer Rechnungsschreibung

- er läßt für jeden Prozeß, den er steuert, mindestens ein Ergebnisdatum zu;
- er ist eindeutig, d.h. bei allen Prozessen, die er steuert, werden bei gleichen Anfangsbedingungen stets die gleichen Ergebnisdaten erzeugt;
- ein Prozeß, der von dem Algorithmus gesteuert wird, ist endlich, d.h. er bricht nach einer endlichen Anzahl von Aktionen ab.

(algorithm)

Bei dem oben angeführten Teilstück aus einer Rechnungsschreibung handelt es sich um einen Algorithmus in diesem Sinne. Eingangsdaten sind hierbei die Menge und der Einzelpreis, Ergebnisdaten der Bruttopreis, der Rabatt- und der Rechnungsbetrag.

Algorithmische Prozesse sind Prozesse, deren Abläufe durch Algorithmen eindeutig geregelt, vorgeschrieben, programmiert sind.

Als ein weiteres Beispiel ist in Abbildung 2-3 die Berechnung des größten gemeinsamen Teilers zweier natürlicher Zahlen m und n dargestellt. Es wird dem Leser überlassen, diesen Algorithmus auf der Grundlage der graphischen Darstellung anhand von konkreten Ausgangszahlen m und n nachzuvollziehen und zu verifizieren.

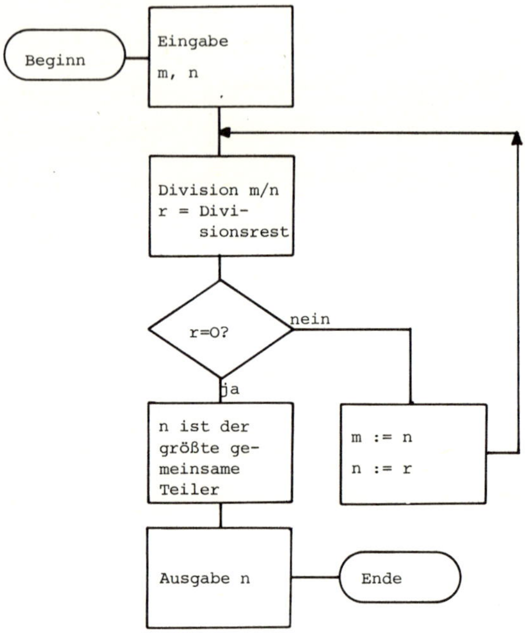

Abb. 2-3: Algorithmischer Plan zur Ermittlung des größten gemeinsamen Teilers zweier natürlicher Zahlen m und n ($m \geq n$)

In einem Informationssystem als Gegenstand der Informatik werden die Prozesse der Verarbeitung von Informationen durch Algorithmen repräsentiert. Die Beschäftigung mit Algorithmen, insbesondere die Formulierung von Algorithmen stellt eine der wesentlichen Tätigkeiten des Informatikers dar [4].

---

4) Gegenüber der Mathematik, die sich mit statischen Aussagen über die Beziehungen zwischen den Größen eines Systems befaßt, behandelt die Informatik algorithmische Prozesse, also die dynamischen Zusammenhänge zwischen den Systemgrößen.

Algorithmen in dem zuvor gegebenen Sinne sind formale Regeln, die sich in ihrer Abfolge automatisch, d.h. ohne menschliches Zutun, durch ein ADV-System vollziehen lassen [5].

2.2 Erstes Konzept eines ADV-Systems

Aus den bisher vorliegenden Erkenntnissen soll hier ein erstes Konzept eines automatischen Datenverarbeitungssystems (ADV-System) entwickelt werden, das die Algorithmen, also die formalisierten Datenverarbeitungsprozesse, selbständig ausführt.

Um die notwendigen Funktionseinheiten zu erkennen, wird zunächst das Konzept eines einfachen, halbautomatischen Bürorechners betrachtet. Ein solcher Bürorechner besteht aus drei Einheiten:

- einer Eingabeeinheit,
- einer Recheneinheit,
- einer Ausgabeeinheit.

Für das Arbeiten mit einem halbautomatischen Bürorechner sind daneben zwei weitere Elemente erforderlich, die nicht zum Gerät selbst gehören, sondern vom Menschen, der die Maschine bedient, bereitgehalten werden:

- Ein Datenträger, auf dem die zu verarbeitenden Ausgangszahlen festgehalten sind, auf dem Zwischenergebnisse und am Ende der Rechenarbeit die erstellten Ergebnisse eingetragen werden. In vielen Fällen ist dieser Datenträger ein Blatt Papier für handschriftliche Eintragungen.
- Eine Arbeitsvorschrift, nach der die Zahlen entsprechend der Aufgabenstellung zu verarbeiten sind. Diese Vorschrift ist entweder als Formelapparat schriftlich fixiert, oder der den Rechner nutzende Mensch hat diese Vorschrift in seinem Gedächtnis gespeichert.

Die Arbeit mit Hilfe eines solchen Halbautomaten läßt sich aus der Sicht des Benutzers durch die folgenden Schritte, die sich zyklisch wiederholen, kennzeichnen:

1) Manuelle Übertragung einer Zahl oder einer Zahlengruppe aus dem bereitliegenden Datenträger in die Eingabeeinheit,

---

[5] Auf den strengen Beweis dieser Behauptung wird hier ebenso wie zuvor auf die strenge Bestimmung des Begriffes des Algorithmus verzichtet; hierzu wird wiederum auf die einschlägige Literatur verwiesen.

2) tasten einer Funktionstaste als Elementarteilschritt der Arbeitsvorschrift und damit Einleiten der automatischen Verarbeitung der eingegebenen Zahlen durch die Recheneinheit,
3) manuelle Übertragung der in der Ausgabeeinheit anfallenden Ergebniszahlen in den bereitliegenden Datenträger.

Soll der gesamte Verarbeitungsprozeß vollautomatisch, d.h. ohne menschliches Zutun ablaufen, nachdem einmal die zu verarbeitenden Zahlen und die zugehörige Arbeitsvorschrift eingegeben worden sind, so ist einsichtig, daß gegenüber dem halbautomatisch arbeitenden Bürorechner drei weitere Einheiten erforderlich sind:

- Eine Speichereinheit, die die zu verarbeitenden Daten, die Zwischenergebnisse und die Arbeitsvorschrift festhält,
- eine Programmeinheit, in der der Algorithmus zur Verarbeitung der Daten bereitgehalten wird und von der aus die einzelnen Anweisungen schrittweise abgerufen werden,
- eine Leiteinheit, die die steuernde Funktion des Menschen beim Arbeiten mit dem Bürorechner übernimmt, die also die Übertragung von Daten von einer Einheit zu einer anderen und das Auslösen der Rechenoperationen in der Recheneinheit entsprechend dem vorliegenden Programm bewirkt.

Das erste Konzept eines ADV-Systems stellt sich damit wie folgt dar: Ein System, das aus den folgenden sechs Elementen besteht

- Leiteinheit,
- Recheneinheit,
- Programmeinheit,
- Speichereinheit,
- Eingabeeinheit,
- Ausgabeeinheit [6].

Die Arbeitsweise eines solchen Systems kann dann im Prinzip wie folgt dargestellt werden (Abbildung 2-4).

Die Arbeitsvorschrift (das Programm) und die Urdaten (die Objekte der Verarbeitung) werden über die Eingabeeinheit in die Programmeinheit bzw. in die Speichereinheit eingegeben; anschließend werden die einzelnen Arbeitsschritte, aus denen das Programm besteht, der Reihe nach automatisch ausgeführt, indem die erforderlichen Daten aus der Speichereinheit in die Recheneinheit übertragen, dort verarbeitet und die Ergebnisse in die

---

[6] Der Begriff Einheit ist hier als Oberbegriff zu sehen; später wird zwischen funktioneller und konstruktiver Einheit unterschieden. Bei einem realen System kann jede der Einheiten aus einer konstruktiven Einheit oder mehreren bestehen.

Speichereinheit zurückübertragen werden. Die errechneten Resultate werden aus der Speichereinheit in die Ausgabeeinheit übertragen und stehen hier dem Benutzer zur Verfügung. Die Programmablaufsteuerung wird durch die Leiteinheit vollzogen.

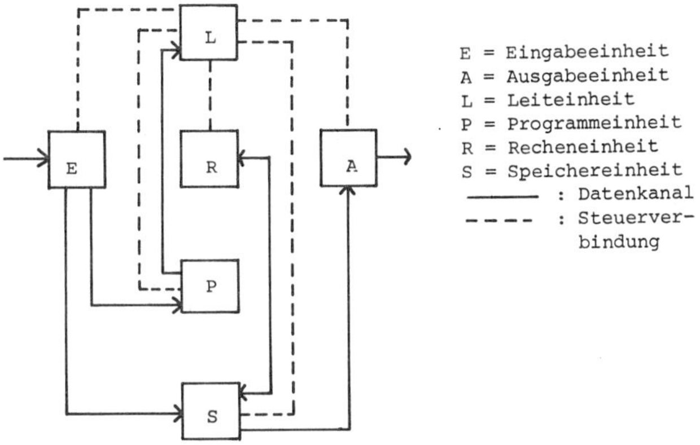

Abb. 2-4: Erstes Konzept eines ADV-Systems

Hierzu gehören die folgenden Aktionen: Die einzelnen Programmschritte, die als Vorschrift in der Programmeinheit festgehalten sind, werden in die Leiteinheit übertragen und dort interpretiert. Die zur Ausführung eines einzelnen Programmschrittes erforderlichen Verbindungen werden im System hergestellt, um die notwendigen Übertragungen ausführen zu können. Diese Übertragungen werden initialisiert und die entsprechenden Verknüpfungen ausgelöst.

3 Grundlagen der Datenverarbeitung

3.1 Grundbegriffe

3.1.1 Information[1]

In den verschiedenen Phasen der Entwicklung und des Betriebes eines Informationssystems sind Sachverhalte und Vorgänge der realen Welt darzustellen, als Wissen zu übertragen, miteinander zu kombinieren, kurz: Zu verarbeiten. Dabei werden Sachverhalte verstanden als statische, zeitlich unveränderliche Tatsachen und Vorgänge als dynamische, zeitlich veränderliche Tatsachen.

Der Begriff Information wird in diesem Zusammenhang wie folgt definiert:

> *Information*: Wissen um oder Kenntnis über Sachverhalte und Vorgänge.
> (information)

Dieser zentrale Begriff der Informatik wird also nicht auf eine informationstheoretische Bestimmung abgestützt, sondern er wird an der umgangssprachlichen Bedeutung der Information orientiert.

Eine solche Auffassung des Begriffes Information enthält ein subjektives Element, da Wissen und Kenntnis sich immer auf ein Individuum beziehen. Information ist beim Menschen vorhanden und wird durch einen Erkenntnisvorgang aus dem bereits vorhandenen Kenntnisstand vermehrt oder verändert.

Wenn im Rahmen der hier betrachteten Prozesse Information von einem Individuum an ein anderes weitergegeben werden soll, dann erfordert dies, daß für den Übermittlungsvorgang die Information in einer Weise dargestellt wird, die von den Beteiligten in gleicher Weise verstanden wird. Eine solche Darstellung von Information geschieht durch Abbildung auf Zeichen oder auf kontinuierliche Funktionen [2].

---

1) Die Ausführungen in diesem und dem folgenden Abschnitt stützen sich ab auf ROUETTE, L.: Über einige Grundbegriffe der Datenverarbeitung. In: Angewandte Informatik, Heft 7/71, S. 301-303.

2) Die Abbildung auf kontinuierliche Funktionen wird hier zunächst nicht betrachtet; vgl. hierzu Abschn. 3.1.4.

Bei der Abbildung von Information auf Zeichen wird diesen eine der Information entsprechende Bedeutung zugeordnet; auf diese Weise wird das betreffende Zeichen zu einem Symbol. Die Basisbegriffe Zeichen und Symbol sind dabei folgendermaßen definiert:

> *Zeichen (DIN)* [3]: Ein Element aus einer zur Darstellung von Information vereinbarten endlichen Menge von verschiedenen Elementen. Die Menge wird Zeichenvorrat genannt.
> (character)

Beispiele für Zeichen sind die abstrakten Inhalte von Ziffern, von den Buchstaben des gewöhnlichen Alphabetes usw. [4].

Von Bedeutung ist die Festlegung, daß der Zeichenvorrat beschränkt ist und daß alle Zeichen des Vorrats voneinander verschieden sind.

Ist der Zeichenvorrat geordnet, so spricht man von einem Alphabet:

> *Alphabet (DIN)*: Ein (in vereinbarter Reihenfolge) geordneter Zeichenvorrat.
> (alphabet)

Beispiele für Alphabete sind die geordnete Menge der abstrakten Inhalte der Ziffern und das gewöhnliche, aus Buchstaben bestehende Alphabet. Die Skatkartenfarben Kreuz, Pik, Herz, Karo bilden ebenfalls ein Alphabet, wogegen dieselben Farben, wenn man sie ohne Bezug zum Skatspiel interpretiert, kein Alphabet darstellen, da in diesem Fall keine Ordnung definiert ist.

Die beiden für die ADV wichtigsten Alphabete sind diejenigen, die den numerischen und den alphanumerischen Zeichenvorrat definieren:

> *Numerisch (DIN)*: Sich auf einen Zeichenvorrat beziehend, der aus Ziffern oder aus Ziffern und denjenigen Buchstaben und Sonderzeichen besteht, die zur Darstellung von Zahlen erforderlich sind.
> (numeric)

---

[3] Sofern es sich bei einer Begriffsbestimmung um eine Bestimmung nach DIN 44300 handelt, wird im folgenden stets im Anschluß an die Benennung in Klammern das Wort 'DIN' angefügt; bei anderen Bestimmungen nach DIN wird die entsprechende DIN-Nr. angehängt.

[4] Von besonderer Bedeutung für die automatisierte Datenverarbeitung sind die Schriftzeichen (Grapheme); daneben werden auch z.B. Sprachzeichen zur Darstellung von Information verwendet.

Hier kann also z.B. der Punkt als Trennzeichen zwischen ganzzahligem und gebrochenem Anteil einer Zahl einbezogen werden.

Alphanumerisch (DIN): Sich auf einen Zeichenvorrat beziehend, der mindestens aus den Dezimalziffern und Buchstaben besteht. (alphanumeric)

Vielfach werden zur Darstellung von Information Folgen von Zeichen zu einer Einheit zusammengefaßt; eine solche Folge bezeichnet man dann als Wort:

Wort (DIN): Eine Folge von Zeichen, die in einem bestimmten Zusammenhang als eine Einheit betrachtet wird. (word)

Aus den Zeichen werden durch die Bedeutungszuordnung bei der Informationsabbildung Symbole:

Symbol (DIN): Ein Zeichen oder Wort, dem eine Bedeutung beigemessen wird. (symbol)

3.1.2 Nachricht, Daten

Wie bereits ausgeführt, werden Zeichen zur Darstellung von Information verwendet, wenn man die Information weitergeben will. Auf diese Weise entsteht der Begriff Nachricht:

Nachricht (DIN): Zeichen oder kontinuierliche Funktionen, die aufgrund von bekannten oder unterstellten Abmachungen und vorrangig zum Zwecke einer vom Sender zum Empfänger gerichteten Übermittlung Information darstellen und im Rahmen einer solchen Übermittlung als Einheit betrachtet werden [5]. (message)

Nachricht ist also nicht der Übermittlungsvorgang, sondern die Darstellung der Information zum Zweck ihrer Weitergabe [6].

Der Vorgang der Informationsübermittlung kann damit wie folgt dargestellt werden (vgl. Abbildung 3-1):

1) Abbildung (α) der Information I_1; es entsteht die Nachricht N_1;
2) Übertragung der Nachricht an den Zielort; hier kommt die Nachricht N_2, die gegenüber der Nachricht N_1 (gewollt

---

[5] Die Darstellung von Information durch kontinuierliche Funktionen wird in Abschnitt 3.1.4 betrachtet.

[6] Dies entspricht auch der Umgangssprache: 'In der Zeitung steht eine Nachricht.'

oder ungewollt) verändert sein kann, an;

3) Umkehrabbildung (α^{-1}) der Nachricht; es entsteht die Information I_2.

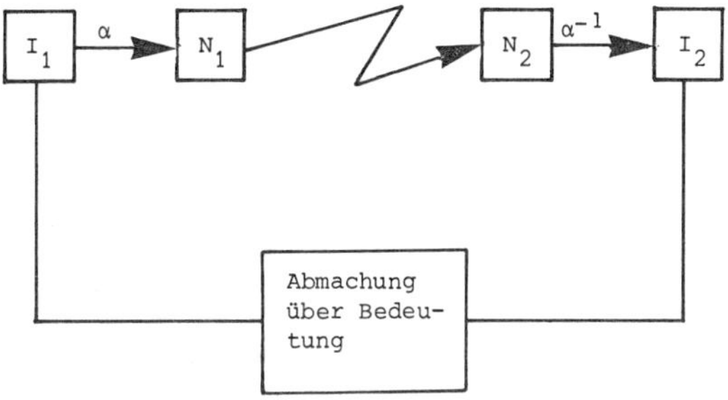

Abb. 3-1: Weitergabe von Information

Für diesen Vorgang wird vorausgesetzt, daß zwischen Sender und Empfänger eine Abmachung über die Bedeutung der Zeichen existiert. Für die Kommunikation zwischen Mensch und Maschine ist es selbstverständlich notwendig, daß diese Abmachungen auch eindeutig sind, da nur auf diese Weise Nachrichten eindeutig interpretiert werden können. Dies ist eine Forderung, die bereits an dieser Stelle aus der Sicht des Anwenders an die Festlegung von Abbildungsvorschriften und damit auch z.B. an die formalen Sprachen, die zur Beschreibung von Problemen und Problemlösungen eingesetzt werden, zu stellen ist.

Neben der Zielsetzung, Information zum Zwecke der Weitergabe darzustellen, gibt es einen anderen Grund für Informationsdarstellung, nämlich den der formalen Verarbeitung. Information als Wissen oder Kenntnis ist für den Menschen die Basis zur Gewinnung neuer Information in einem Denkprozeß. Sofern dieser Denkprozeß formalisierbar ist - insbesondere wenn es sich um einen routinemäßigen Prozeß handelt -, entsteht das Bedürfnis, diesen Vorgang von einem Automaten abwickeln zu lassen. Dies erfordert dann ebenfalls die Darstellung der entsprechenden Quellinformationen. Bei der Darstellung mit dieser Zwecksetzung spricht man von Daten:

Daten (DIN): Zeichen oder kontinuierliche Funktionen, die aufgrund von bekannten oder unterstellten Abmachungen und vorrangig zum Zwecke der Verarbeitung Information darstellen [7].
(data)

Es ist nicht notwendig, daß die Darstellung von Information zum Zwecke der Verarbeitung übereinstimmt mit der zum Zwecke der Weitergabe; die einer Information zugeordneten Daten brauchen also nicht identisch zu sein mit der der gleichen Information zugeordneten Nachricht.

Mit den hier gegebenen Definitionen für die Begriffe Information und Daten kann abschließend festgestellt werden: 'Datenverarbeitung ist nicht Informationsverarbeitung. Denn Datenverarbeitung vollzieht sich, wie oben dargelegt, als formaler Prozeß völlig losgelöst von der Bedeutung des in Daten Dargestellten. Der Bedeutungsgehalt ist definitionsgemäß vom Verarbeitungsvorgang ausgeschlossen. Informationsverarbeitung dagegen bedarf nicht der Formalisierung der Verarbeitungsvorgänge, also auch nicht einer bedeutungsfreien Darstellungsform. Von der Datenverarbeitung her betrachtet setzt sie frühestens dort ein, wo Interpretation der Darstellung der Daten oder Nachrichten erfolgt: Beim Menschen. Diese Interpretation, Freisetzung der Information aus ihrer Darstellung, ist geradezu Voraussetzung für jede weitere Informationsverarbeitung' [8].

Diese strenge Abgrenzung der Begriffe Information, Nachricht und Daten bereitet in der Praxis sehr oft Schwierigkeiten [9], da die Begriffe Informationsverarbeitung, Nachrichtenverarbeitung und Datenverarbeitung umgangssprachlich vielfach synonym verwendet werden. Der Grund hierfür liegt u.a. darin, daß der Übergang zwischen den beiden Darstellungsformen der Information, den Nachrichten und den Daten fließend ist. Es ist jedoch von Nutzen, sich einmal die unterschiedlichen Begriffsbestim-

---

[7] Die Darstellung durch kontinuierliche Funktionen wird hier zunächst nicht betrachtet.
Die Einzahl des Begriffes Daten ist in DIN 44 300 nicht definiert; sofern im folgenden die Einzahl gemeint ist, wird jeweils von 'Datum' gesprochen; dabei wird davon ausgegangen, daß eine Verwechslung mit dem Datum als Zeitpunkt ausgeschlossen ist.

[8] Vgl. Rouette, L.: Über einige Grundbegriffe der Datenverarbeitung. In: Angewandte Informatik, Heft 7/71, S. 303.

[9] Den Verfassern der Norm DIN 44300 sind diese Schwierigkeiten bewußt gewesen, denn es wurde von ihnen auf eine Bestimmung des Zentralbegriffs Information verzichtet. Dennoch trägt die Norm die Überschrift 'Informationsverarbeitung'.

mungen bewußt zu machen, selbst wenn bei der praktischen Anwendung nicht immer die strenge Abgrenzung dieser Begriffe beachtet werden muß, um sich verständlich zu machen. Im übrigen ist die Verwendung der Begriffe "Information" und "Daten" auch von bestimmten Trends der Systementwicklungsmethodik abhängig. Nachdem man in den sechziger Jahren vorwiegend die Begriffe "Datenverarbeitung" und "Datenverarbeitungstechnologie" verwendet hat, bevorzugt man seit Ende der siebziger Jahre die Begriffe "Informationsverarbeitung" und "Informationstechnologie". Auf diesen Tatbestand wird noch zurückzukommen sein.

3.1.3 Codes

Die Anzahl der Zeichen in einem Zeichenvorrat ist definitionsgemäß beschränkt. Von besonderer Bedeutung für die automatisierte Datenverarbeitung ist der Fall, daß es sich um einen Vorrat mit nur zwei Zeichen handelt; die zugehörigen Zeichen heißen dann Binärzeichen:

> *Binärzeichen (DIN)*: Jedes der Zeichen aus einem Zeichenvorrat von zwei Zeichen.
> (binary element)

Beispiele für binäre Zeichenvorräte:
- Das Ziffernpaar {0,1}
- Das Zustandspaar {'ein', 'aus'}
- Das Paar der Wahrheitswerte {'wahr', 'falsch'}
- Das Paar der Antworten {'ja', 'nein'}
- Das Paar der Vorzeichen {+, -}
- Das Paar {Spannung, keine Spannung}

Als abstrakte Zeichen für binäre Zeichenvorräte wird das Zeichenpaar

{L, O} [10)]

verwendet.

Als Kurzform für Binärzeichen wird der Begriff des Bit verwendet:

> *Bit (DIN)*: Kurzform für Binärzeichen; auch für Dualziffer, wenn es auf den Unterschied nicht ankommt [11)].
> (bit)

---

10) Hier ist der Buchstabe O gemeint. Zur Unterscheidung der Ziffer 0 und des Buchstaben O bei Druck und bei Handschrift vgl. DIN 66 002, Beuth-Vertrieb, Berlin, Köln.

11) Daneben wird dieser Begriff in DIN 44 300 auch als Einheit für die Anzahl der Binärentscheidungen (Kurzzeichen bit) verwendet.

Die Eigenschaft, nur zweier Werte fähig zu sein, heißt binär:

> *binär (DIN)*: Genau zweier Werte fähig; die Eigenschaft bezeichnend, eines von zwei Binärzeichen als Wert anzunehmen [12].
> (binary)

Vielfach werden aus Gründen der Wirtschaftlichkeit oder aus Sicherheitsgründen Zeichenvorräte aufeinander oder ineinander abgebildet. Die Vorschrift für diese Zuordnung heißt Code:

> *Code (DIN)*: Eine Vorschrift für die eindeutige Zuordnung (Codierung) der Zeichen eines Zeichenvorrates zu denjenigen eines anderen Zeichenvorrates (Bildmenge).
> (code)

Die Zeichen der Bildmenge können selbst Wörter aus Elementen eines anderen Zeichenvorrates sein.

Treten alle Zeichen der Bildmenge als Bilder auf, so spricht man auch von einer Abbildung auf die Bildmenge, im anderen Fall von einer Abbildung in die Bildmenge.

Beispiele für Codes sind:

- Der Morsecode.
- Der Lochkartencode (vgl. Abbildung 3-2).

  Dieser Code wird - mit geringfügigen Abweichungen - in den meisten Fällen für die Darstellung von Zeichen auf Lochkarten verwendet.

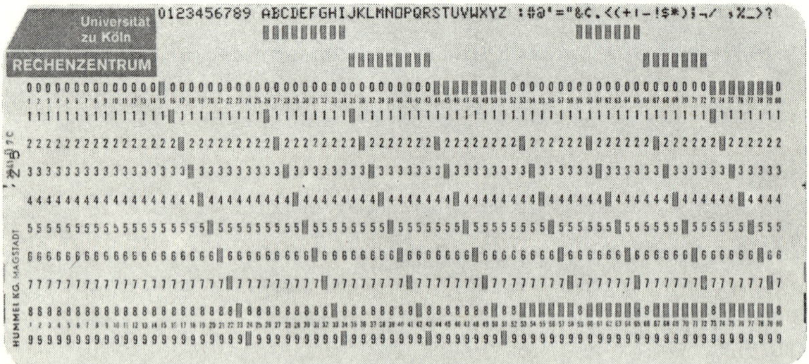

Abb. 3-2: Lochkartencode des Schreiblochers IBM 029

---

12) Zu beachten: Binär ist nicht gleichbedeutend mit 'dual', vgl. hierzu Fußnote 15 in Abschnitt 3.2.1.1.

- Der Flexowriter-Code (vgl. Abbildung 3-3).

  Dieser Code dient dazu, die Codierung von 8-spurigen Lochstreifen für die numerische Steuerung von Arbeitsmaschinen festzulegen; der Code ist eine Untermenge des allgemeinen 7-Bit-Codes für die Informationsverarbeitung.

- Der EBCDI-Code (vgl. Abbildung 3-4).

  Der EBCDI-Code [13] wird bei vielen modernen ADV-Anlagen zur maschineninternen Darstellung von Zeichen verwendet. Die insgesamt 256 (= 2^8) möglichen Bit-Kombinationen sind im allgemeinen nicht alle belegt.

Es hat sich durchgesetzt, eine Einheit von 8 Binärzeichen als ein Byte zu bezeichnen, obwohl dieser Begriff auch für irgendeine Einheit aus n - nicht notwendig 8 - Zeichen verwendet wird:

> *Byte (DIN)*: n-Bit-Zeichen, bei dem n fest vorgegeben ist.
> Anmerkung: n ist meistens gleich 8 [14].
> (byte)

Die Bildzeichen beim Lochkartencode und beim Flexowritercode sind repräsentiert durch Lochungen in bestimmten Positionen eines Kartons (Lochkarte) oder Papierstreifens (Lochstreifen). Die betreffenden Medien sind Beispiele für Datenträger:

> *Datenträger (DIN)*: Ein Mittel, auf dem Daten aufbewahrt werden können.
> (data medium)

Von besonderer Bedeutung für die Informatik sind die binären Zifferncodes, durch die den Ziffern Wörter aus Binärzeichen zugeordnet werden; auf diese Codes wird in Abschnitt 3.2.3 näher eingegangen.

3.1.4 Nicht digitale Informationsdarstellung

Bisher wurden ausschließlich Zeichen bzw. Zeichenfolgen für die Darstellung von Information (als Nachricht oder als Daten) betrachtet; in diesem Falle spricht man auch von digitalen Daten:

> *Digitale Daten (DIN)*: Daten, die nur aus Zeichen bestehen.
> (digital data, discrete data)

---

[13] Dieser Code ist hervorgegangen aus dem BCD-Code (Binary Coded Decimal) mit 6 Binärstellen, dessen Vorrat von 64 Zeichen für viele Anwendungen nicht ausreicht.

[14] Sofern die n=8 Binärzeichen die "eigentliche" Information repräsentieren, wird häufig noch ein weiteres Binärzeichen zu Prüfzwecken hinzugefügt; vgl. hierzu Abschnitt 3.3.4.

	Bit-Nr. (P = Prüfbit)	P	7	6	5	4		3	2	1
	Spur-Nr. (T = Taktspur)	8	7	6	5	4	T	3	2	1
Nr.	Zeichen	Lochkombination								
1	NUL						o			
2	BS	○				○	o			
3	HT					○	o			○
4	LF					○	o		○	
5	CR	○				○	o	○		○
6	SP	○		○			o			
7	(			○		○	o			
8	)	○		○		○	o			○
9	%	○		○			o	○		○
10	:			○	○	○	o		○	
11	/	○		○		○	o	○	○	○
12	+			○		○	o		○	○
13	−			○		○	o	○		○
14	0			○	○		o			
15	1	○		○	○		o			○
16	2	○		○	○		o		○	
17	3			○	○		o		○	○
18	4	○		○	○		o	○		
19	5			○	○		o	○		○
20	6			○	○		o	○	○	
21	7	○		○	○		o	○	○	○
22	8	○		○	○	○	o			
23	9			○	○	○	o			○
24	A		○				o			○
25	B		○				o		○	
26	C	○	○				o		○	○
27	D		○				o	○		
28	E	○	○				o	○		○
29	F	○	○				o	○	○	
30	G		○				o	○	○	○
31	H		○			○	o			
32	I	○	○			○	o			○
33	J	○	○			○	o		○	
34	K		○			○	o		○	○
35	L	○	○			○	o	○		
36	M		○			○	o	○		○
37	N		○			○	o	○	○	
38	O	○	○			○	o	○	○	○
39	P		○		○		o			
40	Q	○	○		○		o			○
41	R	○	○		○		o		○	
42	S		○		○		o		○	○
43	T	○	○		○		o	○		
44	U		○		○		o	○		○
45	V		○		○		o	○	○	
46	W	○	○		○		o	○	○	○
47	X	○	○		○	○	o			
48	Y		○		○	○	o			○
49	Z		○		○	○	o		○	
50	DEL	○	○	○	○	○	o	○	○	○

NUL = Leerzeichen
BS = Rückwärtsschritt
HT = Horizontal Tabulator
LF = Zeilenvorschub
CR = Wagenrücklauf
SP = Zwischenraum
DEL = Löschen
(Quelle: DIN 66024)

Abb. 3-3: Code für 8-Spur-Lochstreifen (Flexowriter-Code)

Bitposition

b8						0	0	0	0	0	0	0	0	1	1	1	1	1	1	1	1
b7						0	0	0	0	1	1	1	1	0	0	0	0	1	1	1	1
b6						0	0	1	1	0	0	1	1	0	0	1	1	0	0	1	1
b5						0	1	0	1	0	1	0	1	0	1	0	1	0	1	0	1
	b4	b3	b2	b1	Z \ Sp	0	1	2	3	4	5	6	7	8	9	10	11	12	13	14	15
	0	0	0	0	0	NUL	DLE	DS		SP	&	–						{	}	\	0
	0	0	0	1	1	SOH	DC1	SOS				/		a	j	~		A	J		1
	0	0	1	0	2	STX	DC2	FS	SYN					b	k	s		B	K	S	2
	0	0	1	1	3	ETX	TM							c	l	t		C	L	T	3
	0	1	0	0	4	PF	RES	BYP	PN					d	m	u		D	M	U	4
	0	1	0	1	5	HT	NL	LF	RS					e	n	v		E	N	V	5
	0	1	1	0	6	LC	BS	ETB	UC					f	o	w		F	O	W	6
	0	1	1	1	7	DEL	IL	ESC	EOT					g	p	x		G	P	X	7
	1	0	0	0	8		CAN							h	q	y		H	Q	Y	8
	1	0	0	1	9	RLF	EM						`	i	r	z		I	R	Z	9
	1	0	1	0	10	SMM	CC	SM		¢ ([)	! (])	∧	:								≉
	1	0	1	1	11	VT	CU1	CU2	CU3	.	$	,	#								
	1	1	0	0	12	FF	IFS		DC4	<	*	%	@					⑁		⑂	
	1	1	0	1	13	CR	IGS	ENQ	NAK	(	)	_	'								
	1	1	1	0	14	SO	IRS	ACK		+	;	>	=					⑀			
	1	1	1	1	15	SI	IUS	BEL	SUB	|	¬	?	"								EO

Zl = Zeile;
Sp = Spalte

Abb. 3-4: EBCDI-Code (Extended Binary Coded Decimal Interchange)
aus: Kraushaar, J.; Jakob, L.; Goth, D.: Datenfernverarbeitung. Siemens AG, München 1972, S. 154

Daneben können Informationen auch durch kontinuierliche Funktionen (analoge Daten) dargestellt werden:

> *Analoge Daten (DIN)*: Daten, die nur aus kontinuierlichen Funktionen bestehen.
> (analog data)

Die kontinuierliche Funktion ist dabei wie folgt definiert:

> *Kontinuierliche Funktion*: Zuordnung stetig veränderlicher Größen zueinander.

Der Bereich, innerhalb dessen die unabhängigen Veränderlichen liegen, heißt Definitionsbereich; der Bereich, in den die Werte der abhängigen Veränderlichen fallen, heißt Wertebereich.

Beispiele für analoge Darstellungen:

- Eine Kurve, die die Abhängigkeit zweier stetig veränderlicher Größen wiedergibt, z.B. die Darstellung des Temperaturverlaufes in einem klimatisierten Raum (in Abhängigkeit von der Zeit); dabei ist der unabhängigen veränderlichen 'Zeit' die abhängige stetige veränderliche 'Temperatur' zugeordnet.
- Fotografien, wobei das Objekt durch (ggf. kontinuierlich veränderliche) Schwarz-/Weiß- oder Farbtönungen dargestellt wird.

Wenn eine Übertragungsleitung nur digitale Nachrichten übertragen kann, entsteht die Notwendigkeit, durch kontinuierliche Funktionen dargestellte Information zu digitalisieren, also in eine digitale Nachricht umzuwandeln. Das gleiche ist der Fall, wenn analoge Daten auf einer automatischen Datenverarbeitungsanlage verarbeitet werden müssen, die nur digitale Daten zu verarbeiten in der Lage ist. Ein Problem entsteht hierbei durch die Tatsache, daß die Variablen einer stetigen Funktion in ihren Bereichen unendlich vieler Werte fähig sind, während der Wertevorrat digitaler Nachrichten bzw. digitaler Daten beschränkt ist. Bei der Transformation einer analogen in eine digitale Darstellung handelt es sich also immer um eine Approximation. Grundsätzlich kommen hierfür zwei Wege in Betracht: Entweder wird der Definitionsbereich der unabhängigen Veränderlichen in geeignete Teilintervalle eingeteilt und die unabhängigen Funktionswerte für jedes Intervall durch einen geeigneten konstanten Wert (z.B. den Wert in der Mitte des Intervalls oder den Mittelwert) ersetzt (Rasterung), oder es werden die kontinuierlichen Bereiche der stetigen Veränderlichen (z.B. der beiden stetigen Veränderlichen einer zweidimensionalen Funktion) in endlich viele gleichgroße Teilabschnitte unterteilt, so daß jeder Funktionswert durch ein endliches Vielfaches einer beliebig zu wählenden Grundeinheit dargestellt werden kann (Quantelung).

Ein Beispiel für Rasterung zeigt Abbildung 3-5; hierbei wurde die analoge Darstellung dadurch in einen Treppenzug umgewandelt, daß der Definitionsbereich der unabhängigen Veränderlichen in Teilabschnitte unterteilt und jedem dieser Teilabschnitte ein in diesem Teilabschnitt konstanter Funktionswert zugeordnet wurde. Auf diese Weise entsteht aus dem stetigen Kurvenverlauf ein Treppenzug. Ordnet man nun noch den Teilabschnitten und den zugehörigen Werten des Treppenzuges Zeichen (etwa Zifferfolgen) zu, so ist näherungsweise die Umwandlung der analogen Darstellung in eine digitale Darstellung vollzogen. Es ist einsichtig, daß die Einzelheiten der zu transformierenden Funktion um so besser wiedergegeben werden, je feiner die Unterteilung wird.

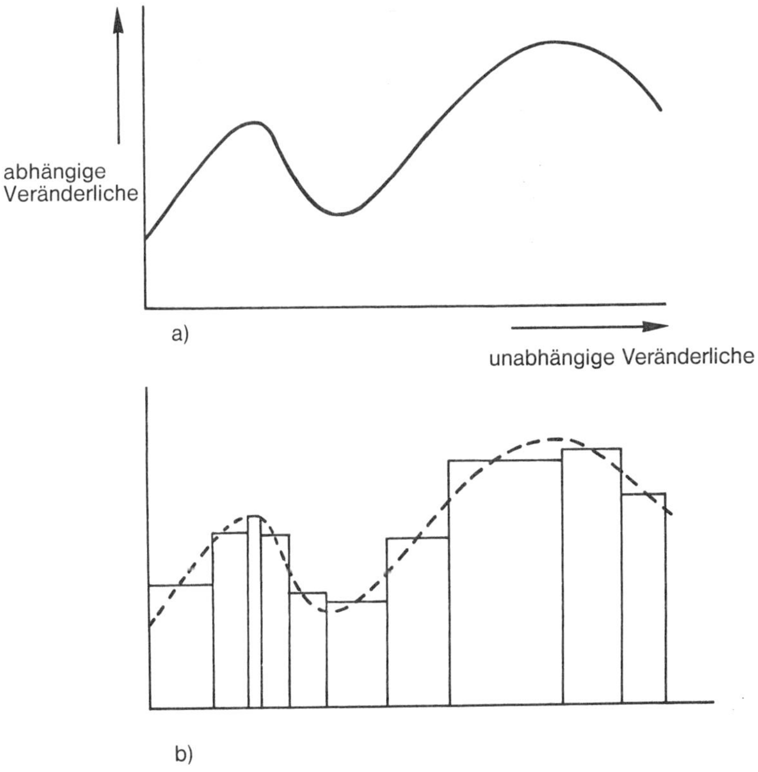

Abb. 3-5: Approximation einer kontinuierlichen Funktion mittels Rasterung

Eine solche Rasterung ist auch möglich, wenn es sich nicht um eine, sondern um mehrere unabhängige Veränderliche handelt. Ein Beispiel für eine Rasterung bei zweidimensionaler Darstellung ist die Darstellungstechnik beim Fernsehen (Zeilenrasterung).

Ein Beispiel für Quantelung ist die Gewichtsanzeige einer Waage, bei der der stetig veränderliche Gewichtsbereich auf eine endliche Anzahl von Gewichten, die Vielfache einer Grundeinheit sind, abgebildet wird.

3.2 Darstellung von Zahlen

Wegen der besonderen Bedeutung, die die Zahlen als Objekte der Datenverarbeitung haben, wird deren digitale Darstellung hier besonders betrachtet.

3.2.1 Zahlensysteme

Unter einem Zahlensystem versteht man die Art und Weise, wie Zahlen durch Zeichenfolgen dargestellt werden.

3.2.1.1 Ganze Zahlen

Wenn wir die Zahl '163' sprechen oder sie durch die Folge der Ziffern 1, 6, 3 anschreiben, so verstehen wir darunter eine Abkürzung für die ausführlichere Form

$$163 = 1\cdot 100+6\cdot 10+3\cdot 1,$$

oder, um noch deutlicher zu machen, daß hierbei die Potenzen zur Basis 10 zugrundegelegt sind:

$$163 = 1\cdot 10^2+6\cdot 10^1+3\cdot 10^0.$$

Dieses uns geläufige Zahlensystem, das die Zahl 10 als Basis verwendet, heißt Dezimalsystem.

Selbstverständlich kann neben der Zahl 10 als Basis auch jede andere Zahl gewählt werden, um in entsprechender Weise Zahlen darzustellen; wählt man etwa die Zahl 5 als Basis, so erhält man unter Verwendung einer Potenztabelle für die Zahl 5, nämlich

$$\begin{aligned} 5^0 &= 1 \\ 5^1 &= 5 \\ 5^2 &= 25 \\ 5^3 &= 125 \\ &\vdots \end{aligned}$$

die folgende Zerlegung der Dezimalzahl 163 in die Potenzen zur Basis 5:

$$163 = 1\cdot 125+1\cdot 25+2\cdot 5+3\cdot 1,$$

oder, wenn wieder die Potenzen klarer zum Ausdruck gebracht werden,

$$163 = 1\cdot 5^3+1\cdot 5^2+2\cdot 5^1+3\cdot 5^0.$$

Wenn uns dieses System - das Fünfersystem - vertraut wäre, dann würden wir uns auch hier schnell einigen können, wie im Zehnersystem nur die Koeffizienten der Potenzen als Darstellung der betreffenden Zahl anzuschreiben, also die Ziffernfolge '1123'. Zur Unterscheidung von der Darstellung im Zehnersystem bringt man die zugrundeliegende Basis durch Anhängen als Index an die Ziffernfolge zum Ausdruck und kann dann schreiben

$$163 = (1123)_5.$$

Die kleinste Zahl, die als Basis für ein Zahlensystem verwendet werden kann, ist die Zahl 2. Den obigen Ausführungen entsprechend liefert hier die Anwendung der Potenztabelle

$$\begin{aligned} 2^0 &= 1 \\ 2^1 &= 2 \\ 2^2 &= 4 \\ 2^3 &= 8 \\ 2^4 &= 16 \\ 2^5 &= 32 \\ 2^6 &= 64 \\ 2^7 &= 128 \\ &\vdots \end{aligned}$$

die folgende Zerlegung der Dezimalzahl 163:

$$163 = 1\cdot 128+0\cdot 64+1\cdot 32+0\cdot 16+0\cdot 8+0\cdot 4+1\cdot 2+1\cdot 1$$

oder

$$163 = 1\cdot 2^7+0\cdot 2^6+1\cdot 2^5+0\cdot 2^4+0\cdot 2^3+0\cdot 2^2+1\cdot 2^1+1\cdot 2^0$$

Es ist einleuchtend, daß hierin auch die nicht vertretenen Potenzen mit dem Koeffizienten 0 angeschrieben werden müssen, wenn man auch hier übergehen will zur einfachen Koeffizientendarstellung, für die sich dann - im Zweiersystem oder Dualsystem - die Ziffernfolge '10100011' ergibt. Bringt man dabei wieder die zugrundeliegende Basis - die Zahl 2 - als Index zum Ausdruck, so kann man schreiben

$$163 = (1123)_5 = (10100011)_2.$$

Nach dieser Einführung können nun die zugrundeliegenden Begriffe bestimmt werden.

Die Koeffizienten der jeweiligen Potenzen, die zur Zahlendarstellung herangezogen werden, heißen Ziffern:

Ziffer (DIN): Ein Zeichen aus einem Zeichenvorrat von n Zeichen, denen als Zahlenwerte die ganzen Zahlen 0, 1, 2,... n-1

umkehrbar eindeutig zugeordnet sind.
(digit)

Je nach der Anzahl n nennt man die zugrundeliegenden Ziffern Dualziffern (n = 2) [15], Oktalziffern (n = 8), Dezimalziffern (n = 10), Duodezimalziffern (n = 12), Sedezimalziffern (n = 16).

Die oben verwendeten Schreibweisen zur Darstellung von Zahlen sind spezielle Stellenschreibweisen:

Stellenschreibweise (DIN): Eine Darstellungsart für Zahlen, bei welcher der Beitrag jeder Ziffer (zur Zahl) [16] von ihrer Stelle und ihrem Zahlenwert abhängt.
(positional notation)

Ein Beispiel für eine Darstellungsart für Zahlen, die keine Stellenschreibweise ist, ist das System der römischen Zahlen [17].

Der wichtigste Sonderfall der Stellenschreibweise ist die Radixschreibweise, die auch oben einführend zur Zahlendarstellung verwendet wurde:

Radixschreibweise (DIN): Eine Stellenschreibweise, bei welcher der Beitrag jeder Ziffer als Produkt aus dem Zahlenwert der Ziffer und der der Stelle entsprechenden Potenz einer bestimmten Grundzahl B, der Basis der Zahlendarstellung, gebildet wird.
(radix notation)

Je nach dem Zahlenwert der Basis B spricht man von einem Dualsystem (B = 2), einem Oktalsystem (B = 8), Dezimalsystem (B = 10), Duodezimalsystem (B = 12) oder Sedezimalsystem (B = 16).

Beispiele für Stellenschreibweisen, die nicht Radixschreibweisen sind, sind die Darstellung der Zeit durch Stunden/Minuten/-Sekunden oder etwa durch Jahr/Monat/Tag sowie die früher in England übliche Angabe von Preisen in pound/shilling/pence.

In Radixschreibweise stellt sich bei Verwendung der Basis B der Betrag einer ganzen Zahl z formelmäßig als

---

15) An dieser Stelle sei auf den Unterschied zwischen binär und dual hingewiesen: Binär als Eigenschaft, zweier Werte fähig zu sein, ist - im Gegensatz zu dual - nicht ausschließlich auf Zahlen bezogen.

16) Der Klammerzusatz stammt vom Verfasser, um klar zu machen, daß es sich um den Beitrag handelt, den eine Ziffer zu der dargestellten Zahl liefert.

17) Im System der römischen Zahlen liefert z.B. die römische Ziffer 'I' in der Zahl VI einen anderen Beitrag als in der Zahl XIV.

$$|z| = \sum_{\nu=0}^{n} z_{B_\nu} \cdot B^\nu$$

dar, wobei für die Ziffern z_B gilt

$$0 \leq z_{B_\nu} < B.$$

Verwendet man als Basis eine Zahl $B > 10$ (dezimal), so entsteht das Problem, daß für die über 9 (dezimal) hinausgehenden Ziffern keine Ziffernsymbole zur Verfügung stehen; im Sedezimalsystem verwendet man daher z.B. die Zeichen A, B, C, D, E, F als Symbole für die entsprechenden Ziffern 'Zehn' bis 'Fünfzehn'. Abbildung 3-6 gibt die Radixschreibweise der ersten 20 Zahlen in verschiedenen Zahlensystemen an.

	B = 2	3	5	8	10	16
Null	0	0	0	0	0	0
Eins	1	1	1	1	1	1
Zwei	10	2	2	2	2	2
Drei	11	10	3	3	3	3
Vier	100	11	4	4	4	4
Fünf	101	12	10	5	5	5
Sechs	110	20	11	6	6	6
Sieben	111	21	12	7	7	7
Acht	1000	22	13	10	8	8
Neun	1001	100	14	11	9	9
Zehn	1010	101	20	12	10	A
Elf	1011	102	21	13	11	B
Zwölf	1100	110	22	14	12	C
Dreizehn	1101	111	23	15	13	D
Vierzehn	1110	112	24	16	14	E
Fünfzehn	1111	120	30	17	15	F
Sechzehn	10000	121	31	20	16	10
Siebzehn	10001	122	32	21	17	11
Achtzehn	10010	200	33	22	18	12
Neunzehn	10011	201	34	23	19	13
Zwanzig	10100	202	40	24	20	14

Abb. 3-6: Radixschreibweise der ersten zwanzig Zahlen in verschiedenen Zahlensystemen (B = Basis)

Vergleicht man die verschiedenen Zahlensysteme miteinander, so erkennt man, daß die Anzahl der Stellen zur Darstellung ein und derselben Zahl um so größer ist, je kleiner die verwendete Basis (B) ist; z.B. wird die Zahl 'Neun' im Dezimalsystem durch eine Stelle (9), im Oktalsystem durch zwei Stellen (11), im Dreiersystem durch drei Stellen (100) und im Dualsystem durch vier Stellen (1001) dargestellt. Insbesondere ergibt sich beim Vergleich des Dezimalsystems mit dem Dualsystem folgende Relation: Die größte mit n Stellen darstellbare Dezimalzahl ist

$$10^n-1.$$

Will man diese Zahl im Dualsystem darstellen, so erfordert dies m Dualstellen. Für die kleinste Dualstellenzahl m (ohne führende Nullen) gilt dann die Einschränkung

$$2^m-1>10^n-1>2^{m-1}.$$

In Worten: Die größte Dualzahl, die man mit m Dualstellen darstellen kann, muß größer sein als die größte Dezimalzahl mit n Stellen und diese wieder ist größer als die (m-1)te Zweierpotenz.

Die linksstehende Ungleichung

$$2^m-1 > 10^n-1$$

liefert dann

$$2^m > 10^n$$

oder [18)]

$$m > n \cdot \mathrm{ld}10 \approx n \cdot 3.32$$

d.h.

$$\frac{m}{n} > 3.32.$$

Für die Darstellung einer n-stelligen Dezimalzahl benötigt man im Dualsystem die bis zu 3.32-fache Stellenzahl, insbesondere gilt für

$n = 1$: $m > 3.32$, d.h. bis zu 4 Dualstellen,
$n = 2$: $m > 6,64$, d.h. bis zu 7 Dualstellen,
$n = 10$: $m > 33.2$, d.h. bis zu 34 Dualstellen.

Der größeren Stellenzahl bei Verwendung einer kleineren Basis steht - aufwandmäßig - die Tatsache gegenüber, daß sich die erforderliche Anzahl verschiedener Ziffern in jeder Stelle mit kleiner werdender Basis vermindert: Die erforderliche Anzahl von Ziffern, die in jeder Stelle verfügbar sein müssen, ist definitionsgemäß B (die Ziffern 0, 1, 2, ..., B-1). Insbesondere werden beim Dualsystem in jeder Stelle nur die beiden Ziffern 0 und 1 benötigt.

Faßt man beide Gesichtspunkte - die Anzahl erforderlicher Stellen und die Anzahl der Ziffern in jeder Stelle - zusammen, so ergibt der Vergleich zwischen Dezimal- und Dualsystem: Zur Darstellung einer n-stelligen Dezimalzahl benötigt man

im Dezimalsystem: $10 \cdot n$ Elemente;

---

18) ld = logarithmus dualis; auch ${}_2\log$ oder $\log^2$.

aufgrund der aufgezeigten Zusammenhänge dagegen

im Dualsystem: $2 \cdot m = 2 \cdot 3.32 \cdot n = 6.64 \cdot n$ Elemente.

Die Darstellung von Zahlen im Dualsystem erfordert also nur 66.4% der Elemente, die für die Darstellung im Dezimalsystem benötigt werden.

3.2.1.2 Gebrochene Zahlen

Selbstverständlich werden nicht nur ganze Zahlen, sondern auch gebrochene Zahlen in Radixschreibweise dargestellt; in obiger Form ist hierzu nur der Laufbereich des Index zu erweitern:

$$|z| = \underbrace{\sum_{\nu=0}^{n} z_{B_\nu} \cdot B^\nu}_{\text{ganzer Anteil}} + \underbrace{\sum_{\nu=-\infty}^{-1} z_{B_\nu} \cdot B^\nu}_{\text{gebrochener Anteil}}$$

oder, zusammengefaßt:

$$|z| = \sum_{\nu=-\infty}^{n} z_{B_\nu} \cdot B^\nu ,$$

wobei wieder

$$0 \leq z_{B_\nu} < B$$

gilt.

In Abbildung 3-7 sind einige Bruchdarstellungen von Zahlen im Dezimal- und Dualsystem einander gegenübergestellt, und zwar

a)		b)	
B = 10	B = 2	B = 2	B = 10
0.1	$0.0\overline{0011}$	0.001	0.125
0.2	$0.\overline{0011}$	0.010	0.250
0.3	$0.0\overline{1001}$	0.011	0.375
0.4	$0.\overline{0110}$	0.100	0.500
0.5	0.1	0.101	0.625
0.6	$0.\overline{1001}$	0.110	0.750
0.7	$0.1\overline{0110}$	0.111	0.875
0.8	$0.\overline{1100}$		
0.9	$0.1\overline{1100}$		

Abb. 3-7: Zur Darstellung von gebrochenen Zahlen
a) Darstellung der gebrochenen Dezimalzahlen 0.1 bis 0.9 als Dualbrüche
b) Darstellung der gebrochenen Dualzahlen 0.001 bis 0.111 als Dezimalbrüche

einmal ausgehend von gebrochenen Dezimalzahlen und zum zweiten ausgehend von gebrochenen Dualzahlen. Wie man sieht, werden die endlichen Dezimalbrüche mit einer Ausnahme im Dualsystem durch unendliche periodische Brüche dargestellt, z.B. ist

$$\begin{aligned}(0.3)_{10} = (0.0\overline{1001})_2 &= 0\cdot 2^{-1}+1\cdot 2^{-2}+0\cdot 2^{-3}+0\cdot 2^{-4}+\\ &\quad 1\cdot 2^{-5}+1\cdot 2^{-6}+\ldots.\\ &= 2^{-2}+2^{-5}+2^{-6}+\ldots.\\ &= \frac{1}{4}+\frac{1}{32}+\frac{1}{64}+\ldots.\end{aligned}$$

Die Tatsache, daß gebrochene Zahlen in einem Zahlensystem durch endliche Brüche, in einem anderen durch unendliche Brüche dargestellt werden, hat zur Folge, daß die Darstellung einer Zahl dieser Eigenschaft in einem Zahlensystem nur eine Approximation der Zahl in einem anderen System bedeutet, sofern die Stellenzahl beschränkt ist; dies ist insbesondere beim Rechnen im kommerziellen Bereich von Bedeutung, worauf später näher eingegangen wird.

3.2.2 Umwandlung von Zahlendarstellungen

Es war festgestellt worden, daß die Darstellung von Zahlen im Dualsystem gegenüber der Darstellung im Dezimalsystem Vorteile bietet (nur 2 Elemente zur Darstellung einer einzigen Ziffer, geringere Anzahl von Elementen) [19]. Verwendet man daher zur Darstellung von Zahlen in einem Automaten das Dualsystem, so erfordert dies eine Übersetzung der zu verarbeitenden Urzahlen, wenn diese im Dezimalsystem vorliegen, und umgekehrt die Übersetzung der errechneten Ergebniszahlen vom Dualsystem in das uns geläufige Dezimalsystem [20].

Für die Umwandlung von Zahlendarstellungen gibt es verschiedene Verfahren, deren Eignung abhängig ist von der Art der Zahlen (ganz oder gebrochen), von der Basis des Ursprungs- und des Zielsystems und von dem System, in dem die Umrechnung vorgenommen wird.

Zur Vereinfachung wird bei der Darstellung von Zahlen im Dualsystem im folgenden anstelle des Ziffernpaares $\{0,1\}$ das Paar

---

19) Es zeigt sich später, daß entsprechende Vorteile auch für andere - dem Dualsystem verwandte - Zahlensysteme gelten (Systeme, die eine Potenz von 2 als Basis besitzen).

20) Der Fall, daß sich der Mensch, der den Automaten zur Zahlenverarbeitung nutzt, selbst auf das Dualsystem umstellt, womit dann eine Umwandlung überflüssig würde, wird nicht betrachtet.

der abstrakten Binärzeichen {O,L} verwendet. Dies hat den Vorteil, daß auf die besondere Kennzeichnung der verschiedenen Basen als Index verzichtet werden kann. Anstelle von

$$(163)_{10} = (10100011)_2$$

kann dann unmißverständlich

$$163 = \text{LOLOOOLL}$$

geschrieben werden.

3.2.2.1 *Umwandlung von ganzen Zahlen*

Hier gibt es im wesentlichen drei Verfahren:

- die Umwandlung über Potenztabellen,
- das Divisionsrest-Verfahren,
- die Realisierung des Horner-Schemas.

Daneben gibt es noch spezielle Verfahren, wenn Ursprungs- und Zielsystem in besonderen Beziehungen zueinander stehen.

a) Umwandlung über Potenztabellen

Grundlage ist eine Potenztabelle, bei der für die bis zu (N-1)-fachen Potenzen der Basis N des Zielsystems die Darstellungen

n	2^n dual	2^n dezimal	n	2^n dual	2^n dezimal
0	L	1	10	LOOOOOOOOOO	1 024
1	LO	2	11	LOOOOOOOOOOO	2 048
2	LOO	4	12	LOOOOOOOOOOOO	4 096
3	LOOO	8	13	LOOOOOOOOOOOOO	8 192
4	LOOOO	16	14	LOOOOOOOOOOOOOO	16 384
5	LOOOOO	32	15	LOOOOOOOOOOOOOOO	32 768
6	LOOOOOO	64	16	LOOOOOOOOOOOOOOOO	65 536
7	LOOOOOOO	128	17	LOOOOOOOOOOOOOOOOO	131 072
8	LOOOOOOOO	256	18	LOOOOOOOOOOOOOOOOOO	262 144
9	LOOOOOOOOO	512	19	LOOOOOOOOOOOOOOOOOOO	524 288

Abb. 3-8: Tabelle der ersten 20 Potenzen zur Basis 2 (zur Umwandlung von Zahlen vom Dezimal- in das Dualsystem)

a	$a \cdot 10^0$ dezimal	$a \cdot 10^0$ dual	$a \cdot 10^1$ dezimal	$a \cdot 10^1$ dual	$a \cdot 10^2$ dezimal	$a \cdot 10^2$ dual
1	1	L	10	LOLO	100	LLOOLOO
2	2	LO	20	LOLOO	200	LLOOLOOO
3	3	LL	30	LLLLO	300	LOOLOLLOO
4	4	LOO	40	LOLOOO	400	LLOOLOOOO
5	5	LOL	50	LLOOLO	500	LLLLLOLOO
6	6	LLO	60	LLLLOO	600	LOOLOLLOOO
7	7	LLL	70	LOOOLLO	700	LOLOLLLLOO
8	8	LOOO	80	LOLOOOO	800	LLOOLOOOOO
9	9	LOOL	90	LOLLOLO	900	LLLOOOOLOO

Abb. 3-9: Potenztabelle zur Umwandlung von Zahlen vom Dual- in das Dezimalsystem

im Ursystem gegeben sind. Abbildungen 3-8 und 3-9 geben die Potenztabellen für die Umwandlung vom Dezimal- in das Dualsystem bzw. umgekehrt an. Bei der Anwendung solcher Tabellen zur Umwandlung subtrahiert man von der umzuwandelnden Zahl das größte Vielfache einer Potenz gemäß der Potenztabelle und notiert aus der Tabelle die Repräsentation des Subtrahenden im Zielsystem; von dem verbleibenden Rest subtrahiert man wieder das größte Vielfache und addiert die Repräsentation des Subtrahenden zum vorhergehenden. Das Verfahren wird so lange fortgesetzt, bis kein Rest mehr übrigbleibt.

Die Umwandlung der Dezimalzahl 163 vollzieht sich demnach wie folgt:

163		
- 128	→	LOOOOOOO
35		
- 32	→	LOOOOO
3		LOLOOOOO
- 2	→	LO
1		LOLOOOLO
- 1	→	L
0		LOLOOOLL = 163.

Die umgekehrte Umwandlung der Dualzahl LOLOOOLL in das Dezimalsystem würde sich unter Verwendung von Abbildung 3-9 wie folgt vollziehen [21])

LOLOOOLL		
- LLOOLOO	→	100
OOLLLLLL		
- LLLLOO	→	60
LL		160
- LL	→	3
O		163 = LOLOOOLL.

b) Das Divisionsrest-Verfahren

Bei diesem Verfahren wird die umzuwandelnde Zahl im Ursprungssystem durch die Basis des Zielsystems dividiert. Das ganzzahlige Ergebnis (ohne Rest) wird erneut durch die Basis des Zielsystems dividiert, so lange, bis kein ganzzahliges Divisionsergebnis mehr übrigbleibt. Die Reste bei den einzelnen Divisionen sind - beginnend mit dem letzten Rest - die Ziffern im Zielsystem.

Als Beispiel wird wieder die Umwandlung der Dezimalzahl 163 in das Dualsystem betrachtet:

---

21) Für die Durchführung der Subtraktion im Dualsystem wird auf Abschnitt 5.4.2.1 verwiesen.

```
163 : 2 = 81 Rest 1 = L ↑
 81 : 2 = 40   "  1 = L |
 40 : 2 = 20   "  0 = O |
 20 : 2 = 10   "  0 = O |
 10 : 2 =  5   "  0 = O |
  5 : 2 =  2   "  1 = L |
  2 : 2 =  1   "  0 = O |
  1 : 2 =  0   "  1 = L |
```

Die Reste stellen - von unten nach oben gelesen - die gewünschte Dualzahl dar:

LOLOOOLL = 163

Entsprechend vollzieht sich die Umwandlung der Dualzahl LOLOOOLL in das Dezimalsystem (als Divisor ist die Basis des Zielsystems zu verwenden: 10 = LOLO) [22]:

```
LOLOOOLL:LOLO = LOOOO Rest LL  = 3 ↑
    LOOOO:LOLO =     L   "  LLO = 6 |
        L:LOLO =     O   "    L = 1 |
```

Die Reste - von unten nach oben gelesen - stellen auch hier das gewünschte Ergebnis dar:

163 = LOLOOOLL

c) Realisierung des Horner-Schemas

Das Horner-Schema ist die Darstellung einer Potenzsumme durch ineinandergeschachtelte Linearfaktoren:

$$\sum_{i=0}^{n} a_i p^i = (\ldots.(((a_n \cdot p+a_{n-1})\cdot p+a_{n-2})\cdot p+a_{n-3}) \ldots.+a_1)\cdot p+a_0$$

Bei der Anwendung dieser Darstellung denkt man sich die umzuwandelnde Zahl als Horner-Schema geschrieben und wendet die in diesem Schema auftretenden Multiplikationen und Additionen im Zielsystem an.

Als Beispiel wird wieder die Umwandlung der Dezimalzahl 163 in das Dualsystem betrachtet. Die Zahl 163 läßt sich als Horner-Schema wie folgt schreiben:

$$163 = 1\cdot 10^2+6\cdot 10^1+3\cdot 10^0 = (1\cdot 10+6)\cdot 10+3.$$

Zur Durchführung der entsprechenden Operationen im Dualsystem entnimmt man einer Tabelle die dualen Darstellungen der Dezimalziffern:

1 = OOOL, 6 = OLLO, 3 = OOLL.

Außerdem wird die duale Darstellung von 10 benötigt:

---

[22] Für die Durchführung der Division im Dualsystem wird auf Abschnitt 5.4.2.1 verwiesen.

$$10 = \text{LOLO}.$$

Damit kann man die Operationen des Horner-Schemas im Dualsystem ausführen [23].

$$\begin{array}{l}
\text{OOOL LOLO} = \text{LOLO} \\
\qquad\qquad\quad\;\; \underline{+\text{OLLO}} \\
\qquad\qquad\quad\;\; \text{LOOOO LOLO} = \text{LOLOOOOO} \\
\qquad\qquad\qquad\qquad\qquad\quad\;\; \underline{+ \qquad \text{OOLL}} \\
\qquad\qquad\qquad\qquad\qquad\quad\;\; \underline{\text{LOLOOOLL}}
\end{array}$$

Schließlich sei auch noch die umgekehrte Transformation mit diesem Verfahren gezeigt. Die Dualzahl LOLOOOLL läßt sich wie folgt als Horner-Schema schreiben: (LO = 2)

$$\begin{array}{l}
\text{LOLOOOLL} = ((((((\text{L}\cdot\text{LO+O})\cdot\text{LO+L})\cdot\text{LO+O})\cdot\text{LO+O})\cdot\text{LO+O}) \\
\qquad\qquad\qquad\;\; \text{LO+L})\cdot\text{LO+L}
\end{array}$$

Die Durchführung der entsprechenden Operationen hat im Dezimalsystem zu erfolgen; dazu werden die dezimalen Darstellungen der Dualziffern der umzuwandelnden Zahl und der Basis des Ursprungssystems (LO) benötigt:

$$\text{L} = 1,\ \text{O} = 0,\ \text{LO} = 2;$$

damit wird

$$\begin{array}{l}
1\cdot 2 = 2 \\
\qquad + \underline{0} \\
\qquad\quad 2\cdot 2 = 4 \\
\qquad\qquad\quad + \underline{1} \\
\qquad\qquad\qquad 5\cdot 2 = 10 \\
\qquad\qquad\qquad\qquad + \underline{\ 0} \\
\qquad\qquad\qquad\qquad\; 10\cdot 2 = 20 \\
\qquad\qquad\qquad\qquad\qquad\quad + \underline{\ 0} \\
\qquad\qquad\qquad\qquad\qquad\quad\; 20\cdot 2 = 40 \\
\qquad\qquad\qquad\qquad\qquad\qquad\qquad + \underline{\ 0} \\
\qquad\qquad\qquad\qquad\qquad\qquad\qquad\; 40\cdot 2 = 80 \\
\qquad\qquad\qquad\qquad\qquad\qquad\qquad\qquad\quad + \underline{\ 1} \\
\qquad\qquad\qquad\qquad\qquad\qquad\qquad\qquad\quad\; 81\cdot 2 = 162 \\
\qquad\qquad\qquad\qquad\qquad\qquad\qquad\qquad\qquad\qquad + \underline{\ \ 1} \\
\qquad\qquad\qquad\qquad\qquad\qquad\qquad\qquad\qquad\qquad\;\; \underline{\underline{163}}
\end{array}$$

d) Verwandte Systeme

Besondere Transformationsregeln ergeben sich, wenn die Basis des Ursprungssystems eine Potenz der Basis des Zielsystems ist oder umgekehrt.

V. Sydow nennt solche Systeme 'verwandte Systeme' [24]. Die Durchführung der entsprechenden Transformationen gestaltet sich bei Berücksichtigung der Verwandtschaft besonders einfach, da hierbei mehrere Stellen des einen Systems zu einer Stelle des

---

23) Für die Durchführung der Multiplikation im Dualsystem wird auf Abschnitt 5.4.2.1 verwiesen.

24) V. Sydow, F.: Zahlendarstellung, besonders b-adische Zahlendarstellung, Eigenschaften, Übergänge, Stellenbedarf. Unveröff. Manuskript, Konstanz 1970.

höheren Systems zusammengefaßt werden können. Hat z.B. das Ursprungssystem die Basis 2 und das Zielsystem die Basis 8 (Oktalsystem), so repräsentieren - wie leicht ersichtlich - je 3 Dualstellen (von rechts nach links) eine Stelle der Zahl im Oktalsystem.

Beispiel: Die Dualzahl LOLOOLLLO soll als Oktalzahl geschrieben werden; je 3 Stellen werden zusammengefaßt:

$$\underbrace{\text{LOL}}_{5}\ \underbrace{\text{OOL}}_{1}\ \underbrace{\text{LLO}}_{6}$$

Die Ziffern 5, 1, 6 sind die entsprechenden Oktalziffern:

$$\text{LOLOOLLLO} = (516)_8$$

3.2.2.2 *Umwandlung von gebrochenen Zahlen*

Sofern nicht aufgrund der Verwandtschaft von Ursprungs- und Zielsystem besondere Regeln angewendet werden können, wird zunächst der ganze Anteil der Zahl umgewandelt und anschließend der gebrochene Anteil. Hierbei kommen im wesentlichen die beiden folgenden Verfahren in Betracht:

- Fortgesetzte Multiplikation mit der Basis des Zielsystems
- Umweg über ganze Zahlen.

a) Fortgesetzte Multiplikation mit der Basis des Zielsystems

Die umzuwandelnde gebrochene Zahl wird mit der Basis des Zielsystems multipliziert; der entstehende ganze Anteil ist die entsprechende Ziffer in der Bruchdarstellung des Zielsystems; mit dem gebrochenen Teil wird das Verfahren fortgesetzt.

Beispiele:

- Umwandlung der Dezimalzahl 0.351 in das Dualsystem

0.351·2 = 0.702
→ = 0.O
0.702·2 = 1.404
→ = 0.OL
0.404·2 = 0.808
→ = 0.OLO
0.808·2 = 1.616
→ = 0.OLOL
0.616·2 = 1.232
→ = 0.OLOLL
⋮ ⋮

Das Ergebnis ist im Dualsystem ein unendlicher Bruch:

0.351 = O.OLOLL...

- Umwandlung der Dezimalzahl 0.375 in das Dualsystem:

  0.375·2 = 0.750 ⟶ O.O
  0.750·2 = 1.500 ⟶ O.OL
  0.500·2 = 1.000 ⟶ O.OOL

  Das Ergebnis ist ein endlicher Dualbruch:

  0.375 = O.OLL

b) Umweg über ganze Zahlen

Hierbei wird die umzuwandelnde Zahl mit einer Potenz der Basis des Ursprungssystems multipliziert, so daß eine ganze Zahl entsteht; die entstandene ganze Zahl wird nach den Verfahren der Umwandlung von ganzen Zahlen in das Zielsystem transformiert und hier durch die der Potenz, mit der die Ausgangszahl multipliziert wurde, entsprechenden Zahl dividiert.

Beispiel: Umwandlung der Dezimalzahl 0.375 in eine Dualzahl:

1) Umwandlung in eine ganze Zahl: 0.375 10^3 = 375
2) Transformation der ganzen Zahl (Ergebnis): 375 = LOLLLOLLL
3) Division im Dualsystem (10^3 = LLLLLOLOOO):[25]

```
LOLLLOLLL:LLLLLOLOOO = O.OLL
LOLLLOLLLO
LOLLLOLLLOO
 LLLLLOLOOO
  LLLLLOLOOO
  LLLLLOLOOO
           O
```

Ergebnis: 0.375 = O.OLL

3.2.3 Binärcodes für Dezimalziffern

Neben der bisher betrachteten Überführung von Dezimalzahlen in das Dualsystem sind bei der Nachrichtenübertragung und in der Datenverarbeitung auch andere Binärcodes als Abbildungsvorschriften für einzelne Dezimalziffern von Bedeutung [26]. Für die Festlegung eines Binärcodes können verschiedene - zum Teil einander widersprechende - Zielvorstellungen maßgebend sein, z.B. die Forderung nach einer möglichst geringen Anzahl von Binärzeichen in den Bildwörtern, die Möglichkeit der lexikographischen Ordnung der Bildwörter, die Absicherung gegen Fehler infolge Verfälschung von Binärwerten, die Einfachheit bei der Durchführung von arithmetischen Operationen an den Bildwörtern.

Im Rahmen dieser Einführung kann nicht auf alle Einzelheiten im

---

[25] Für die Durchführung der Division im Dualsystem wird auf Abschnitt 5.4.2.1 verwiesen.

[26] Diese Codes heißen auch BCD-Codes (Binary Coded Decimal).

Zusammenhang mit der Binärcodierung eingegangen werden [27].
In Abbildung 3-10 sind einige Binärcodes, die im Zusammenhang mit der ADV Bedeutung haben oder gehabt haben, dargestellt.

Dezimal-ziffer	dual	Aiken	3-Exzeß	Gray	2-aus-5	1-aus-10
0	OOOO	OOOO	OOLL	OOOO	OOOLL	OOOOOOOOOL
1	OOOL	OOOL	OLOO	OOOL	OOLOL	OOOOOOOOLO
2	OOLO	OOLO	OLOL	OOLL	OOLLO	OOOOOOOLOO
3	OOLL	OOLL	OLLO	OOLO	OLOOL	OOOOOOLOOO
4	OLOO	OLOO	OLLL	OLLO	OLOLO	OOOOOLOOOO
5	OLOL	LOLL	LOOO	OLLL	OLLOO	OOOOLOOOOO
6	OLLO	LLOO	LOOL	OLOL	LOOOL	OOOLOOOOOO
7	OLLL	LLOL	LOLO	OLOO	LOOLO	OOLOOOOOOO
8	LOOO	LLLO	LOLL	LLOO	LOLOO	OLOOOOOOOO
9	LOOL	LLLL	LLOO	LLOL	LLOOO	LOOOOOOOOO
Stellen-gewichte	8 4 2 1	2 4 2 1				9 8 7 6 5 4 3 2 1 0

Abb. 3-10: Beispiele für Binärcodes für Dezimalziffern (BCD)

Die Bildwörter aller dargestellten Codes, mit Ausnahme des Gray-Codes, sind lexikographisch geordnet. Eine solche Ordnungsmöglichkeit ist wichtig, wenn es darum geht, Datenbestände nach einfachen formalen Regeln zu sortieren.

Bei den ersten 4 dargestellten Codes ist jedes Bildwort eine Tetrade, d.h. es besteht aus 4 Binärzeichen, wogegen das Bildwort im 2-aus-5-Code 5 Binärzeichen, im 1-aus-10-Code sogar 10 Binärzeichen enthält. Vom Standpunkt der Wirtschaftlichkeit (gemessen durch die Anzahl von Binärzeichen) sind die ersten 4 Codes also positiver zu beurteilen. Andererseits bietet die größere Stellenzahl die Möglichkeit, den Code gegen Verfälschung von Binärwerten zu sichern [28].

Der erste Code ist die bereits bekannte duale Darstellung der Dezimalziffern in Radixschreibweise mit den Stellengewichten 8, 4, 2, 1. Eine Absicherung dieses Codes gegen Verfälschung einzelner Binärwerte ist, sofern keine weitere fünfte Binärstelle hinzugezogen wird, nur beschränkt möglich, nämlich dadurch, daß die bei diesem Code nicht verwendeten 6 Tetraden (entsprechend

---

27) Wegen weiterer Einzelheiten zur Frage der Wirtschaftlichkeit und der Sicherheit eines Codes sei auf Abschnitt 3.3 verwiesen; darüber hinaus vergleiche man z.B. Berger-Damiani, E. R.: Nachrichtentheorie, Zahlensysteme und Codierung. In: Taschenbuch der Informatik, Berlin-Heidelberg-New York 1974, Band II, S. 88 - 117.

28) Für Fragen der Sicherung von Binärcodes sei auf Abschnitt 3.3.4 verwiesen.

den Dezimalzahlen 10 bis 15) als Pseudo-Tetraden einbezogen werden. Eine Fehlererkennung ist auf diese Weise beschränkt möglich, wenn als Bildwort eine Pseudo-Tetrade festgestellt wird; selbstverständlich werden dabei diejenigen Verfälschungen nicht erkannt, die zu zugelassenen Bildwörtern führen.

Der Aiken-Code ist im Hinblick auf die Sicherheit in gleicher Weise wie der duale Code zu beurteilen. Der Vorzug des Aiken-Code besteht darin, daß hier das Bildwort einer Dezimalziffer durch Vertauschen von O und L in das Bildwort des Neuner-Komplementes der betreffenden Ziffer übergeht (z.B. wird aus dem Bildwort für die Ziffer 2, nämlich OOLO, das Bildwort für die Dezimalziffer 7, nämlich LLOL). Diese Eigenschaft ist von Bedeutung bei der Durchführung von arithmetischen Operationen an den Bildwörtern dieses Codes.

Die gleiche Eigenschaft - einfache Neuner-Komplementbildung durch Vertauschen der Binärzeichen - besitzt auch der 3-Exzeß-Code [29)]. Bei diesem Code stimmt jedes Bildwort überein mit dem dualen Code für die um den Wert '3' vergrößerte Dezimalziffer; gegenüber dem dualen Code ist hier also jedes Wort mit dem Exzeß '3' behaftet. Wie später gezeigt wird, bietet diese Eigenschaft zusätzliche Vorteile bei der Durchführung von arithmetischen Operationen an den Bildwörtern [30)].

Die Besonderheit des Gray-Codes besteht darin, daß sich benachbarte Zeichen des Bildalphabetes immer nur in einer Binärstelle unterscheiden. Diese Eigenschaft ist von besonderer Bedeutung bei der Umwandlung von analogen in digitale Daten insofern, als ein aufgrund von Unschärfe geringfügig falsch erkannter Analogwert nur zu einer Verfälschung in einer Binärstelle führt.

Der hier dargestellte 2-aus-5-Code ist ein Vertreter von verschiedenen Codes gleicher Benennung. Bei diesem Code besitzt jedes Bildwort 2 Stellen mit dem Binärwert L und 3 Stellen mit dem Binärwert O. Auf diese Weise ist eine relativ einfache Sicherheit gegenüber Fehlern in einer Binärstelle gegeben, da die Verfälschung eines (einzigen) Binärwertes zu einem nicht zugelassenen Bildwort führt.

Der 1-aus-10-Code ist unter den hier dargestellten Codes der aufwendigste, besitzt aber - wie ersichtlich - auf der anderen Seite ein hohes Maß an Sicherheit gegenüber Verfälschungen. Der

---

29) Dieser Code wird auch Stibitz-Code genannt.

30) Vgl. hierzu Abschnitt 5.4.2.1.

Code wird in dieser Form als Lochkartencode für die Dezimalziffern verwendet [31].

3.3 Redundanz und Sicherheit

In einem Informationssystem werden Informationen zum Zwecke der Weitergabe bzw. der maschinellen Verarbeitung in codierter Form dargestellt. An den Code werden dazu u.a. die beiden folgenden fundamentalen Forderungen gestellt:

- Die Abbildungsvorschrift sollte wirtschaftlich sein,
- die Abbildungsvorschrift sollte gegen Verfälschungen der Bildwörter absichern.

Im folgenden werden beide Gesichtspunkte näher untersucht. Demgegenüber werden andere wichtige Forderungen, z.B. Eindeutigkeit, leichte Handhabbarkeit und Automatisierbarkeit, in diesem Zusammenhang nicht betrachtet.

3.3.1 Redundanz

Redundanz ist ein Maß für die Wirtschaftlichkeit einer Abbildungvorschrift. Die genaue Bestimmung des Begriffs Redundanz stützt sich auf den informationstheoretischen Begriff des Informationsgehaltes.

Zur Erläuterung des Begriffs Informationsgehalt sei eine Nachrichtenquelle betrachtet, die die Zeichen x_i (i=1, 2, ..., n) aus einem Vorrat von n Zeichen aussendet. Der Gehalt an Information, den ein Zeichen dem Nachrichtenempfänger vermittelt, ist abhängig von der Wahrscheinlichkeit $p(x_i)$, mit der das Zeichen gesendet wird: Je häufiger ein Zeichen auftritt, um so geringer ist sein Informationsgehalt, vorausgesetzt, daß in dem Zeitraum, auf den sich die Häufigkeitsaussage bezieht, dieses Zeichen überhaupt auftritt; hat im Grenzfall ein Zeichen die Wahrscheinlichkeit 1, d.h. tritt das betreffende Zeichen sicher auf, ist dieses Zeichen also das einzige der Nachrichtenquelle, so ist sein Informationsgehalt Null. Umgekehrt vermittelt ein selten auftretendes Zeichen mehr Information, sein Informationsgehalt ist also größer. Die Definition des Informationsgehaltes als Funktion der Auftretenswahrscheinlichkeit hat weiterhin zu berücksichtigen, daß der Informationsgehalt beim Auf-

---

[31] Vgl. hierzu Abbildung 3-2

treten zweier voneinander unabhängiger Zeichen gleich der Summe der Informationsgehalte der einzelnen Zeichen sein sollte. Entsprechend diesen Forderungen ist der Informationsgehalt wie folgt festgelegt:

Informationsgehalt (DIN 44301) : Der Informationsgehalt I_i eines Ereignisses x_i (z.B. das Auftreten eines Zeichens x_i) ist der Logarithmus des Kehrwertes der Wahrscheinlichkeit $p(x_i)$ für sein Eintreten, also

$$I_i = \mathrm{ld}\,\frac{1}{p(x_i)}$$ [32)]

(information content)

Mit dieser Bestimmung ist die oben genannte Forderung berücksichtigt, daß der Informationsgehalt beim Auftreten zweier voneinander unabhängiger Zeichen gleich der Summe der Informationsgehalte der einzelnen Zeichen ist, wie die folgende Überlegung zeigt: Sind $p(x_1)$ bzw. $p(x_2)$ die Wahrscheinlichkeiten für das Auftreten der Zeichen x_1 bzw. x_2, so ist

$$I_1 = \mathrm{ld}\frac{1}{p(x_1)} \text{ und } I_2 = \mathrm{ld}\frac{1}{p(x_2)};$$

die Wahrscheinlichkeit für das Auftreten beider Zeichen x_1 und x_2 (z.B. beide Zeichen unmittelbar hintereinander) ist dann

$$p(x_1 \wedge x_2) = p(x_1) \cdot p(x_2),$$

d.h.

$$I(x_1 \wedge x_2) = \mathrm{ld}\frac{1}{p(x_1 \wedge x_2)} = \mathrm{ld}\ \frac{1}{p(x_1)}\,\frac{1}{p(x_2)}$$

$$= \mathrm{ld}\frac{1}{p(x_1)} + \mathrm{ld}\frac{1}{p(x_2)} = I_1+I_2.$$

Sind alle Zeichen des Vorrates gleichwahrscheinlich, d.h.

$$(p(x_i) = p = \frac{1}{n}),$$

so ist [33)] $$I_i = \mathrm{ld}\ \frac{1}{p} = \mathrm{ld}\ n.$$

---

32) In der Begriffsbestimmung von DIN 44 301 ist die Basis des Logarithmus nicht festgelegt; je nach Wahl der Basis ergibt sich die Maßeinheit für den Informationsgehalt. Hier und im folgenden ist die Zahl 2 als Basis für den Logarithmus gewählt worden (ld = logarithmus dualis); die Maßeinheit für den Informationsgehalt ist dann die Größe bit = basic indissoluble information unit (bit mit kleinem 'b'; vgl. hierzu auch Fußnote 11 in Abschnitt 3.1.3).

33) Diese Größe wird auch als Entscheidungsgehalt bezeichnet (vgl. DIN 44301); sie kann interpretiert werden als die Anzahl der Alternativentscheidungen, die notwendig sind, um ein Zeichen aus einem Vorrat von n Zeichen zu isolieren.

Ist darüber hinaus die Anzahl n der Zeichen eine Potenz zur Basis 2, d.h.

$$n = 2^N,$$

so wird

$$I_i = \mathrm{ld}\, 2^N = N.$$

Besteht zum Beispiel der Zeichenvorrat der Nachrichtenquelle aus n=16 (=2^4) gleichwahrscheinlichen Einzelzeichen, so beträgt der Informationsgehalt eines Zeichens

$$I_i = 4 \text{ bit}$$

Der mittlere Informationsgehalt, der auch als Entropie bezeichnet wird, ergibt sich durch Summation der mit ihren Auftretenswahrscheinlichkeiten gewichteten Informationsgehalte der Einzelzeichen:

> *Mittlerer Informationsgehalt = Entropie (DIN 44301)* : Der mittlere Informationsgehalt H - auch Entropie genannt - einer Menge von n Ereignissen $x_1 \ldots x_n$ mit den Wahrscheinlichkeiten $p(x_i)$ ist der Erwartungswert (Mittelwert) des Informationsgehaltes der einzelnen Ereignisse:
>
> $$H = \sum_{i=1}^{n} p(x_i) I_i = \sum_{i=1}^{n} p(x_i)\, \mathrm{ld}\frac{1}{p(x_i)} \text{ [bit]}$$ [34)]
>
> (average information content = entropy).

Sind wieder alle Zeichen gleichwahrscheinlich ($p(x_i) = p = \frac{1}{n}$), so ist der mittlere Informationsgehalt gleich dem der Einzelzeichen:

$$H = n \cdot \frac{1}{n} \cdot \mathrm{ld}\frac{1}{1/n} = \mathrm{ld}\, n.$$

Zur Bestimmung der Redundanz wird neben dem mittleren Informationsgehalt die mittlere Wortlänge eines Zeichens benötigt: Ist bei einem binär codierten Zeichenvorrat von n Zeichen N_i die Binärzeichenzahl (Wortlänge) des i-ten Zeichens, so erhält man die mittlere Binärzeichenzahl durch Summation der mit ihren Auftretenswahrscheinlichkeiten gewichteten Binärzeichenzahlen der Einzelzeichen:

> *Mittlere Binärzeichenzahl*: Die mittlere Binärzeichenzahl (mittlere Wortlänge) einer Menge von n Zeichen $x_1 \ldots x_n$ mit den Wahrscheinlichkeiten $p(x_i)$ ist der Erwartungswert (Mittelwert) der Binärzeichenzahl N_i der Einzelzeichen

---

34) Vgl. Fußnote 32 in Abschnitt 3.3.1.

$$L = \sum_{i=1}^{n} p(x_i)N_i.$$

Die Code-Redundanz eines Zeichenvorrates aus n Einzelzeichen x_i, die je mit den Wahrscheinlichkeiten $p(x_i)$ auftreten, ist definiert als die Differenz aus der mittleren Binärzeichenzahl und dem mittleren Informationsgehalt:

Code-Redundanz: Die Differenz von mittlerer Binärzeichenzahl und mittlerem Informationsgehalt

$$R = L-H$$ [35)]

(code redundancy).

Die Code-Redundanz ist ein Maß für die Wirtschaftlichkeit eines Codes: Je größer die Redundanz, um so weniger wird der durch die Anzahl der Binärzeichen gegebene Bildraum ausgenutzt.

Sind alle Zeichen gleichwahrscheinlich ($p(x_i) = p = \frac{1}{n}$) und ist die Anzahl n der Zeichen eine Potenz zur Basis 2 ($n=2^N$), so ist es naheliegend, für jedes Zeichen die Binärzeichenzahl gleich, und zwar gleich N zu wählen; dann ist selbstverständlich die Code-Redundanz Null:

$$R = L-H = n\cdot\frac{1}{n}\cdot N - n\cdot\frac{1}{n}\cdot \mathrm{ld}\frac{1}{1/n} = N-N = 0.$$

In diesem Fall werden also alle Zeichen des Bildraumes ausgenutzt.

Sind diese Voraussetzungen nicht gegeben, so ist die Code-Redundanz im allgemeinen von Null verschieden. Es läßt sich aber nachweisen, daß in allen Fällen die Code-Redundanz beliebig klein gemacht werden kann. Dieser Tatbestand kommt im Shannon'schen Codierungstheorem zum Ausdruck:

Shannonsches Codierungstheorem : Die Codierung eines Zeichenvorrates kann stets so vorgenommen werden, daß die Code-Redundanz R = L-H beliebig klein wird.

Sofern die Auftretenswahrscheinlichkeiten der Einzelzeichen voneinander verschieden sind und/oder die Anzahl der Zeichen keine Potenz zur Basis 2 ist, erfordert die Realisierung des Shannon'schen Codierungstheorems bei vorgegebener Schranke, die zu unterschreiten ist, daß die Binärzeichenzahl der Einzelzeichen nicht gleich, sondern entsprechend den Auftretenswahrscheinlichkeiten gewählt wird: Die Zeichen mit höherer Auftre-

---

[35)] Neben diesem Begriff der Code-Redundanz gibt es in der Informationstheorie noch weitere Redundanz-Begriffe, die aber hier nicht von Interesse sind (vgl. dazu z.B. DIN 44 301).

tenswahrscheinlichkeit werden mit geringerer Zeichenzahl codiert als die mit geringerer Auftretenswahrscheinlichkeit. Ist damit die gewünschte Größe für die Code-Redundanz noch nicht erreicht bzw. unterschritten, so wird es darüberhinaus erforderlich, die Zeichen zu Gruppen von jeweils 2, 3 oder mehr Zeichen zusammenzufassen. Die folgenden Codierungsbeispiele sollen dies erläutern:

Der Zeichenvorrat A bestehe aus den Dezimalziffern 0 bis 9: $A=\{0, 1, 2, \ldots 9\}$; alle Zeichen sollen die gleiche Auftretenswahrscheinlichkeit $p(x_i) = p = \frac{1}{10}$ besitzen.

a) Abbildung der Dezimalziffern auf Tetraden, zum Beispiel auf die Menge

$$B = \{OOOO, OOOL, OOLO, \ldots, LOOL\};$$

dann ist

$$H = 10 \cdot \frac{1}{10} \cdot ld10 = ld10 = 3.32$$

und

$$L = 10 \cdot \frac{1}{10} \cdot 4 = 4;$$

das heißt

$$R = L-H = 4-3.32 = 0.68.$$

b) Die Code-Redundanz kann reduziert werden, wenn die Binärzeichenzahl in anderer Weise gewählt wird. Ein Beispiel ist die durch den in Abbildung 3-11 dargestellten Code-Baum definierte Codierung. Die entsprechende Codezuordnung ist in der gleichen Abbildung dargestellt.

In diesem Fall ist

$$H = 10 \cdot \frac{1}{10} \cdot ld10 = ld10 = 3.32 \text{ (wie oben)}$$

und

$$L = \frac{1}{10}(6 \cdot 3+4 \cdot 4) = \frac{34}{10} = 3.4;$$

das heißt

$$R = L-H = 3.4-3.32 = 0.08.$$

Die Code-Redundanz ist in diesem Fall also wesentlich geringer als zuvor (Fall a).

c) Die Code-Redundanz kann auf andere Weise reduziert werden, indem zum Beispiel die Dezimalziffern zu Paaren von je zwei Ziffern zusammengefaßt werden und jedem Paar ein Binärwort zugeordnet wird. Insgesamt treten hierbei 100 Ziffernpaare

$$A' = \{00, 01, 02 \ldots 99\}$$

auf. Ordnet man jedem Paar ein Wort von 7 Binärzeichen zu, so ist zunächst wieder

$$H = 3.32 \text{ (wie oben).}$$

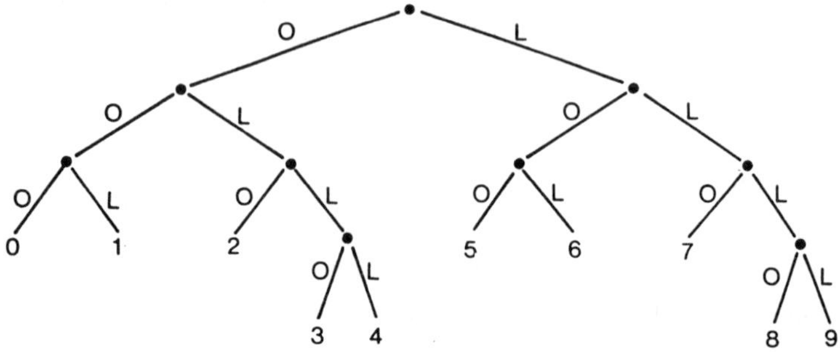

Code-Tabelle:

Dezimalziffer	Binärcodierung
0	OOO
1	OOL
2	OLO
3	OLLO
4	OLLL
5	LOO
6	LOL
7	LLO
8	LLLO
9	LLLL

Abb. 3-11: Binärer Code-Baum für die Dezimalziffern O-9 und zugehörige Code-Tabelle

Die mittlere Binärzeichenzahl eines Zeichens erhält man aus der für die Zeichenpaare, durch Division durch 2:

$$L = \frac{1}{2} \cdot 100 \cdot \frac{1}{100} \cdot 7 = 3.5.$$

Infolgedessen ist hier

$$R = L-H = 3.5-3.32 = 0.18.$$

d) Es ist ersichtlich, daß man durch eine Kombination beider Verfahren (nicht gleiche Wortlänge für die Einzelzeichen und Zusammenfassung der Einzelzeichen zu Zeichengruppen) die Code-Redundanz beliebig verkleinern kann.

In der ADV macht man von den Techniken der Minimierung des Codierungsaufwandes dann Gebrauch, wenn die Zeichen sehr unterschiedliche Auftretenswahrscheinlichkeiten haben und wenn die Zeichenfolge sehr häufig angesprochen wird [36]; in anderen Fällen - insbesondere wenn die Auftretenswahrscheinlichkeiten

---

[36] Zum Beispiel können beim Aufbau eines Schlüsselsystems für Sprachübersetzer diese Verfahren berücksichtigt werden.

nicht sehr differieren bzw. nicht bekannt sind - wählt man oft gleiche Wortlängen für alle Zeichen, was einerseits die Code-Redundanz vergrößert, andererseits aber die Handhabung erleichtert [37].

3.3.2 Fehlererkennungs- und Fehlerkorrekturcodes

Bei dem Begriff der Redundanz stand die Frage der Wirtschaftlichkeit einer Abbildungsvorschrift im Vordergrund. Demgegenüber steht jetzt die Frage der Sicherheit an erster Stelle: Bei der Erfassung von Daten und bei der Übertragung von Nachrichten können Störungen auftreten, wodurch die zur Darstellung verwendeten Zeichen verändert und damit die dargestellte Information verfälscht wird. Je schwerwiegender die Konsequenzen aus solchen Verfälschungen sind, um so mehr Bedeutung kommt den Maßnahmen zu, Fehler dieser Art zu erkennen oder zu korrigieren.

Eine sehr einfache Sicherheitsmaßnahme besteht darin, alle Erfassungs- und Übertragungsvorgänge zweimal auszuführen, die jeweils erzielten Resultate miteinander zu vergleichen und bei Nichtübereinstimmung den Vorgang solange zu wiederholen, bis zufriedenstellende Ergebnisse erzielt worden sind. Dieses Verfahren wird insbesondere bei der Übertragung von Daten auf maschinell lesbare Datenträger angewendet; hierhin gehört z.B. das Lochen und Prüfen von Daten auf Lochkarten.

Handelt es sich bei den Daten bzw. Nachrichten um solche, die mehrfach erfaßt und übertragen werden [38], so ist man bemüht, die Abbildungsvorschrift zur Darstellung der Information so zu gestalten, daß Verfälschungen automatisch, also maschinell, erkannt oder korrigiert werden können. Selbstverständlich bedeutet eine solche Sicherheit im Code eine Erhöhung der Redundanz; beide Gesichtspunkte müssen in einem ausgewogenen Verhältnis zueinander stehen.

Ist der Code so aufgebaut, daß Fehler lediglich erkannt werden, so spricht man von einem Fehlererkennungscode:

> *Fehlererkennungscode (DIN)*: Ein Code, bei dem die Zeichen nach solchen Gesetzen gebildet werden, die es ermöglichen,

---

[37] Ein Beispiel sind die Darstellungen der Zeichen auf externen Datenträgern.

[38] Bezieht man in die Übertragung auch diejenigen zwischen den verschiedenen Einheiten einer ADV-Anlage ein, so trifft dies auf alle Daten zu, die zur Verarbeitung in eine solche Anlage eingegeben werden.

durch Störungen verursachte Abweichungen von diesen Gesetzen zu erkennen.
(error detecting code)

Anmerkung: Es ist möglich, daß durch Störungen aus einem Zeichen ein anderes entsteht, das diesen Gesetzen genügt und deshalb nicht als fehlerhaft erkannt wird.

Ist es darüber hinaus auch möglich, den erkannten Fehler automatisch zu korrigieren, so handelt es sich um einen Fehlerkorrekturcode:

Fehlerkorrekturcode (DIN): Ein Fehlererkennungscode, bei dem eine Teilmenge der gestörten Zeichen auf Grund der Bildungsgesetze (ohne Rückfrage) korrigiert werden kann.
(error correcting code)

In den beiden folgenden Abschnitten werden entsprechende Sicherheitscodes für die Darstellung von Dezimalzahlen bzw. von Binärzeichenfolgen besprochen.

3.3.3 Sicherheit gegen Fehler bei Erfassung und Übertragung von dezimalen Schlüsselzahlen mit Hilfe von Prüfzahlen

Insbesondere bei der Erfassung von Urdaten oder bei der Übertragung von Daten durch Menschen treten häufig Fehler auf. Die wichtigsten Fehlerursachen sind dabei undeutliche, handschriftliche Eintragungen auf Urbelegen sowie Unaufmerksamkeit. Weiterhin kann bei der Erfassung und der Übertragung von Daten die Fehlerhäufigkeit durch systematische oder auch sporadische Gerätefehler vergrößert werden.

Die am häufigsten auftretenden Fehler bei der Erfassung und Übertragung von Zahlen als wichtigsten Datentyp sind Fehler in einer Stelle (eine Ziffer falsch, ausgelassen oder hinzugefügt) sowie die Vertauschung zweier benachbarter Ziffern. Es liegen verschiedene Untersuchungen vor, die die relative Häufigkeit der verschiedenen Fehler beim Eintasten von Zahlen zeigen; danach machen die Fehler in einer Stelle etwa 70 bis 80% aus, während die Vertauschung zweier benachbarter Ziffern bei 5 bis 7% liegt [39]. Die Verfahren zur Sicherung gegen fehlerhafte Erfassung und Übertragung zielen daher in erster Linie auf die-

39) Vgl. De Beauclair, W.: Zahlenprüfgeräte zur Sicherung des richtigen Druckens von Belegen bei der direkten Belegverarbeitung. In: Zeitschrift für Datenverarbeitung, Heft 5/1966, S. 270-280.

se beiden Typen von Fehlern ab. Aus Gründen der Wirtschaftlichkeit beschränkt man sich dabei meist auf Fehlererkennungscodes, die in diesem Abschnitt ausschließlich betrachtet werden.

Sofern es sich bei den zu erfassenden oder zu übertragenden Daten um Schlüsselzahlen handelt, stellt das Verfahren der Prüfzahlenbildung eine geeignete Sicherungsmethode dar. Dabei wird der zu sichernden Schlüsselzahl eine Prüfzahl, die sich aus den einzelnen Ziffern der Schlüsselzahl errechnet, angehängt. Beim erstmaligen Auftreten einer Schlüsselzahl wird die zugehörige Prüfzahl - evtl. automatisch - errechnet und bei jeder Erfassung und Übertragung mitgeführt. Durch geeignete Wahl des Verfahrens zur Prüfzahlbildung ist dann die Feststellung eines Fehlers dadurch möglich, daß bei der Erfassung bzw. nach der Übertragung die zugehörige Prüfzahl aus den Ziffern der Schlüsselzahl neu errechnet und mit der erfaßten bzw. übertragenen Prüfzahl verglichen wird.

Schlüsselzahl z und zugehörige Prüfzahl p bilden damit eine Einheit [40]:

z_n	z_{n-1}	....	z_3	z_2	z_1	p
←		Schlüsselzahl			→	Prüfzahl

Hierbei sind z_i die Ziffern der dezimalen Schlüsselzahl z:

$$z = \sum_{i=1}^{n} z_i \cdot 10^{i-1}$$

Die Prüfzahl p errechnet sich aus den Ziffern der Schlüsselzahl:

$$p = f(z_i).$$

Selbstverständlich wird durch das Hinzufügen einer Prüfzahl die Redundanz vergrößert und die hinzugefügte Prüfzahl stellt für sich wieder eine Fehlerquelle dar, da Erfassungs- oder Übertragungsfehler auch die Prüfzahl betreffen können. Das Hinzufügen einer Prüfzahl hat daher nur einen Sinn, wenn die aufgrund des Prüfzahlverfahrens erkannten Fehler bei der Erfassung und Übertragung nicht durch die infolge der größeren Stellenzahl vergrößerte Fehlerhäufigkeit aufgezehrt wird. Zur Erläuterung sei folgendes Beispiel betrachtet: Die mittlere Fehlerrate bei der Erfassung bzw. Übertragung sei ein Fehler bei 2000 Ziffern; zu-

---

[40] Die Vorschrift zur Bildung dieser Einheit aus Schlüsselzahl und Prüfzahl ist ein Fehlererkennungscode, vgl. Abschnitt 3.3.2.

grunde liegen 4-stellige Schlüsselzahlen, denen je eine 1-stellige Prüfzahl, die zur Erkennung von 95% aller möglichen Erfassungs- und Übertragungsfehler führt, angehängt wird:

z_4	z_3	z_2	z_1	p

Die mittlere Fehlerrate von einem Fehler pro 2000 Ziffern entspricht ohne Verwendung einer Prüfziffer 0.2% fehlerhaften Zahlen ($\frac{2000}{4}$ = 500 = 0.2%); dem stehen bei Hinzufügen der Prüfzahl 0.25% fehlerhafte Zahlen gegenüber ($\frac{2000}{5}$ = 400 = 0.25%). Bei der angenommenen Fehlererkennungsrate von 95% infolge der Prüfziffer, d.h. 5% verbleibenden, unerkannten Fehlern, sinkt die Fehlerquote auf 0.25·0.05 = 0.0125%; mit anderen Worten: Ein unerkannter Fehler kommt jetzt auf 8000 Zahlen, d.h. die Sicherheit ist jetzt um den Faktor 4 gestiegen.

3.3.3.1 *Einfachstes Verfahren: Quersumme*

Das einfachste Prüfzahlverfahren bildet die Prüfzahl als Quersumme der Schlüsselzahl:

$$p = \sum_{i=1}^{n} z_i .$$

Bei diesem Verfahren werden Fehler in einer Stelle der Schlüsselzahl erkannt, nicht dagegen Zahlendreher sowie fehlende oder zuviele Nullen in der Schlüsselzahl.

Da ein Fehler in einer Stelle auf den Betrag 9 als Höchstwert beschränkt ist, führt ein solcher Fehler auf jeden Fall zu einer Änderung der Einerstelle der Prüfzahl; infolgedessen können also die Zehner- und ggf. höhere Stellen der Prüfzahl außer acht gelassen werden, die Prüfzahl wird damit zu einer Prüfziffer:

$$p = \left(\sum_{i=1}^{n} z_i \right) \bmod 10$$ [41].

Beispiel: Zur Schlüsselzahl z = 4527 gehört die Prüfziffer p = (18)mod 10 = 8. Wird nun die dritte Stelle um den Wert 6 verfälscht, so entsteht die falsche Schlüsselzahl z' = 4587; als Prüfziffer ergibt sich dann der Wert p' = (24)mod 10 = 4 $\neq$ p. Ein Zahlendreher, etwa Vertauschung der zweiten und dritten Stelle, ändert die Schlüsselzahl (z'' = 4257), läßt aber die Prüfzahl unverändert.

---

41) Unter A mod m versteht man den Rest, der aus der Division von A durch m entsteht.

3.3.3.2 Gewichtete Quersumme

Bei diesem Verfahren wird die Prüfzahl als die Summe der mit den Gewichten g_i multiplizierten Ziffern z_i der Schlüsselzahl gebildet, wobei gleichzeitig, zur Vereinfachung, die gewichtete Quersumme um das größte ganzzahlige Vielfache einer geeigneten Modulzahl m verringert wird:

$$p = \left(\sum_{i=1}^{n} g_i z_i \right) \bmod m$$

Bei geeigneter Wahl der Gewichte g_i und der Modulzahl m werden hier Fehler in einer Stelle sowie Zahlendreher erkannt.

Beispiel: Wählt man $g_i = i$ und $m = 10$, so erhält die Schlüsselzahl $z = 4527$ die Prüfziffer $p = (4 \cdot 4+3 \cdot 5+2 \cdot 2+1 \cdot 7) \bmod 10 = (42) \bmod 10 = 2$. Ein Zahlendreher in der zweiten und dritten Stelle führt für die falsche Schlüsselzahl $z' = 4257$ zur Prüfziffer $p' = (39) \bmod 10 = 9$, d.h. zu einer Abweichung von der richtigen Prüfziffer und wird daher erkannt.

Die Gewichte g_i und die Modulzahl m sind einerseits so festzulegen, daß möglichst viele Fehler bei der Erfassung oder der Übertragung der Schlüsselzahlen erkannt werden, andererseits aber auch so, daß der Aufwand zur Darstellung und zur Errechnung der Prüfzahl möglichst gering gehalten werden kann. Beide Forderungen konkurrieren miteinander, so daß die konkrete Wahl der Gewichte g_i und der Zahl m immer einen Kompromiß zwischen maximaler Sicherheit und minimalem Aufwand darstellt.

Als Mindestforderungen an ein Prüfzahlverfahren werden üblicherweise verlangt:

- Alle Fehler in einer Stelle müssen erkannt werden.
- Zahlendreher sollen nach Möglichkeit erkannt werden.

Daneben wird aus Gründen der Einfachheit des Rechenverfahrens vielfach gefordert:

- Die Gewichte g_i sind einstellige ganze Zahlen; insbesondere ist das Gewicht '1' zugelassen, da in diesem Fall eine Multiplikation eingespart wird.

Aus diesen Mindestanforderungen ergeben sich die folgenden allgemeinen Forderungen an die Gewichte g_i und die Modulzahl m:

- Kein Vielfaches $\alpha \cdot g_i$ eines Gewichtes g_i mit einstelligem α darf mit einem Vielfachen $\beta \cdot m$ von m übereinstimmen:

  $$\alpha \cdot g_i \neq \beta \cdot m.$$

  Ist diese Forderung nämlich nicht erfüllt, so wird eine Änderung in einer Stelle nicht notwendig erkannt. Wählt man z.B.

m = 12 und ist ein Stellenwert z_i = 2 und das zugehörige Gewicht g_i = 4, so ist der Beitrag dieser Stelle zur gewichteten Quersumme $g_i \cdot z_i = 2 \cdot 4 = 8$; eine Änderung des Stellenwertes um $\alpha = 6$ auf $z_i' = 8$ liefert den gleichen Beitrag zur gewichteten Quersumme $(g_i \cdot z_i) \bmod 12 = (4 \cdot 8) \bmod 12 = (32) \bmod 12 = 8$, wird also nicht erkannt.

Wie ersichtlich, kann der obigen Forderung am einfachsten Genüge getan werden, wenn man m als Primzahl wählt. Dies würde allerdings die Zahl 10, die aus anderen Gründen sehr viele Vorzüge besitzt, als Modulzahl ausschließen.

- Aufeinanderfolgende Gewichte müssen voneinander verschieden sein:

$$g_i \neq g_{i+1}$$

Wenn diese Forderung nicht erfüllt ist, werden offensichtlich Zahlendreher in solchen Stellen nicht erkannt.

Die in der Praxis gebräuchlichsten Verfahren basieren auf den Modulzahlen m = 10 und m = 11, die im folgenden noch einmal näher betrachtet werden.

<u>m = 11</u>

Da 11 eine Primzahl ist, werden - sofern die obigen Bedingungen für die Gewichte g_i eingehalten werden - alle Fehler in einer Stelle der Prüfzahl erkannt. Darüber hinaus werden auch alle Zahlendreher (zwischen zwei benachbarten Stellen) festgestellt, wie folgende Überlegungen zeigen:

Zahlendreher werden dann nicht festgestellt, wenn der Beitrag der beiden gedrehten Stellen zur gewichteten Quersumme (mod 11) der gleiche ist wie der der nicht gedrehten Stellen, d.h.

$$(g_i z_i + g_{i+1} z_{i+1}) \bmod 11 = (g_i z_{i+1} + g_{i+1} z_i) \bmod 11,$$

oder, da sich beide Klammern nur um ein Vielfaches von 11 unterscheiden können,

$$g_i z_i + g_{i+1} z_{i+1} = g_i z_{i+1} + g_{i+1} z_i + \beta \cdot 11;$$

da $g_i \neq g_{i+1}$, so unterscheiden sich g_i und g_{i+1} um eine ganze Zahl:

$$g_{i+1} = g_i + \gamma$$

damit wird

$$g_i z_i + (g_i + \gamma) z_{i+1} = g_i z_{i+1} + (g_i + \gamma) z_i + \beta \cdot 11,$$

oder, aufgelöst

$$\gamma = \frac{\beta}{(z_{i+1} - z_i)} \cdot 11.$$

Da der Fall $z_{i+1}-z_i = 0$, d.h. $z_{i+1} = z_i$ ausscheidet (dies ist kein Zahlendreher), so ist

$$1 \leq |(z_{i+1}-z_i)| \leq 9;$$

β muß also, da γ ganzzahlig ist, ein Vielfaches von $(z_{i+1}-z_i)$ sein, so daß für γ folgt:

$$\gamma \geq 11;$$

dies ist aber ein Widerspruch , da γ als Differenz zweier einziffriger Stellengewichte selbst nur einstellig sein kann; die Voraussetzung, daß Zahlendreher nicht erkannt werden, ist damit auf einen Widerspruch geführt; mit anderen Worten: Bei $m = 11$ werden Zahlendreher immer erkannt.

Neben diesem Vorteil von $m = 11$ ist auf den Nachteil hinzuweisen, daß die größte Prüfzahl $p_{max} = 10$ ist, für die Prüfzahl also grundsätzlich zwei Stellen zu reservieren sind. Der gleiche Nachteil ist natürlich auch allen anderen Modulzahlen $m > 11$ eigen.

<u>m = 10</u>

Gegenüber dem Fall $m \geq 11$ besitzt die Modulzahl $m = 10$ den Vorteil, daß als Prüfzahlen nur die Zahlen $0 \leq p \leq 9$ in Frage kommen, d.h. die Prüfzahl erfordert nur eine einzige Stelle.

Fordert man, daß im Falle $m = 10$ Fehler in einer Stelle erkannt werden, so ergibt sich für die Gewichte g_i, da diese kein gemeinsames Vielfaches mit 10 haben dürfen:

$$\left.\begin{array}{l} g_i \neq 2a \\ g_i \neq 5b \end{array}\right\} \text{ a, b ganzzahlig.}$$

Wie bereits oben ausgeführt, werden bestimmte Fehler in einer Stelle nicht erkannt, wenn diese Bedingung nicht erfüllt ist. Als Gewicht kommen im Falle $m = 10$ daher nur in Frage:

$$g_i = \{1, 3, 7, 9\}.$$

Wie man leicht erkennt, werden jedoch nicht alle Zahlendreher erkannt, wenn bei $m = 10$ die Gewichte aus dieser Zahlenmenge gewählt werden.

Von besonderer Bedeutung für den Fall $m = 10$ sind die Gewichte 1 mit wechselndem Vorzeichen:

$$g_i = 1, \quad g_{i+1} = -1.$$

Dieser Sonderfall ist deshalb von Bedeutung, da zur Errechnung der Prüfziffer nur Additionen und Subtraktionen (also keine Multiplikationen) ausgeführt werden müssen. Auch hierbei werden alle Fehler einer Stelle erkannt, während 11% aller Zahlendreher unerkannt bleiben, wie die folgende Überlegung zeigt: Für die unerkannten Zahlendreher gilt

$$1\cdot z_i - 1\cdot z_{i+1} = 1\cdot z_{i+1} - 1\cdot z_i + \beta\cdot 10,$$

oder, aufgelöst:

$$(z_i - z_{i+1}) = \beta \cdot 5;$$

da wieder $z_i = z_{i+1}$ als Zahlendreher ausscheidet, ist also

$$1 \leq |(z_i - z_{i+1})| \leq 9;$$

der einzig zulässige Wert von β ist also $\beta = 1$, d.h.

$$|(z_i - z_{i+1})| = 5;$$

in Worten: Zahlendreher der Paare (5,0), (6,1), (7,2), (8,3), (9,4) werden nicht erkannt; bezogen auf alle möglichen Zahlendreher sind dies

$$\frac{100}{45/5} = \frac{100}{9} = 11\ \%$$

3.3.3.3 *Andere Verfahren*

Neben den bisher betrachteten Verfahren der Prüfzahlbildung gibt es weitere Verfahren, bei denen die Prüfzahl in anderer Weise als durch eine gewichtete Quersumme gebildet wird. Im Hinblick auf die Einfachheit der Rechenvorschrift zur Prüfzahlbildung sind insbesondere die Verfahren zu nennen, bei denen

$$p = \left(\sum_{i=1}^{n} f(z_i) \right) \bmod m$$

gilt. Als Beispiel seien zwei Verfahren erwähnt, die von Rein angegeben werden [42]:

$$\begin{aligned} f(z_i) &= 2z_i \text{ falls } z_i < 5, \\ &= (2z_i+1) \bmod 10 \text{ falls } z_i \geq 5; \end{aligned}$$

oder

$$\begin{aligned} f(z_i) &= 2z_i+1 \text{ falls } z_i < 5, \\ &= (2z_i) \bmod 10 \text{ falls } z_i \geq 5. \end{aligned}$$

Daneben gibt es eine Vielzahl weiterer Verfahren der Prüfzahlbildung, die aber in der Praxis nicht die Bedeutung erlangt haben, wie die hier dargestellten Verfahren.

3.3.4 Sicherheit bei Binärcodes

In dem Sonderfall der binären Darstellung von Zeichen kommen

[42] Vgl. Rein, W. H.: Ein rekursives Prüfverfahren für Nummern unterschiedlicher Länge. In: Angewandte Informatik, Heft 5/72, S. 229-235.

nur zwei mögliche Verfälschungen von Binärzeichen in Betracht (entweder wird das Zeichen O in das Zeichen L überführt oder umgekehrt). Für die ADV sind insbesondere die beiden Grenzfälle der einseitigen und der symmetrischen Störung von Bedeutung:

- Einseitige Störungen: Eine Verfälschung kann nur in einer Richtung stattfinden (z.B. kann aus dem Zeichen L das Zeichen O werden, nicht aber umgekehrt).
- Symmetrische Störungen: Jede der beiden formal möglichen Störungen ist gleich wahrscheinlich.

Für beide Sonderfälle sind spezielle Codes zur Feststellung und zur Korrektur von Fehlern entwickelt worden.

Im Zusammenhang mit Fehlererkennungs- und Fehlerkorrekturcodes ist es von Bedeutung, in wieviel Stellen sich die Bildwörter zweier Zeichen voneinander unterscheiden können; es zeigt sich, daß es bei binären Fehlererkennungs- und Fehlerkorrekturcodes für die Anzahl der unterschiedlichen Stellen zwischen zwei Bildwörtern eine untere Grenze gibt [43].

Der 2-aus-5-Code sowie der 1-aus-10-Code (s. Abbildung 3-10) sind binäre Fehlererkennungscodes: Alle Verfälschungen einer einzigen Stelle werden erkannt, da sie zu nicht zugelassenen Bildwörtern führen.

Aus jedem beliebigen binären Code kann ein Fehlererkennungscode gemacht werden, indem jeder Einheit aus Binärzeichen (z.B. jedem Binärwort) ein weiteres Binärzeichen angehängt wird, dessen Wert so festgelegt wird, daß die Modulo-2-Summe aller Binärzeichen eines Wertes (des Wertes O oder L) einschließlich dem des angehängten Binärzeichens je nach Rechenvorschrift '0' oder '1' ist. Das angehängte Binärzeichen heißt Paritätsbit:

> *Paritätsbit* (in Anlehnung an DIN): Ein einer binären Zeichenfolge zugeordnetes Bit, das zum Erkennen von (Übertragungs-) Fehlern dient. Es ist so hinzugefügt, daß die Modulo-2-Summe aller in der Zeichenfolge betrachteten Bits gleichen Wertes (einschließlich des Paritätsbits) je nach Rechenvorschrift '0' oder '1' ist.
> (parity bit)

---

[43] Die Anzahl der Stellen unterschiedlichen Inhalts bei zwei, Stelle für Stelle miteinander verglichenen Wörtern gleicher Länge heißt Hamming-Abstand. Für einen binären Fehlererkennungscode ist der Hamming-Abstand mindestens 2, für einen binären Fehlerkorrekturcode mindestens 3, vgl. hierzu DIN 44 301.

Je nach Rechenvorschrift ergänzen sich also die Bits gleichen Wertes zu einer geraden Anzahl (even parity) oder zu einer ungeraden Anzahl (odd parity).

Aus dem 3-Exzeß-Code (Abbildung 3-10) wird ein Fehlererkennungscode, wenn man z.B. vorschreibt, daß sich die Summe der Bits vom Wert L zu einer ungeraden Summe ergänzt (Abbildung 3-12).

Dezimalziffer	3-Exzeß-Code	Um Paritätsbit ergänzter 3-Exzeß-Code
0	OOLL	OOLLL
1	OLOO	OLOOO
2	OLOL	OLOLL
3	OLLO	OLLOL
4	OLLL	OLLLO
5	LOOO	LOOOO
6	LOOL	LOOLL
7	LOLO	LOLOL
8	LOLL	LOLLO
9	LLOO	LLOOL

Abb. 3-12: Ergänzung des 3-Exzeß-Codes zum Fehlererkennungscode

4 Erste Detaillierung des Konzeptes eines ADV-Systems

Die bisher gewonnenen Erkenntnisse ermöglichen eine Detaillierung des Konzeptes eines ADV-Systems gegenüber dem in Abschnitt 2.2 beschriebenen Grundkonzept. Eine solche Detaillierung kann beispielsweise aufgrund von Wirtschaftlichkeitsüberlegungen aus dem Grundkonzept abgeleitet werden. Der Begriff Wirtschaftlichkeit wird dabei sehr weit gefaßt. Im allgemeinen sind mehrere Alternativen für die Gestaltung der Systemkomponenten eines ADV-Systems denkbar; aus diesen Alternativen wird jeweils diejenige ausgewählt, die bestimmten Zielfunktionen des Anwenders am ehesten gerecht wird.

Diese Erweiterung des Konzeptes eines ADV-Systems ist somit ein erster Iterationsschritt auf dem Weg zu einer anwendungsorientierten Darstellung eines ADV-Systems.

Zuvor sind noch einige grundsätzliche begriffliche Erläuterungen zu geben.

4.1 Automatisches Datenverarbeitungssystem – Automatische Datenverarbeitungsanlage – funktionelle und konstruktive Betrachtungsweise

Für Analyse und Synthese komplexer Gebilde hat es sich als nützlich erwiesen, zwischen Funktion und Aufbau des betrachteten Gebildes zu unterscheiden. Bei der ersten, der funktionellen Betrachtungsweise, wird das zu untersuchende Gebilde als eine Funktionseinheit angesehen:

> *Funktionseinheit (DIN)*: Ein nach Aufgabe oder Wirkung abgrenzbares Gebilde.
> (functional unit)

Diese Bestimmung ist rekursiv insofern, als ein System von Funktionseinheiten in einem gegebenen Zusammenhang wieder als eine Funktionseinheit angesehen werden kann.

Demgegenüber interessieren bei der konstruktiven Betrachtungsweise der Aufbau und die Zusammensetzung des Gebildes aus Baueinheiten:

Baueinheit (DIN): Ein nach Aufbau oder Zusammensetzung abgrenzbares materielles Gebilde.
(physical unit)

Auch diese Bestimmung ist rekursiv; in einem gegebenen Zusammenhang kann ein System von Baueinheiten wieder als eine Baueinheit aufgefaßt werden.

Selbstverständlich brauchen die Grenzen zwischen den Funktionseinheiten und den Baueinheiten ein und desselben Gebildes nicht übereinzustimmen. Insbesondere können einer Funktionseinheit mehrere Baueinheiten und andererseits einer Baueinheit mehrere Funktionseinheiten entsprechen.

Für die Bildung von Hierarchien von Einheiten eines Gebildes werden in Zusammensetzungen, in absteigender Reihenfolge, die folgenden Benennungen verwendet [1)]:

- Für Funktionseinheiten: - system, - werk, - glied, - element,
- für Baueinheiten: - anlage, - gerät, - teil.

Mit diesen Begriffen ist die umfassendste ADV-Einheit aus funktioneller Sicht das Datenverarbeitungssystem:

Datenverarbeitungssystem = Rechensystem (DIN): Eine Funktionseinheit zur Verarbeitung von Daten, nämlich zur Durchführung mathematischer, umformender, übertragender und speichernder Operationen.
(data processing system)

Einheiten eines Datenverarbeitungssystems sind z.B. das Rechenwerk, das Leitwerk und das Speicherwerk [2)].

Andererseits ergibt sich die Rechenanlage als Gesamtheit der Baueinheiten:

Datenverarbeitungsanlage = Rechenanlage (DIN): Die Gesamtheit der Baueinheiten, aus denen ein Rechensystem aufgebaut ist.
(computer)

Beispiele für Baueinheiten einer Datenverarbeitungsanlage sind konkrete Eingabe- und Ausgabegeräte, z.B. Eingabetastaturen, Zeilendrucker usw.

Dieser Einführung liegt im wesentlichen die funktionelle Betrachtungsweise zugrunde, da Aufgabe und Wirkungsweise von Da-

---

1) Diese Benennungen werden bei DIN 44 300 in den Anmerkungen zu den Begriffen Funktionseinheit und Baueinheit vorgeschlagen.

2) Zur näheren Bestimmung der Teile eines Datenverarbeitungssystems vgl. Abschnitt 4.2.

tenverarbeitungssystemen unabhängig sind von der zufälligen, zeitlich veränderlichen, technischen Realisation der Anlagen.

In den obigen Bestimmungen ist die Eigenschaft, daß die Systeme bzw. Anlagen automatisch arbeiten, nicht festgehalten. Im folgenden werden immer automatisch arbeitende Systeme bzw. Anlagen unterstellt, wenn nicht ausdrücklich etwas anderes vermerkt ist; insofern werden die Begriffe Datenverarbeitungssystem und automatisches Datenverarbeitungssystem synonym verwendet.

4.2 Das digitale Datenverarbeitungssystem

In der obigen Begriffsbestimmung für das Datenverarbeitungssystem ist keine Aussage darüber gemacht, welcher Art die zu verarbeitenden Daten sind, d.h. darüber, ob es sich um analoge oder digitale Daten handelt [3]. Im folgenden werden ausschließlich solche Datenverarbeitungssysteme betrachtet, die digitale Daten verarbeiten:

> *Digitales Datenverarbeitungssystem = digitales Rechensystem*: Ein Datenverarbeitungssystem, das digitale Daten verarbeitet [4].
> (digital data processing system)

Damit können nunmehr die bereits zuvor festgestellten Grundeinheiten eines automatischen Datenverarbeitungssystems (vgl. Abbildung 2-4) funktionell bestimmt werden:

> *Rechenwerk (DIN)*: Eine Funktionseinheit innerhalb eines digitalen Rechensystems, die Rechenoperationen ausführt.
> (arithmetic unit)

> *Speicher (DIN)*: Eine Funktionseinheit innerhalb eines digitalen Rechensystems, die digitale Daten aufnimmt, aufbewahrt und abgibt.
> (storage)

> *Programmwerk*: Eine Funktionseinheit innerhalb eines digitalen Rechensystems, die Programme zur Verarbeitung von Daten auf-

---

[3] Zur Unterscheidung von analogen und digitalen Daten vgl. Abschnitt 3.1.4.

[4] Die Einschränkung auf digitale Daten als Verarbeitungsobjekte impliziert gleichzeitig eine bestimmte, der Art digitaler Daten angepaßte Arbeitsweise von Datenverarbeitungssystemen. Um diesen Aspekt zum Ausdruck zu bringen, wird in DIN 44 300 das digitale Datenverarbeitungssystem auf den Begriff Schaltwerk abgestützt, worauf hier aber verzichtet wird; vgl. hierzu DIN 44 300.

nimmt.

Leitwerk (DIN): Eine Funktionseinheit innerhalb eines digitalen Rechensystems, die
- die Reihenfolge steuert, in der die Befehle eines Programms ausgeführt werden,
- diese Befehle entschlüsselt und dabei ggf. modifiziert und
- die für ihre Ausführung erforderlichen digitalen Signale abgibt.

(control unit)

Hierin sind die Befehle elementare Teile des Programms, also der Arbeitsvorschrift zur Verarbeitung der Daten [5].

Weiter gilt für die Eingabe- und Ausgabeeinheiten:

Eingabeeinheit (DIN): Eine Funktionseinheit innerhalb eines digitalen Rechensystems, mit der das System Daten von außen aufnimmt [6].
(input unit)

Ausgabeeinheit (DIN): Eine Funktionseinheit innerhalb eines digitalen Rechensystems, mit der das System Daten, z.B. Rechenergebnisse, nach außen abgibt [6].
(output unit)

4.3 Zerstörungsfreie Datenabgabe

Da die im Speicher eines Datenverarbeitungssystems aufbewahrten Daten meist mehrfach abgerufen und in andere Einheiten des Systems übertragen werden (bei der Rechnungsschreibung werden die gespeicherten Artikeldaten wie Artikelbezeichnung, Einzelpreis usw. mehrfach, u.U. für jede der zu erstellenden Rechnungen benötigt), muß das Herausholen funktionell zerstörungsfrei erfolgen, d.h. auch nachdem ein Datum aus dem Speicher in eine andere Einheit transferiert worden ist, muß das Datum weiterhin im Speicher zur Verfügung stehen [7]. Insofern unterscheidet sich der Speicher eines Datenverarbeitungssystems von einem Speicher

---

5) Die exakte Bestimmung des Begriffes Programm erfolgt in Abschnitt 6.2

6) Hier wurde die Benennung Eingabeeinheit (Ausgabeeinheit) gewählt, da der Begriff Eingabewerk (Ausgabewerk) eine andere Bedeutung erhält; vgl. hierzu Abschnitt 6.5

7) Sofern aufgrund der verwendeten konstruktiven Elemente beim Abrufen der Speicherinhalt zerstört wird, muß in einem anschließenden Zyklus der alte Speicherzustand wiederhergestellt werden; dem Benutzer wird dieses Zerstören und das anschließende Regenerieren nicht bewußt.

zur Lagerung von materiellen Gütern; er ist vielmehr zu vergleichen mit einer schriftlichen Aufzeichnung, wobei die aufgeschriebenen Daten auch beliebig oft gelesen werden können. Der Inhalt eines Speicherelementes wird erst geändert, wenn ein neues Datum eingeschrieben wird.

4.4 Binäre Codierung der Daten

In Datenverarbeitungssystemen werden aus Wirtschaftlichkeitsgründen ausschließlich binäre Informationsdarstellungen verwendet [8). Die Binärcodierung bietet nämlich gegenüber allen anderen digitalen Darstellungen zwei wesentliche Vorteile: Minimale Anzahl von Zuständen zur Darstellung sowie einfache Möglichkeit der Verwendung trägheitsloser physikalischer Elemente.

Bei binärer Codierung ist die gesamte Anzahl von möglichen Zuständen zur Repräsentation gegenüber allen anderen digitalen Darstellungen am kleinsten. In Abschnitt 3.2.1.1 war gezeigt worden, daß zur Darstellung von Zahlen im Dualsystem nur 66,4% der Zustände gegenüber einer Darstellung im Dezimalsystem benötigt werden.

Allgemein gilt: Bei redundanzfreier digitaler Darstellung der Zeichen eines Vorrates aus $M > 2$ Zeichen werden n Binärzeichen benötigt, wenn

$$2^{n-1} < M \leq 2^n$$

gilt; insgesamt müssen in diesem Fall $2n$ Zustände zur Verfügung gehalten werden; wie leicht zu sehen, ist für $n > 4$ aber stets

$$2n < M.$$

Z.B. benötigt man für die binäre Darstellung der 26 Buchstaben unseres gewöhnlichen Alphabetes 5 Binärzeichen ($M = 26 < 2^5$), d.h. insgesamt $2 \cdot 5 = 10$ Zustände entsprechend 38,5% der Zuständezahl bei Verwendung eines Vorrates aus 26 Zeichen.

Gegenüber allen anderen digitalen Darstellungen besitzt die binäre Darstellung weiterhin den großen Vorteil, daß zur Realisation dieser Darstellungen alle physikalischen Elemente heran-

---

8) Es war gezeigt worden, daß jede beliebige digitale, nicht binäre Darstellung von Information mit Hilfe eines Codes in eine binäre Darstellung transformiert werden kann. Außerdem hat sich gezeigt, daß auch analoge Daten wenigstens näherungsweise in eine digitale Form und damit letztlich auch wieder in eine binäre Form überführt werden können (vgl. Abschnitt 3.1.4).

gezogen werden können, die nur zweier physikalischer Zustände fähig sind. Insbesondere im Bereich des Elektromagnetismus gibt es eine Vielzahl von Elementen, die nur 2 Zustände kennen (ein Eisenteilchen ist in der einen oder anderen Richtung magnetisiert, Strom fließt oder Strom fließt nicht usw.). Wechselt der Datenwert, so erfordert dies, daß die Elemente, die diese Werte repräsentieren, umgeschaltet werden. Die Verwendung von elektromagnetischen Elementen bietet daher den Vorteil, daß sich der Zustand der Elemente trägheitslos, d.h. mit elektronischer Geschwindigkeit ändern läßt.

Diese beiden Vorteile - minimale Anzahl von Elementen zur Darstellung von Information und Möglichkeit der Verwendung von trägheitslosen elektromagnetischen Elementen zur Darstellung - sind der Grund für die Verwendung binärer Zeichenvorräte zur Informationsdarstellung in Datenverarbeitungssystemen.

4.5 Binäre Codierung der Einzelzeichen

Die Verwendung eines binären Zeichensystems zur Informationsdarstellung in einer automatischen Datenverarbeitungsanlage erfordert die Übersetzung der einzugebenden Daten aus dem außerhalb der Anlage verwendeten Darstellungssystem in das intern verwendete binäre System und umgekehrt die Übersetzung der Ergebnisdaten aus der internen binären Darstellung in die außerhalb verwendete Darstellung. Da es sich bei diesen Übersetzungsprozessen um formalisierbare Vorgänge handelt, ist zu fordern, daß diese Transformationen der Eingabe- und der Ergebnisdaten automatisch, also von der Anlage selbst vorgenommen werden. Für die Übersetzung der Zeichen aus einem externen Vorrat von M Zeichen ist dazu eine M-stellige Codetabelle erforderlich, wenn die externen Zeichen einzeln, also je für sich in die entsprechende interne Binärform transformiert werden und umgekehrt. Für Daten, die aus den Zeichen unseres gewöhnlichen Alphabetes oder aus Sonderzeichen zusammengesetzt sind, macht dies keine Schwierigkeiten. Einen aus den Alphabetzeichen zusammengesetzten Familiennamen (MEIER) betrachten wir formal als eine Folge von Buchstaben (M, E, I, E, R). Es erscheint plausibel, daß in der automatischen Datenverarbeitungsanlage die einzelnen Buchstaben je für sich als Binärfolgen codiert sind (etwa jeder Buchstabe durch eine Folge von 6 oder 8 Binärzeichen [9]).

---

[9] Nur in Sonderfällen wird man mehrere Zeichen zu einer Gruppe zusammenfassen und jede Gruppe für sich codieren (Paarcodierung, Tripelcodierung usw.).

Anders verhält es sich bei der Darstellung von Zahlen. Extern verwenden wir für die Darstellung von Zahlen meist eine der uns geläufigen Radixschreibweisen [10] mit der Basis 10, und es ist zunächst naheliegend, intern ebenfalls eine Radixschreibweise, jetzt aber die zur Basis 2 zu verwenden, die Zahlen also im Dualsystem darzustellen. Die Übersetzung einer Zahl in Radixschreibweise mit der Basis 10 in die zur Basis 2 ist dann aber nicht so auszuführen, daß jede Dezimalziffer für sich in das Dualsystem übersetzt wird, sondern die zu übersetzende Zahl ist in ihrer Gesamtheit als eine Einheit anzusehen. In diesem Falle genügt nicht eine 10-stellige Codetabelle, sondern es müssen die entsprechenden Rechenvorschriften zum Umsetzen von einer Darstellung in die andere verwendet werden [11]. Als interne duale Darstellung der Dezimalzahl 12569 wird sich dabei ergeben:

12569 = LLOOOLOOOLLOOL.

Wenngleich der entsprechende Übersetzungsprozeß automatisch vollzogen werden kann, so fällt er doch ins Gewicht und dies um so mehr, je größer das Verhältnis der einzugebenden und/oder auszugebenden Zahlen zur Anzahl der intern an diesen Zahlen auszuführenden Rechenoperationen ist, oder anders ausgedrückt: Der Übersetzungsaufwand für Zahlen ist um so eher zu vertreten, je weniger Zahlen ein- bzw. auszugeben sind.

Bei den meisten mathematischen und technischen Aufgabenstellungen, die früher mit Hilfe von automatischen Datenverarbeitungsanlagen bearbeitet wurden, handelte es sich um 'rechenintensive' Aufgaben, d.h. um solche, bei denen im Vergleich zur Anzahl interner Operationen relativ wenige Zahlen ein- und auszugeben waren. In diesen Fällen hat man den Übersetzungsaufwand von der dezimalen Darstellung in die duale Darstellung und umgekehrt in Kauf genommen, intern also die duale Zahlendarstellung verwendet [12]. Zum Unterschied hierzu waren die Aufgaben aus dem administrativen Bereich, die man früher mit automatischen Datenverarbeitungsanlagen durchgeführt hat, überwiegend 'eingabe-/ausgabe-intensiv', d.h. die Anzahl der internen Operationen trat gegenüber der Anzahl von Daten, die einzugeben

---

10) Vgl. hierzu Abschnitt 3.2.1.2.

11) Vgl. hierzu Abschnitt 3.2.2.
Selbstverständlich kann man die Übersetzung von mehrstelligen Dezimalzahlen in das Dualsystem auch mit Codetabellen vornehmen, jedoch ist bei entsprechend großer Stellenzahl der hierzu erforderliche Aufwand höher als die Anwendung der Rechenvorschrift.

12) Rechner dieser Art wurden früher als 'wissenschaftliche Rechner' bezeichnet.

und auszugeben waren, zurück [13]. Für Problemstellungen dieser Art wurden Anlagen entwickelt, bei denen die anzugebenden Dezimalzahlen nicht 'geschlossen' in das Dualsystem übersetzt wurden, sondern - ähnlich wie bei den Buchstaben und Sonderzeichen - jede einzelne Ziffer für sich [14]. Der Übersetzungsaufwand reduziert sich in diesem Fall auf die Anwendung einer einfachen 10-stelligen Codetabelle. Verwendet man zur Darstellung der einzelnen Dezimalziffern intern etwa den 3-Exzeß-Code [15], so würde die 5-stellige Dezimalzahl 12569 intern durch 5 Tetraden dargestellt:

1 2 5 6 9

OLOO OLOL LOOO LOOL LLOO

Neben dem geringeren Übersetzungsaufwand bietet eine solche Darstellung weiter den Vorteil gleicher Rundungsergebnisse bei der Anwendung von Rechenoperationen auf die Zahlen, was insbesondere bei Aufgaben aus dem Bereich des Rechnungswesens von großer Bedeutung ist [16].

Den Vorteilen einer Tetradenverschlüsselung der Zahlen stehen zwei Nachteile gegenüber:

- Die Anzahl der Binärstellen ist größer als bei rein dualer Darstellung: Während bei dualer Darstellung einer n-stelligen Dezimalzahl bekanntlich $3.32 \cdot n$ Binärstellen benötigt werden [17], erfordert die Tetradendarstellung $4 \cdot n$ Binärstellen.
- Die Durchführung von Rechenoperationen an Zahlen in Tetradendarstellung ist aufwendiger als bei rein dualer Verschlüsselung [18].

Moderne Datenverarbeitungsanlagen machen sich die Vorteile beider Darstellungsformen zunutze. Sie bieten meist die Möglichkeit, Zahlen sowohl geschlossen als Dualzahl als auch je Dezi-

---

13) Eine eindeutige Festlegung zur Kennzeichnung von Aufgaben erfolgt in Abschnitt 7.

14) Anlagen dieser Art wurden zur Unterscheidung von den 'wissenschaftlichen Rechnern' als 'Datenverarbeitungsanlagen' bezeichnet, um zum Ausdruck zu bringen, daß hierbei in erster Linie 'Daten' transformiert wurden, eine Betrachtungsweise, die einer näheren Analyse nicht standhält; vgl. hierzu auch Abschnitt 5.1.

15) Vgl. Abschnitt 3.2.3.

16) Auf diesen Sachverhalt wird in Abschnitt 5.4.2.1 näher eingegangen.

17) Vgl. Abschnitt 3.2.1.1.

18) In Abschnitt 5.4.2.1 wird auf diese Schwierigkeit näher eingegangen.

malziffer als Tetrade zu verschlüsseln. Dem Benutzer der Anlage stehen im Befehlsrepertoire der Anlage entsprechende Umcodierungsbefehle zur Verfügung. In diesem Sinne sind moderne Anlagen als Universalrechner anzusprechen [19].

4.6 Der Datenspeicher

4.6.1 Organisation des Speichers

Der Speicher einer Datenverarbeitungsanlage dient zur Aufbewahrung der digitalen Daten. Da alle Daten binär codiert werden, kann der Speicher aufgefaßt werden als eine Kette von Binärzeichen aus der Menge {O,L}. Um ein gespeichertes Datum weiter zu verarbeiten, z.B. für die Anwendung einer Rechenoperation in das Rechenwerk oder zur Ausgabe in eine Ausgabeeinheit transferieren zu können, ist es notwendig, das Datum im Speicher zu lokalisieren, um es dann - als Kopie - herauszunehmen. Dies kann grundsätzlich auf eine von zwei Arten geschehen:

- Es wird der Ort, an dem das Datum im Speicher untergebracht ist, festgehalten;
- zusammen mit dem Datum wird ein eindeutiges Identifikationsmerkmal, daß das Wiederauffinden ermöglicht, abgelegt.

a) Identifikation gespeicherter Daten über Adressen

Die erste Möglichkeit, gespeicherte Daten anzusprechen, geschieht über die Angabe des Ortes im Speicher, an dem die betreffenden Daten untergebracht sind. Die Ortsangabe heißt Adresse:

> *Adresse (DIN)*: Ein bestimmtes Wort zur Kennzeichnung eines Speicherplatzes, eines zusammenhängenden Speicherbereiches oder einer Funktionseinheit [20].
> (address)

Mit Hilfe von Adressen kann der zusammenhängende Speicherbereich eines aus mehreren Zeichen bestehenden Datums grundsätzlich auf folgende 4 Arten definiert werden:

---

19) Eine Unterscheidung zwischen 'wissenschaftlicher Rechner' und 'Datenverarbeitungsanlage' wird daher nicht mehr gemacht.

20) Der Zusatz 'oder einer Funktionseinheit' stellt eine Erweiterung des Begriffes Adresse dar, der hier noch nicht von Interesse ist.

- Angabe der Adresse des ersten Zeichens und der Adresse des letzten Zeichens des Datums.
- Angabe der Adresse des ersten Zeichens des Datums und der Länge des Datums.
- Angabe der Adresse des ersten Zeichens des Datums und Kennzeichnung des letzten Zeichens des Datums durch ein besonderes Schlußzeichen.
- Angabe der Adresse einer Gruppe von Zeichen, sofern der Speicher in Zeichengruppen gleicher Länge aufgeteilt ist und das anzusprechende Datum genau eine solche Gruppe umfaßt.

Die erste Art, ein Datum über die Adresse des ersten und die Adresse des letzten Zeichens des Datums anzusprechen (Abbildung 4-1) bietet den Vorteil, daß bei variabler Länge der Daten der Speicher optimal ausgenutzt wird; für jedes Datum wird immer nur soviel Speicherplatz in Anspruch genommen, wie es der Zeichenzahl des Datums entspricht [21]. Dies ist immer dann von Bedeutung, wenn für eine Aufgabe sehr viele Daten zu speichern sind und wenn es sehr viele unterschiedliche Anzahlen von Zeichen bei den verschiedenen Daten gibt [22]. Dem Vorteil der guten Ausnutzung des Speichers steht der Nachteil eines großen Aufwandes zur Kennzeichnung eines Speicherbereiches gegenüber: Es müssen jeweils zwei Adressen zur Kennzeichnung des Speicherbereiches angegeben werden; hat ein Speicher eine Kapazität von insgesamt 1 Mio. Zeichen, so stellt jede Adresse eine 6-stellige Dezimalzahl (000000, 000001, ..., 999999) dar; zur Spezifizierung eines Speicherbereiches sind demnach 2·6 = 12 Ziffern notwendig.

Die zweite Art der Adressierung, neben der Adresse des ersten Zeichens zusätzlich die Länge des Speicherbereiches anzugeben, (Abbildung 4-1), bietet den gleichen Vorteil wie bei der ersten Art; auch hier wird der Speicher gut ausgenutzt. Der Adressierungsaufwand ist hier - bei großer Speicherkapazität und nicht zu großer Länge eines Datums - etwas geringer; bei einer Speicherkapazität von 1 Mio. Zeichen und bei einer - angenommenen - maximalen Länge eines Datums von 99 Stellen, benötigt man hier zur Spezifizierung des Speicherbereiches 6+2 = 8 Dezimalziffern.

Bei der dritten Adressierungsart wird die Adresse des ersten

---

21) Im Gegensatz hierzu kann beim wortorganisierten Speicher (siehe unten) der Speicherbereich nicht beliebig aufgeteilt werden.

22) Kommerzielle Abrechnungsaufgaben (vgl. Abschnitt 7) sind meist von dieser Datenstruktur; hier hat man neben Daten, die aus nur einem einzigen Zeichen bestehen (z.B. Steuerklasse, Branchenschlüssel), solche mit sehr großer Zeichenzahl (z.B. Namen, Umsätze).

a)

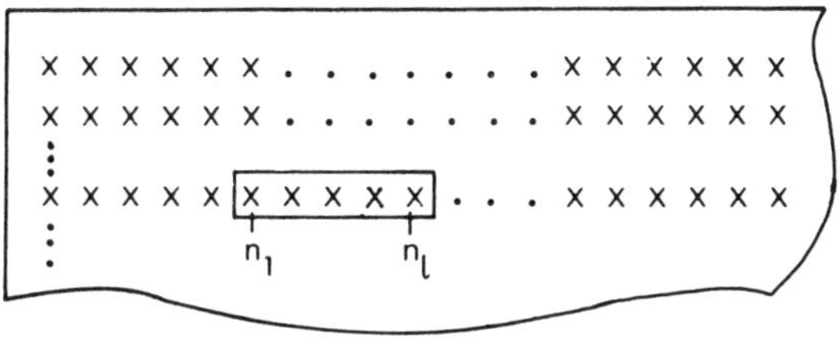

n_1 = Adresse des ersten Zeichens des gespeicherten Datums
n_l = Adresse des letzten Zeichens des gespeicherten Datums

b)

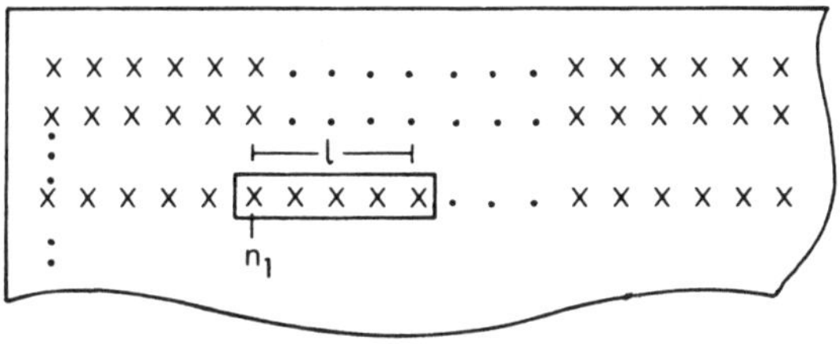

n_1 = Adresse des ersten Zeichens des gespeicherten Datums
l = Länge des gespeicherten Datums

c)

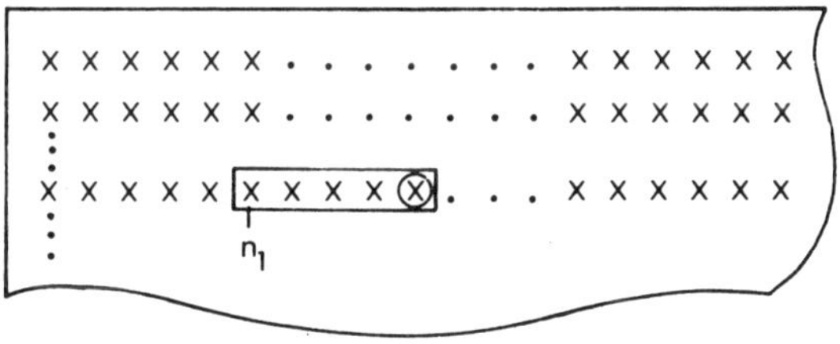

n_1 = Adresse des ersten Zeichens des gespeicherten Datums
○ = Kennzeichen für das letzte Zeichen des gespeicherten Datums

d)

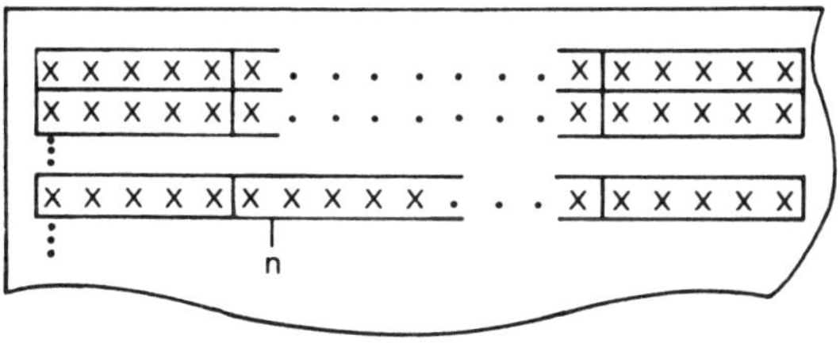

n = Adresse der n-ten Speicherzelle

Abb. 4-1: Adressierung von Speicherinhalten

Zeichens angegeben und zusätzlich wird das letzte Zeichen des Datums mit einem besonderen Kennzeichen versehen (Abbildung 4-1). Soll hierbei ein Datum aus dem Speicher herausgeholt werden, so wird auf das erste Zeichen zugegriffen und dann auf die weiteren Zeichen solange, bis das letzte Zeichen erkannt worden ist. Auch bei dieser Methode der Adressierung wird der Speicherraum sehr gut ausgenutzt, und der Adressierungsaufwand ist relativ gering; bei der angenommenen Speicherkapazität von 1 Mio. Zeichen werden hier zur Spezifizierung des Speicherbereiches nur 6 Dezimalziffern benötigt. Allerdings steht diesen Vorteilen der sehr hohe Aufwand nachteilig gegenüber, beim Herausholen eines Datums aus dem Speicher jedes einzelne Zeichen daraufhin zu untersuchen, ob es sich um das letzte, mit dem speziellen Kennzeichen versehene Zeichen der Kette handelt.

Die bei automatischen Datenverarbeitungsanlagen gebräuchlichste Form der Adressierung besteht darin, den Speicher in Gruppen gleicher Stellenzahl aufzuteilen (vgl. Abbildung 4-1); jeder Gruppe ist dann eine bestimmte Adresse zugeordnet und die Identifikation eines Datums geschieht durch Angabe der betreffenden Adresse.

Speicher dieser Organisationsform heißen wortorganisierte Speicher:

> *Wortorganisierter Speicher (DIN)*: Ein Speicher, dessen Speicherelemente nur in Gruppen zugänglich sind, deren Länge und Einteilung durch den technischen Aufbau bestimmt sind. Die in einer solchen Gruppe gespeicherten Zeichen bilden ein Maschinenwort.
> (word organized storage)

Das Speicherelement ist dabei wie folgt definiert:

> *Speicherelement (DIN)*: Ein in einem gegebenen Zusammenhang nicht weiter zerlegbarer Teil eines Speichers [23].

Jede Gruppe von Speicherelementen, die ein Maschinenwort aufnimmt, bezeichnet man als Speicherzelle:

> *Speicherzelle (DIN)*: Bei einem wortorganisierten Speicher eine Gruppe von Speicherelementen, die ein Maschinenwort aufnimmt.
> (storage location)

Wie ersichtlich, stellt die Wortorganisation des Speichers unter den vier hier dargestellten Arten der Identifizierung eines

---

[23] In einem Zusammenhang kann ein Speicherelement ein einzelnes Binärzeichen aufnehmen, in einem anderen eine Gruppe von mehreren Binärzeichen.

Speicherbereiches diejenige mit dem geringsten Adressierungsaufwand dar; hat der Speicher wieder eine Gesamtkapazität zur Aufnahme von 1 Mio. Zeichen und umfaßt jedes Maschinenwort 10 Zeichen, so sind insgesamt 100 000 Maschinenworte vorhanden, so daß zur Spezifizierung eines Maschinenwortes 5 Dezimalziffern notwendig sind.

Ein wesentlicher Nachteil gegenüber den drei ersten Adressierungsarten besteht beim wortorganisierten Speicher darin, daß die optimale Nutzung der Speicherkapazität zusätzlichen Aufwand erfordert. Daten mit einer geringeren Stellenzahl als der einer Speicherzelle nutzen den Speicherraum nicht voll aus, wenn sie je für sich in einzelnen Speicherzellen abgelegt werden. Um diesen Verlust zu vermeiden, werden vielfach mehrere Daten zu einer Einheit zusammengefaßt und in einer Speicherzelle abgelegt; als Beispiel sei die folgende 10-stellige Kenngröße in den Stammdaten eines Arbeitnehmers einer Unternehmung betrachtet:

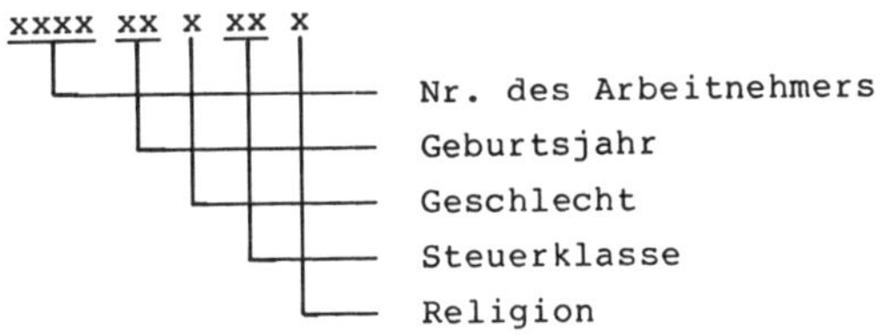

Interessiert in einem bestimmten Zusammenhang (z.B. für die Lohnabrechnung) nur ein Teil aus einem der abgespeicherten Worte (z.B. die Steuerklasse), so muß, da nur jeweils ganze Wörter zugänglich sind, das betreffende Wort aus dem Speicher herausgeholt werden, und das gewünschte Teildatum ist aus diesem Wort zu extrahieren, was natürlich einen zusätzlichen Aufwand erforderlich macht.

Bei vielen modernen Datenverarbeitungsanlagen versucht man die Vorteile der verschiedenen Adressierungsarten - gute Ausnutzung der Speicherkapazität und geringer Adressierungsaufwand - dadurch zu kombinieren, daß der Speicher grundsätzlich wortorganisiert wird und gleichzeitig die Möglichkeit gegeben wird, auch Teile eines Wortes (z.B. Halbworte oder Viertelworte) anzusprechen.

b) Identifikation gespeicherter Daten über den Inhalt

Neben der Identifikation eines gespeicherten Datums über seine Adresse oder seine Adressen kann ein Datum auch durch Angabe seines Inhaltes oder von Teilen davon identifiziert werden. In diesem Fall ist es notwendig, alle gespeicherten Daten daraufhin zu untersuchen, ob sie mit der Inhaltsvorgabe übereinstimmen.

Ein Beispiel für eine solche Aufruftechnik stellt eine Kundenkartei dar, die nicht nach einem Ordnungsmerkmal aufgebaut ist; die Karteikarten können nach Gebrauch willkürlich in die Kartei zurückgestellt werden. Will man in diesem Fall auf die Daten eines bestimmten Kunden, dessen Name und Anschrift bekannt sind, zurückgreifen, so ist die Kartei so lange zu durchsuchen, bis man die Karte gefunden hat, die den vorgegebenen Namen und die vorgegebene Anschrift enthält. Selbstverständlich kann man sich wegen des damit verbundenen Suchaufwandes eine solche 'Unordnung' bei einer großen Handkartei nicht erlauben und wird deshalb immer nach einem Ordnungskriterium ablegen.

Das gleiche Problem tritt aber auch bei einer geordneten Kartei immer dann auf, wenn das Suchmerkmal nicht Ordnungsmerkmal für die Ablage ist. Ist z.B. eine Kundenkartei alphabetisch nach Kundennamen geordnet, so muß die Kartei ebenfalls durchsucht werden, wenn nicht der Kundenname, sondern z.B. Ort und Straße vorgegeben werden.

Speicher, bei denen die Daten durch Inhaltsangabe aufgerufen werden, heißen Assoziativspeicher:

> *Assoziativspeicher (DIN)*: Ein Speicher, dessen Speicherelemente durch Angabe ihres Inhalts oder eines Teils davon aufrufbar sind.
> (associative storage)

Der große Vorteil von Assoziativspeichern liegt auf der Hand: Es kann auf eine Ordnung der Datensätze [24] verzichtet werden. Für viele Aufgaben aus dem Bereich der Betriebswirtschaft bedeutet dies die Einsparung umfangreicher Sortierarbeiten. Wegen dieses Vorteils sind Assoziativspeicher für Datenverarbeitungsanlagen zu fordern. Dem steht allerdings bisher ein sehr hoher technischer Realisierungsaufwand im Wege [25]. Infolgedessen findet man Assoziativspeicher außer im militärischen Bereich vorerst nur als spezielle Zusatzspeicher geringer Kapazität für bestimmte Zwecke; der Benutzer kann über diese Speicher i.a. dann nicht verfügen. Es kann jedoch davon ausgegangen wer-

---

24) Unter Datensatz wird hier die Gesamtheit zusammengehöriger Daten verstanden; eine genaue Begriffsbestimmung erfolgt in Abschnitt 5.2.

25) Gemeint ist hier natürlich der Aufwand, der notwendig ist, um einen assoziativen Speicheraufruf gerätemäßig vollautomatisch und in kürzester Zeit auszuführen. Die programmtechnische Realisierung eines solchen Speichers scheidet aus Zeitgründen aus.

den, daß sich diese Situation in wenigen Jahren ändert, d.h., daß dann assoziative Speicher in größerem Umfang verfügbar werden, wodurch wahrscheinlich erhebliche Veränderungen in der ADV-Anwendung eintreten werden.

4.6.2 Teilbarkeit des Speichers

Handelt es sich bei dem Speicher der Datenverarbeitungsanlage um einen Adreßspeicher im oben beschriebenen Sinne, so ist es notwendig, zur Einspeicherung oder zum Auslesen eines Datums dessen Adresse oder dessen Adressen zu spezifizieren, um die entsprechende Speicherzelle oder die betreffenden Speicherzellen ansteuern zu können. Die wirtschaftlichste Form der Ansteuerung besteht darin, jedes Speicherelement durch die gleiche Anzahl von Binärschaltern, die aufgrund der Adresse des Speicherelementes gesetzt werden, anzusprechen. Hat man z.B. 8 Speicherelemente, so können diese über 3 Schalterebenen mit insgesamt 7 Binärschaltern angesprochen werden (siehe Abbildung 4-2); allgemein lassen sich mit insgesamt 2^n-1 Binärschaltern in n Schalterebenen insgesamt 2^n Speicherelemente ansprechen.

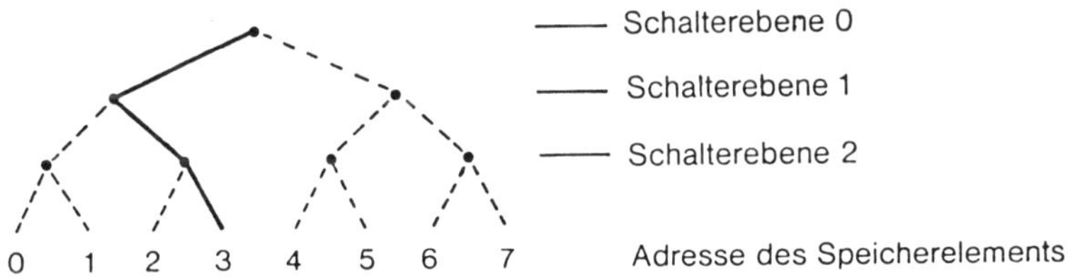

Abb. 4-2: Zur Ansteuerung von Speicherelementen durch Binärschalter.
Die ausgezogene Verbindung zeigt die Stellung der drei Schalter, die das Speicherelement mit der Adresse 3 ansteuern

Ist umgekehrt die Anzahl Z der Speicherelemente keine Zweierpotenz, so wird bei Verwendung von Binärschaltern und bei gleicher Anzahl von Schaltern zum Ansteuern jedes der Speicherelemente der hierfür notwendige Adreßraum mit n Binärstellen, wobei

$$2^{n-1} < Z < 2^n$$

gilt, nicht ausgenutzt. So sind zum Beispiel für 100 Speicherelemente zur Spezifikation einer Adresse 7 Binärstellen erforderlich; andererseits umfaßt der Adreßraum, den 7 Binärstellen bieten, insgesamt $2^7 = 128$ Speicherelemente.

Aus diesen Überlegungen ist bei Datenverarbeitungsanlagen die Anzahl der Speicherelemente üblicherweise eine Potenz zur Basis 2. Zur Abkürzung wird dabei für die Potenz 2^{10} die Maßeinheit 'dK' (Dualkilo) gesetzt:

$$2^{10} = 1024 = 1 \text{ dK}.$$

Die Kapazität eines Speichers wird dann in Vielfachen von dK Speicherelementen angegeben. Bei einer Kapazität von 1024 • 1024 (= 2^{20}) Elementen spricht man von 1 Mega Elementen, bei 1024 Mega Elementen von 1 Giga Elementen. Zur eindeutigen Kapazitätsbeschreibung gehört in diesem Falle noch die Angabe der Art der Speicherelemente. Beispiele sind

4 dK Zeichen	= 4096 Zeichen	4 Mega Bytes = $4 \cdot 2^{20}$ Bytes	= 4 MB
16 dK Wörter	= 16384 Wörter	1 Giga Bytes = 2^{30} Bytes	= 1 GB
64 dK Bits	= 65536 Bits		

4.7 Das Konzept des speicherprogrammierten Rechensystems von v. Neumann

Das erste Konzept eines automatischen Datenverarbeitungssystems (Abschnitt 2.2) umfaßte insgesamt 6 Funktionseinheiten. In dieser Aufgliederung war das Konzept auch bei den ersten automatisch arbeitenden Anlagen realisiert. J. v. Neumann erkannte 1946, daß man auf das Programmwerk, d.h. auf eine eigene Einheit zur Aufnahme des Verarbeitungsprogramms verzichten könne, wenn man das Programm - wie die zu verarbeitenden Daten - codieren und mit den Daten in ein und demselben Speicher unterbringen würde [26]. So trivial dies klingt - das Programm stellt sich im Grunde genommen als eine Kette von Zeichen dar und kann dann in gleicher Weise wie die Daten, insbesondere also auch binär codiert werden - war dies doch eine revolutionäre Idee, die die Konzeption der nachfolgenden Datenverarbeitungssysteme maßgebend beeinflußte und die erst heute durch alternative Rechnerarchitekturen in Frage gestellt wird.

Ein Rechensystem dieser Konzeption nennt man auch speicherprogrammiertes Rechensystem:

> *Speicherprogrammiertes Rechensystem*: Ein Rechensystem, bei dem die Programme in codierter Form im Speicher der Anlage untergebracht sind.

---

[26] Vgl. Taub, A. H. (Hrsg.): John von Neumann. Collected Works. Vol. V: Design of computers, theory of automata and numerical analysis. S. 34 - 79. Oxford, New York, Toronto, Sydney, Paris, Frankfurt 1961. Reprinted 1976.

Die Tatsache, daß bei diesem Konzept das Programm in codierter Form im Speicher vorliegt, hat zudem den Vorteil, daß einzelne Anweisungen eines Programms im Bedarfsfall während des Programmablaufs modifiziert werden können; dies ist in gleicher Weise möglich wie bei den Daten, die ja "naturgemäß" während des Verarbeitungsprozesses Veränderungen unterworfen werden. Es wird sich später zeigen, daß diese Möglichkeit der dynamischen Programmodifikation eine der wichtigsten Eigenschaften von ADV-Systemen darstellt.

Auf der Grundlage dieser Überlegungen stellt sich nunmehr das Konzept eines automatischen Datenverarbeitungssystems entsprechend Abbildung 4-3 dar. Die zu verarbeitenden Daten und das die Verarbeitung definierende Programm werden über Eingabeeinheiten in den Speicher des Systems eingebracht. Anschließend erfolgt die Verarbeitung in gleicher Weise wie im ersten Konzept; die einzelnen Programmschritte werden jetzt dem allgemeinen Speicher entnommen. Voraussetzung hierzu ist lediglich, daß die binären Zeichenfolgen im Speicher in richtiger Weise interpretiert werden, entweder als zu verarbeitende Daten oder als Anweisungen eines Programms.

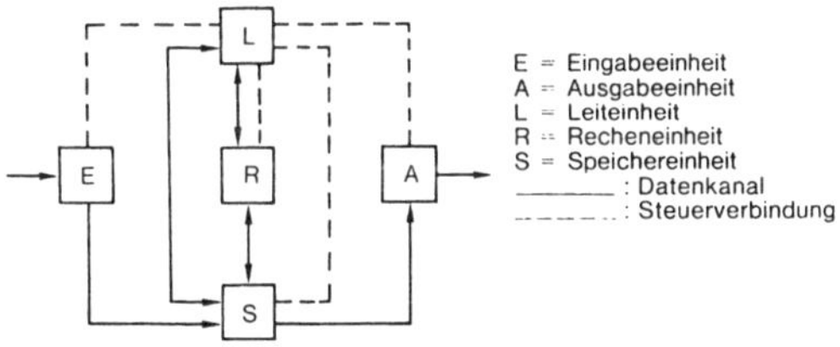

Abb. 4-3: Das Konzept von v. Neumann

Leiteinheit, Recheneinheit und Speichereinheit können zusammen als eine Funktionseinheit aufgefaßt werden, die man in der Praxis häufig "Zentraleinheit" nennt (engl. Begriff: central processing unit, abgekürzt CPU).

4.8 Das ADV-System als Hardware/Software-System

Die Trennung zwischen Funktionseinheiten (nach Aufgabe oder Wirkung abgrenzbare Gebilde) und Baueinheiten (nach Aufbau oder Zusammensetzung abgrenzbare, materielle Gebilde), wie sie in Abschnitt 4.1 vorgenommen wurde, stellt ein grundlegendes und durchgängiges Prinzip im Begriffsystem Informationsverarbeitung der entsprechenden deutschen Norm (DIN 44300) dar.

Es hat sich darüberhinaus als sinnvoll erwiesen, neben den beiden Begriffen Funktionseinheit und Baueinheit eine weitere Einheit, den Programmbaustein, zu definieren:

Programmbaustein (DIN): Ein nach Aufbau oder Zusammensetzung abgrenzbares programmtechnisches Gebilde.

Der Programmbaustein und die Baueinheit sind diejenigen beiden Einheiten, die den konstruktiven Aufbau eines ADV-Systems beschreiben. Beiden steht die Funktionseinheit gegenüber. Eine Funktionseinheit kann konstruktiv entweder als Programmbaustein oder als Baueinheit realisiert werden (vgl. Abbildung 4-4). Der Begriff Funktionseinheit ist im Hinblick auf seine Realisierung also neutral. Es ist daher möglich, Benennungen für Funktionseinheiten sowohl auf Baueinheiten als auch auf genau korrespondierende Programmbausteine zu anzuwenden.

	Aufbau, konstruktiv	Aufgabe, funktionell
Software	Programmbaustein	Funktionseinheit
Hardware	Baueinheit	

Abb. 4-4: Die grundlegenden Einheiten eines ADV-Systems

In der Praxis der automatisierten Datenverarbeitung wird häufig zwischen Hardware und Software unterschieden. Diese beiden Begriffe können auf der Basis der grundlegenden Begriffe Programm und Baueinheit wie folgt definiert werden:

Software (in Anlehnung an DIN): Programme für Rechensysteme. Vorzugsweise wird auch die Gesamtheit aller Programme eines Rechensystems als die Software dieses Systems bezeichnet. (software)

Hardware (in Anlehnung an DIN): Baueinheiten von Rechensystemen. Vorzugsweise wird auch die Gesamtheit der Baueinheiten eines Rechensystems als Hardware bezeichnet. (hardware)

Der Zusammenhang dieser beiden Begriffe untereinander und mit den zuvor genannten Begriffen wird ebenfalls in Abbildung 4-4 zum Ausdruck gebracht. Ein ADV-System wird auf der Basis der obigen Bestimmungen für Hardware und Software auch als Hardware/Software-System bezeichnet.

5 Die automatische Abwicklung von Datenverarbeitungs-Aufgaben mit Hilfe eines Datenverarbeitungssystems

5.1 Einführung

Bei den hier betrachteten Mensch-Maschine-Systemen treten sowohl Menschen als auch das ADV-System als Träger verschiedener Teilaufgaben des Informationssystems auf. Hier stehen primär diejenigen Teilaufgaben, die vom ADV-System erfüllt werden, im Mittelpunkt. Diese Teilaufgaben nehmen die verschiedenen Komponenten des ADV-Systems in unterschiedlicher Weise in Anspruch. Um demnach die Aufgaben konzipieren und implementieren zu können, ist es notwendig, diese automatisierbaren Teilaufgaben so zu beschreiben, daß hieraus Anforderungen an das ADV-System und an die übrigen Hilfsmittel abgeleitet werden können.

Zunächst ist festzustellen, daß Teilaufgaben im allgemeinen nur dann dem ADV-System zugewiesen werden, wenn der Entwicklungsaufwand (Implementierungsaufwand) und der Erfüllungsaufwand (auf der Anlage) kleiner sind als bei Erfüllung mit herkömmlichen Mitteln. Diese Voraussetzungen sind häufig anzutreffen bei Aufgaben, die periodisch wiederkehren (z.B. Abrechnungsaufgaben) oder die in sich zyklisch sind, ohne periodisch wiederzukehren (bei denen für die einmalige Abwicklung eine Arbeitsvorschrift in gleichbleibender Form mehrfach auf verschiedene Datensätze angewendet wird).

Im Zusammenhang mit automatisierter Datenverarbeitung findet man häufig Benennungen wie 'kommerzielle Aufgabe', 'wissenschaftliche Aufgabe', 'technisch-wissenschaftliche Aufgabe'. Solche Benennungen sind wenig sinnvoll, wenn nicht die Kennzeichen der Aufgaben dieser Klassen vereinbart werden. Nach allgemeiner Auffassung werden die 'kommerziellen Aufgaben' und die 'wissenschaftlichen Aufgaben' durch das Verhältnis von Eingabe/Ausgabe-Operationen zu internen Operationen gekennzeichnet. Bei 'kommerziellen Aufgaben' wird unterstellt, daß große Datenmengen eingegeben und/oder ausgegeben werden, daß sie also eingabe/ausgabe-intensiv sind, wogegen bei 'wissenschaftlichen Aufgaben' die internen Operationen überwiegen, diese Aufgaben also rechenintensiv sind.

Diese Benennungen stammen noch aus einer Zeit, als im Bereich der Betriebswirtschaft nur die periodischen Abrechnungsaufgaben automatisiert waren. Inzwischen wird auch in diesem Bereich eine Vielzahl von Aufgaben, die im obigen Sinne das Attribut 'wissenschaftlich' verdienen, automatisch abgewickelt.

Zur Ableitung von Leistungsanforderungen an ein ADV-System reichen solch grobe Aufgabencharakteristika nicht aus; vielmehr sind hierzu wesentlich detailliertere Beschreibungen vorzunehmen. Zu diesem Zweck werden die Phasen des Prozesses der automatisierten Aufgabenabwicklung betrachtet: Nachdem eine Aufgabe für ein ADV-System implementiert worden ist, vollzieht sich die Abwicklung der Aufgabe zeitlich in den folgenden Phasen:

- Erfassen der Urdaten für die betreffende Aufgabe
- Eingabe der Daten in die ADVA
- Interne Verarbeitung
- Ausgabe der Ergebnisdaten
- Verwendung der Ergebnisse.

In den folgenden Abschnitten werden Aufgabenkenngrößen in diesen verschiedenen Phasen untersucht, vorher werden jedoch in Abschnitt 5.2 wesentliche Grundbegriffe der Datenorganisation eingeführt.

5.2 Grundbegriffe der Datenorganisation

5.2.1 Logischer Aufbau und physikalische Struktur der Daten

Die Daten, die in den oben genannten Phasen der Abwicklung von Datenverarbeitungsaufgaben mit Hilfe eines ADV-Systems auftreten, können nach zwei Gesichtspunkten strukturiert werden:

- Nach ihrem logischen Aufbau,
- nach der physikalischen Struktur der ADVA, in der die Daten verarbeitet werden sollen.

a) Der logische Aufbau

Der logische Aufbau der Daten orientiert sich an ihrem Bedeutungszusammenhang. Folgende Hierarchie von Einheiten auf sechs verschiedenen Ebenen kann aufgebaut werden:

- (unterste) Ebene 0: Bit (als kleinste Informationseinheit)
- Ebene 1: Zeichen (zusammengesetzt aus mehreren Bits)
- Ebene 2: Datenfeld (zusammengesetzt aus mehreren Zeichen)
- Ebene 3: Segment (zusammengesetzt aus mehreren Datenfeldern)

- Ebene 4: Datensatz (zusammengesetzt aus mehreren Segmenten oder Datenfeldern)
- (oberste) Ebene 5: Datei (zusammengesetzt aus mehreren Datensätzen).

Im Grenzfall kann eine Einheit auf einer bestimmten Ebene aus nur einem Element der jeweils darunter liegenden Ebene bestehen. Beispielsweise kann im Grenzfall ein Datensatz nur ein einziges Datenfeld, ein Datenfeld nur ein einziges Zeichen umfassen.

Die für die logische Datenstruktur wichtigsten Einheiten sind:

Datenfeld: Kleinste logische Dateneinheit, die für den jeweiligen Benutzer eine abgrenzbare (sich aus dem jeweiligen logischen Zusammenhang ergebende) Bedeutung hat (d.h. semantisch selbständig ist).

Datensatz: Logische Dateneinheit, die aus mehreren Datenfeldern oder Segmenten besteht, welche untereinander bedeutungsmäßig verbunden sind und aus der Sicht des jeweiligen Benutzers vollständig vorhanden sein müssen, damit ein bestimmter Datenverarbeitungsteilprozeß abgewickelt werden kann. (record)

Datei: Gesamtheit aller gleichstrukturierten Datensätze. (file)

Bei allen logischen Dateneinheiten sind jeweils die konkret ausgeprägten Dateninhalte gemeint. Beispiele für sechs Zeichen umfassende Datenfelder mit der Bedeutung "Kunden-Name" sind die konkreten Namen MEIER, SCHULZ und MARTIN.

Als Beispiel für den Aufbau der logischen Datenstruktur soll der Bedeutungszusammenhang dienen, in dem für eine Unternehmung die Daten über die Kunden stehen:

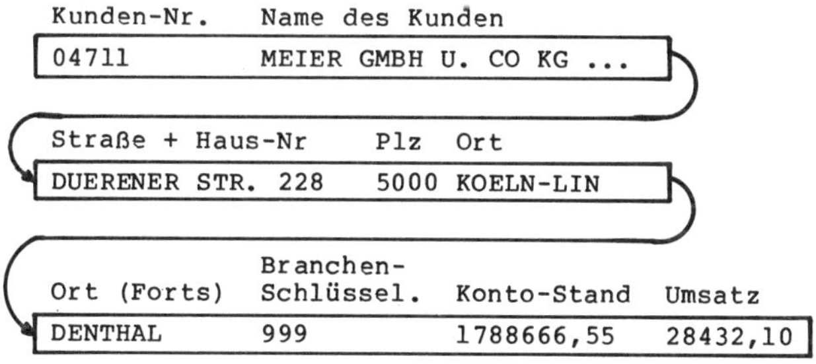

Datenfelder sind hierbei:

- Kunden-Nr. (5 Zeichen = Stellen)
- Name des Kunden (20 Zeichen = Stellen)
- Straße, Haus-Nr. (17 Zeichen = Stellen)
- Postleitzahl (4 Zeichen = Stellen)
- Ort (15 Zeichen = Stellen)
- Branchenschlüssel (3 Zeichen = Stellen)
- Konto-Stand (Summe der noch zu zahlenden Rechnungsbeträge) (9 Zeichen = Stellen)
- Umsatz des vergangenen Monats oder Jahres (7 Zeichen = Stellen)

Sämtliche Datenfelder für einen einzelnen Kunden bilden zusammen einen Datensatz, der hier als "Kundensatz" bezeichnet wird und 80 Zeichen (= Stellen) umfaßt. Die Datenfelder Name des Kunden, Straße, Haus-Nr., Postleitzahl und Ort können zu einem Segment "Adresse" zusammengefaßt werden. Sämtliche Datensätze für alle Kunden der Unternehmung bilden zusammen eine Datei, die hier als "Kundendatei" bezeichnet wird. Es wird deutlich, daß die Größe von Datenfeldern, Datensätzen und Dateien erst nach genauen Analysen des jeweiligen Anwendungsgebietes bestimmt werden kann, d.h. von der Logik der Anwendung abhängt.

Abbildung 5-1 zeigt schematisch die Beziehungen zwischen den logischen Dateneinheiten der Ebenen 1 bis 5.

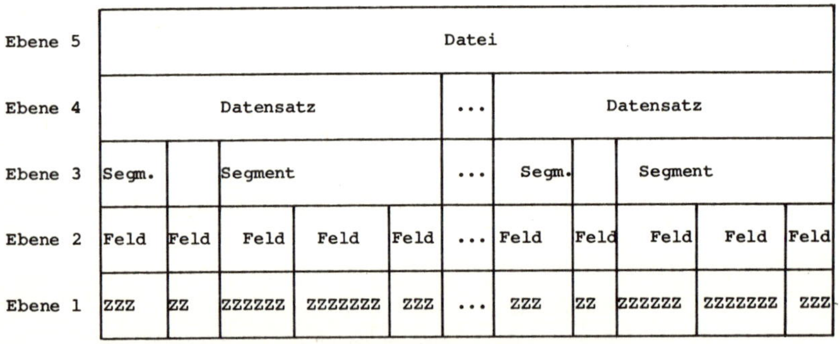

Abb. 5-1: Beziehungen zwischen logischen Dateneinheiten (Z = Zeichen)

b) Die physikalische Struktur

Die physikalische Struktur der Daten orientiert sich an den physikalischen Gegebenheiten der Geräte einer ADVA, in die die Daten eingegeben, in der sie verarbeitet oder aus der sie ausgegeben werden sollen. Auch hier können mehrere hierarchische Ebenen unterschieden werden. Die Ebenen 0 und 1, d.h. Bit-Ebene und Zeichen- bzw. Stellen-Ebene sind identisch mit den Ebenen 0 und 1 der logischen Struktur. Auf der Ebene 2 treffen wir auf eine Gliederung in Blöcke:

> *Block* (in Anlehnung an DIN): Eine Folge aus Elementen, die aus technischen oder funktionellen Gründen zu einer Einheit zusammengefaßt oder als Einheit behandelt werden.
> Anmerkung: Als Block bezeichnet man beispielsweise die Menge von Daten, die bei einem Übertragungsvorgang von einem Werk der ADVA in ein anderes Werk gleichzeitig bewegt wird.
> (block)

Beispiele für Blöcke sind: Der Inhalt einer Lochkarte, der Inhalt einer Druckzeile, der Inhalt eines Bildschirms.

Die Größe von Blöcken orientiert sich nicht an der Logik der Anwendung. Beim Versuch der Gegenüberstellung bzw. Zuordnung von logischen Dateneinheiten zur physikalischen Dateneinheit Block wird folgendes deutlich:

- Ein Block kann Teile eines Datensatzes umfassen (grundsätzlich keine Orientierung an den Grenzen von Datenfeldern),
- ein Block kann genau einen Datensatz umfassen,
- ein Block kann mehrere Datensätze umfassen.

Beim obigen Beispiel des Kundensatzes mit einer Länge von 80 Zeichen liegt der zweite Fall vor, sofern die für die einzelnen Kunden erstellten logischen Datensätze auf Lochkarten, d.h. 80-stelligen physikalischen Einheiten eingegeben werden sollen.

5.2.2 Speicher- und Zugriffsmethoden

Daten werden, bevor sie in der Zentraleinheit verarbeitet werden, üblicherweise in peripheren Einheiten gespeichert. Umgekehrt muß auf die gespeicherten Daten während bzw. kurz vor ihrer Verarbeitung zugegriffen werden.

Für das Speichern und Verarbeiten von Daten stehen verschiedene Methoden zur Verfügung. Die wichtigsten dieser Speicher- bzw. Zugriffsmethoden sind:

- Die sequentielle Methode,
- die index-sequentielle Methode,
- die direkte (d.h. wahlfreie) Methode.

Diese Methoden werden auch als "Datenorganisationsmethoden" bezeichnet.

a) Sequentielle Datenorganisation

Bei der sequentiellen Datenorganisation werden die Datenelemen-

a) Sequentielle Datenorganisation

Bei der sequentiellen Datenorganisation werden die Datenelemente (z.B. Datensätze) in einer bestimmten Ordnung im Speicher abgelegt. In der gleichen Ordnung kann auf sie auch wieder zugegriffen werden. Die Ordnung entsteht i.a. durch einen bestimmten, meist numerischen Ordnungs- bzw. Schlüsselbegriff - ein Datensatz kann mehrere unterschiedliche Schlüsselbegriffe enthalten - nach dem die Datenelemente in aufsteigender oder absteigender Reihenfolge sortiert werden. Ein Beispiel für einen Ordnungsbegriff ist die oben (im Beispiel in Abschnitt 5.2.1) verwendete Kunden-Nummer, nach der alle Kundensätze nacheinander (sequentiell) in aufsteigender oder absteigender Reihenfolge sortiert werden können. Grundsätzlich kann eine solche sequentielle Datenorganisation auf jedem Speichermedium angewendet werden. Es gibt Speichermedien, auf denen ausschließlich diese eine Datenorganisationsmethode realisiert werden kann. Die in Abschnitt 6.4 näher beschriebenen Magnetbandspeicher sind Beispiele für derartige, ausschließlich sequentiell nutzbare Speicher. Wenn auf ein in der Sortierfolge "hinten" stehendes Datenelement zugegriffen werden soll, müssen zunächst alle vor diesem Datenelement stehenden Elemente durchlaufen bzw. durchgelesen werden. Beim Einfügen eines Elementes in die fortlaufende Folge von Elementen muß die gesamte Datei neu geschrieben werden.

b) Index-sequentielle Datenorganisation

Bei dieser Methode wird ein Speicher mit direktem Zugriff vorausgesetzt. Beispiele hierfür sind die in Abschnitt 6.4 beschriebenen Magnetplattenspeicher. Beim Zugriff geschieht eine Groblokalisierung des gesuchten Datensatzes, indem man mit Hilfe einer Indextabelle zunächst einen Datenblock findet, in dem dieser Datensatz abgespeichert ist. Innerhalb eines solchen Datenblocks liegt dann eine Sortierung nach einem bestimmten Ordnungsbegriff vor. Grundsätzlich können bei Verwendung der index-sequentiellen Methode nicht nur eine, sondern (entsprechend der Anzahl vorhandener Ordnungsbegriffe) auch mehrere Indextabellen benutzt werden. Der Aufbau von Indextabellen bedeutet zwar zusätzlichen Aufwand, der aber meist durch die höhere Zugriffsgeschwindigkeit überkompensiert wird.

c) Gestreute Datenorganisation

Bei beiden bisher dargestellten Methoden wird von Dateien ausgegangen, in denen die Datenelemente, z.B. Datensätze fortlaufend sortiert angeordnet sind. Dies entspricht den in der Praxis der betrieblichen Datenverarbeitung häufig anzutreffenden Bedingungen, weil die dort auftretenden Daten üblicherweise mindestens nach einem einheitlichen Ordnungsbegriff sortiert und dann in dieser Sortierfolge verarbeitet werden können.

Verschiedene, aus der jeweiligen individuellen Anwendungssituation resultierende Gründe können jedoch dafür verantwortlich sein, daß die Datenelemente nicht in einer geordneten Folge auftreten und auch nicht mehr sortiert werden können, bevor sie gespeichert und weiterverarbeitet werden. Häufig ergibt sich die Notwendigkeit, schnell in wahlfreier, d.h. nicht voraussehbarer Reihenfolge auf einzelne Datensätze zuzugreifen. Für solche Situationen bzw. Anwendungsprobleme wurden die Methoden der "Gestreuten Datenorganisation" entwickelt. Dabei werden die Datensätze einer Datei nicht in lückenloser Folge, sondern "gestreut" innerhalb des jeweils zur Verfügung gestellten Speicherbereichs gespeichert. Wichtig ist, daß das ADV-System sich den Zusammenhang zwischen einem bestimmten Ordnungsbegriff, der bei allen Datensätzen einheitlich auftritt, und den Speicheradressen "merkt" (d.h. separat speichert). Nur auf diese Weise ist es möglich, die gestreut gespeicherten Datensätze später wiederaufzufinden und auf sie zuzugreifen. Die gestreute Dateiorganisation ist nur möglich bei Verwendung von Direktzugriffsspeichern, z.B. Magnetplattenspeichern (vgl. Abschnitt 6.4).

Es werden zwei Adressierungsmethoden unterschieden:

- Gestreute Datenorganisation bei direkter Adressierung,
- gestreute Datenorganisation bei indirekter Adressierung.

Bei direkter Adressierung wird ein Zusammenhang zwischen Ordnungsbegriff und Adresse durch eine umkehrbar eindeutige Funktion hergestellt. Vorausgesetzt, daß jeder Datensatz eine bestimmte, nur einmal auftretende Ordnungsnummer hat, folgt hieraus, daß jeder Datensatz auch eine eindeutige, nur für ihn reservierte Adresse und damit einen nur ihm zugeordneten Platz im Speicher besitzt.

Hieraus folgt allerdings, daß große Lücken im Wertebereich des Ordnungsbegriffs zu großen Lücken in der Speicherbelegung führen. Wirtschaftlich einsetzbar ist diese Adressierungsmethode nur dann, wenn der Wertebereich des Ordnungsbegriffs in der Realität tatsächlich gut ausgeschöpft wird [1].

---

1) Vgl. Maurer, H.: Datenstrukturen und Programmierverfahren, Stuttgart 1973, S. 63

Bei indirekter Adressierung geschieht die Errechnung der Speicheradresse in Analogie zur direkten Adressierung ebenfalls mittels einer Funktion, die jedoch in diesem Fall nicht umkehrbar eindeutig ist. Die Funktion erzeugt Adressen in einem vorgegebenen, von der voraussichtlichen Anzahl und dem Umfang der Datensätze bestimmten Adressraum bzw. Speicherbereich. Aufgabe der Funktion ist eine Schlüsselverdichtung. Da Datensätzen mit unterschiedlichen Ausprägungen des Ordnungsbegriffs ein und dieselbe Adresse zugewiesen werden kann, kann es zu Adresskollisionen kommen, zu deren Überwindung im allgemeinen sogenannte Überlaufbereiche im Speicher verwendet werden. Hierin werden diejenigen Sätze abgespeichert, die auf eine bereits belegte Adresse treffen. Vorteil dieser Adressierungsmethode ist die aus der Schlüsselverdichtung folgende Tatsache, daß der vorgeplante Speicherraum gut ausgeplant werden kann.

5.3 Datenerfassung und Dateneingabe

Die beiden ersten in Abschnitt 5.1 genannten Prozesse - Datenerfassung und Dateneingabe - werden gemeinsam betrachtet, da eine Vielzahl von Kenngrößen beiden Prozessen gemeinsam ist.

Die Eingangsdaten für eine automatisch abzuwickelnde Aufgabe fallen in einem vorgelagerten Prozeß als Urdaten an. Sie müssen, sofern sie nicht während dieses vorgelagerten Prozesses bereits in den Speicher der automatischen Datenverarbeitungsanlage gelangt sind, in den Speicher der Anlage eingebracht werden. Der gesamte Prozeß vom Zeitpunkt des Anfalls der Urdaten bis zu dem Zeitpunkt, wo diese Daten zur Verarbeitung in der automatischen Datenverarbeitungsanlage verfügbar sind, wird in die beiden Prozesse Datenerfassung und Dateneingabe unterteilt. Datenerfassung ist dabei wie folgt definiert:

Datenerfassung: Aufbereitung der Urdaten, d.h. Transformation in eine maschinell lesbare Form.

Die Dateneingabe umfaßt dann die übrigen Tätigkeiten vom Zeitpunkt des Datenanfalls bis zu deren Verfügbarkeit im Speicher der Datenverarbeitungsanlage.

Zur Veranschaulichung der beiden Prozesse dient Abbildung 5-2. Es gibt vier Alternativen, die bei Datenerfassung und Dateneingabe unterschieden werden können:

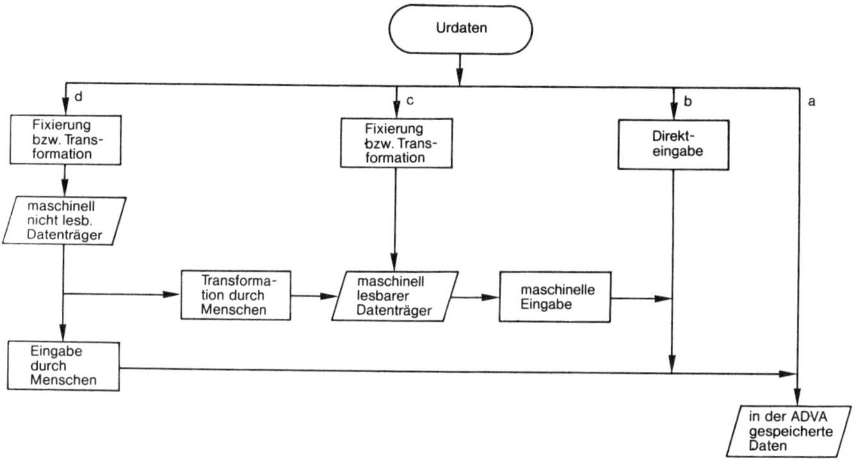

Abb. 5-2: Zur Erläuterung der Datenerfassung und Dateneingabe
In Anlehnung an Meller, F. (Hrsg.): Grundlagen und organisatorische Möglichkeiten der Datenerfassung. Wiesbaden 1972

Zweig 'a': Die Urdaten befinden sich bereits im Speicher der Datenverarbeitungsanlage, weil sie im Rahmen eines früher stattgefundenen DV-Prozesses eingegeben worden sind.

Zweig 'b': Die Urdaten werden ohne eine vorhergehende Fixierung auf externen Datenträgern maschinell oder auch durch den Menschen direkt in die Datenverarbeitungsanlage eingegeben. Ein Beispiel hierfür ist die direkte Übertragung von Meßdaten eines technischen Prozesses in die Datenverarbeitungsanlage.

Zweig 'c': Die Urdaten werden in einem ersten Teilprozeß auf maschinell lesbaren Datenträgern fixiert, so daß sie in einem anschließenden zweiten Teilprozeß maschinell in die automatische Datenverarbeitungsanlage eingegeben werden können. Der erste Teilprozeß - Fixierung bzw. Transformation der Urdaten - kann maschinell oder durch den Menschen erfolgen. Beispiele für die maschinelle Erstfixierung sind die automatische Erfassung der Daten für die Telefongebührenabrechnung auf Lochstreifen oder die Erfassung der Rechnungsdaten durch Anschluß eines Lochstreifen- oder Lochkartenstanzers an einem Fakturierautomaten. Als Beispiel für die Erstfixierung der Urdaten auf maschinell lesbaren Datenträgern durch den Menschen sei das Ablochen der Bestelldaten auf Lochkarten aus den Bestellformularen genannt.

Zweig 'd': Die Urdaten werden zunächst maschinell oder durch den Menschen auf maschinell nicht lesbaren Datenträgern fixiert, anschließend entweder direkt durch den Menschen in die Datenverarbeitungsanlage eingegeben oder durch den Menschen auf maschinell lesbare Datenträger gebracht, um dann erst maschinell in die ADV-Anlage eingegeben zu werden. Selbstverständlich wird man diesen aufwendigen Prozeß nur dann wählen, wenn der Umfang der anfallenden Daten nicht sehr groß ist oder wenn zwingende Gründe dies vorschreiben. Folgendes Beispiel soll diesen Fall erläutern: In einer Unternehmung werden die Rechnungen mit Schreibmaschine erstellt; aus den Rechnungskopien werden anschließend die Daten für die Artikelstatistik oder für die Kundenstatistik auf Lochkarten abgelocht.

Datenerfassung und Dateneingabe können im Hinblick auf die Anforderungen an die Hilfsmittel zur automatischen Aufgabenerfüllung durch die folgenden Kenngrößen charakterisiert werden:

- Die Art der Datenträger für die Erstfixierung der Daten, und zwar
  - maschinell nicht lesbare (aber personell lesbare) Datenträger (z.B. Handschrift, Spracherfassung auf Band),
  - maschinell lesbare Datenträger,
  - direkte Eingabe (durch personelles Eintasten der Daten, durch Sprechen oder automatisch aus einem vorgelagerten Prozeß),
    In diesem Fall ist der Datenträger nur für die Dauer des Eingabevorganges existent (z.B. Luft als Träger von Luftschwingungen bei der Spracheingabe).
- Die Art der Datenträger für die Zweitfixierung (sofern die Erstfixierung auf maschinell nicht lesbaren Datenträgern erfolgte).
- Der Zeitpunkt des Anfalls der Urdaten (einmalig, mehrfach periodisch, mehrfach aperiodisch).
- Der Ort der Entstehung der Urdaten (zentral, dezentral).
- Die Ausführung der Erfassung der Urdaten (durch den Menschen, durch eine Maschine).

- Die Art der Urdaten
  - nach ihrer Form (analog, digital),
  - nach der Bedeutung der Einzelzeichen (Ziffern, Buchstaben, Sonderzeichen).
- Die Menge der Urdaten.
- Die Reihenfolge, in der die Urdaten anfallen.
- Besondere Sicherheitsanforderungen
  - gegen Fehler bei der Erfassung und Transformation,
  - gegen Verlust und Zerstörung,
  - gegen unbefugte Veränderungen.

5.4 Interne Verarbeitung

Bisher war die interne Verarbeitung dargestellt worden als derjenige Teilprozeß bei der automatischen Abwicklung einer Datenverarbeitungsaufgabe, bei dem die Eingabedaten bestimmten Operationen entsprechend den Vorschriften des Programms unterworfen wurden, als deren Ergebnis Ausgabedaten für die Benutzer erzeugt wurden. Eine nähere Untersuchung zeigt, daß eine solch grobe Beschreibung des internen Verarbeitungsprozesses nicht ausreicht, da wichtige Aspekte der automatisierten Datenverarbeitung dabei nicht berücksichtigt werden. Es werden nämlich nicht nur an Daten im bisher betrachteten Sinne (z.B. Artikelmengen, Preise usw.) Operationen ausgeführt, sondern auch an Teilen des Programmes selbst. Das Programm wird - gegebenenfalls - während seines Ablaufes modifiziert und dies ist gerade eines der wesentlichen Merkmale der ADV. Im folgenden wird daher immer an den Stellen, wo dieser Sachverhalt zum Ausdruck gebracht werden soll, von Objekten anstelle von Daten gesprochen. Objekte sind demnach (formal) alle Zeichenfolgen, auf die in der ADV-Anlage Operationen angewendet werden.

Kenngrößen des internen Verarbeitungsprozesses im Hinblick auf die Anforderungen an die Hilfsmittel zur automatischen Aufgabenerfüllung sind

- die Bedeutung der zu verarbeitenden Objekte;
- die Art der internen Operationen (an diesen Objekten);
- die bedeutungsunabhängigen Kenngrößen der zu verarbeitenden Objekte;
- Sicherheitsanforderungen an die interne Verarbeitung;
- Zeitanforderungen.

5.4.1 Die Bedeutung der zu verarbeitenden Objekte

In Abschnitt 5.3 wurde von der Art der Daten als Kenngrößen des Datenerfassungs- bzw. Eingabeprozesses gesprochen. Dabei spielte es keine Rolle, welche Bedeutung die betreffenden Daten hatten. Im Zusammenhang mit der internen Verarbeitung ist jedoch die Bedeutung der Objekte von Interesse. Es werden zwei Klassen unterschieden:

- Einfache Objekte
- Zusammengesetzte Objekte.

a) Einfache Objekte

Die für die ADV bedeutenden einfachen Objekte sind

- Einzelzeichen
- Boole'sche Objekte [2)]
- ganze Zahlen
- reelle Zahlen.

Beispiele von Bezeichnungen von Werten dieser einfachen Objekte sind

- für Einzelzeichen die Buchstaben a, b, α, ω, ..., die Ziffern 1, 2, ..., die Operationszeichen +, *,...;
- die Bezeichnungen wahr, falsch oder true, false für die Werte Boole'scher Objekte (etwa Bestellpunkt erreicht, Rechnung bezahlt);
- für Werte von ganzen Zahlen (Kunden-Nummer, Anzahl bestellter Artikel, ...): 25, 1702, 00231, ...;
- für Werte von reellen Zahlen bzw. für Approximationen an reelle Zahlen: 0.25, 17.02, $2.31 \cdot 10^4$, ...

In der Mathematik treten auch noch andere einfache Objekte auf, die aber für die interne Verarbeitung nicht herausgehoben werden müssen. Ein Beispiel sind die rationalen Zahlen [3)]. Aufgrund der Beschränkung, daß in einer ADV-Anlage nur Objekte endlicher Zeichenzahl dargestellt werden können, ergibt sich, daß alle Zahlen, die exakt nicht durch eine endliche Ziffernzahl repräsentiert werden, in der Anlage nur näherungsweise dargestellt sind (Diskretisierungsfehler); infolgedessen sind also alle intern als Ziffernfolge dargestellten Objekte rational.

---

2) Nach George Boole, engl. Mathematiker, 1815-1864.

3) Rationale Zahlen sind reelle Zahlen, die sich als Quotient zweier ganzer Zahlen darstellen lassen.

b) Zusammengesetzte Objekte

Hierbei handelt es sich um Objekte, die aus Komponenten einfacher Objekte zusammengesetzt sind, die aber als Ganzes angesprochen werden. Von Bedeutung sind hier:

- Zeichenketten, insbesondere auch Ketten von Binärzeichen;
- Komplexe Zahlen;
- Felder, deren Komponenten von gleicher Art sind;
- Strukturen, deren Komponenten nicht von gleicher Art zu sein brauchen.

Beispiele für zusammengesetzte Objekte sind:

- für Zeichenketten: MEIER, MÜLLER als Bezeichnungen für Werte von Namen, ADD als Bezeichnung für den Wert eines Operationssymbols (Addition), Y:= A*X+B als Bezeichnung für den Wert einer arithmetischen Operation;
- für komplexe Zahlen: (3,4) oder - in anderer Schreibweise - 3+4i;
- für die Komponenten eines Feldes: Die Prämien einer Lebensversicherung in Abhängigkeit von Laufzeit und Lebensalter des Versicherten (zweidimensionales Feld);
- für eine Struktur: Kunden-Nummer, Anschrift, Bonität, Auftragsvolumen usw. sind die Komponenten einer Struktur (des Kundendatensatzes).

5.4.2 Die Art der internen Operationen

Auf einem genügend hohen Abstraktionsgrad kann die Datenverarbeitung aufgefaßt werden als das Erzeugen von Zeichenketten (z.B. Ausgabedaten) aus anderen Zeichenketten (z.B. Eingangsdaten). In diesem Sinne werden die internen Operationen dann als Zeichenersetzungen aufgefaßt, und die Datenverarbeitungsanlagen sind demnach Zeichenersetzungsanlagen.

Auf dem gleichen Abstraktionsgrad liegt die Auffassung, daß alle internen Operationen in einer Datenverarbeitungsanlage 'Rechnen' seien; rechnen ist dabei jede Art der Zuordnung von Symbolfolgen zu anderen Symbolfolgen mit Hilfe formaler Regeln.

Zur Ableitung von Anforderungen an das Konzept einer ADV-Anlage reicht eine so grobe Auffassung nicht aus. Vielmehr ist es notwendig, die internen Operationen näher zu analysieren. Zunächst kann festgestellt werden, daß die Art der internen Operationen durch die Bedeutung der zu verarbeitenden Objekte festgelegt wird: Ganze Zahlen als Objekte der Verarbeitung implizieren eine ganz bestimmte Art von arithmetischen Operationen an diesen ganzen Zahlen. Bei reellen Zahlen oder bei komplexen Zahlen ist die Art der internen Operationen eine andere.

Im Hinblick auf die vorliegende Zielsetzung können die folgenden internen Operationen unterschieden werden:

- Numerisches Rechnen (Rechnen mit Zahlen), und zwar
  - arithmetische Operationen,
  - nicht arithmetische Operationen;
- nicht numerisches Rechnen (analytisches oder algebraisches Rechnen);
- Übertragung von Objekten ohne Bedeutungsänderung;
- Vergleich von Objekten;
- Sprung-Operationen;
- Stop.

Im folgenden werden diese internen Operationen näher analysiert mit der Zielsetzung festzustellen, bis zu welchen 'Minimal-Regeln' diese Operationen zergliedert werden können.

5.4.2.1 *Die arithmetischen Operationen*

Gemeint sind hier die Operationen der Addition, Subtraktion, Multiplikation und Division. Es ist notwendig, diese Operationen einerseits an ganzen Zahlen sowie an nicht ganzen Zahlen und andererseits im Dezimalsystem, im Dualsystem und in Systemen, bei denen die einzelnen Ziffern einer Dezimalzahl je für sich binär codiert sind, zu untersuchen.

a) Arithmetische Operationen an ganzen Zahlen

aa) Dezimalsystem

Das Ergebnis der Addition zweier einstelliger ganzer Zahlen kann in einer 10x10-Matrix, deren Zeilen und Spalten durch die Ziffern von 0-9 bezeichnet werden und in deren Kreuzungspunkten jeweils die Summe von Zeilen- und Spaltenziffer steht, dargestellt werden (Abbildung 5-3). Die Addition mehrstelliger ganzer Zahlen erfolgt stellenweise, beginnend mit der Einerstelle, z.B.

$$\begin{array}{r} 217 \\ +\ 29 \\ \hline 246 \end{array}$$

Die Durchführung der Addition mehrstelliger ganzer Zahlen erfordert demnach die Kenntnis der dargestellten Additionsmatrix

	0	1	2	3	4	5	6	7	8	9
0	00	01	02	03	04	05	06	07	08	09
1	01	02	03	04	05	06	07	08	09	10
2	02	03	04	05	06	07	08	09	10	11
3	03	04	05	06	07	08	09	10	11	12
4	04	05	06	07	08	09	10	11	12	13
5	05	06	07	08	09	10	11	12	13	14
6	06	07	08	09	10	11	12	13	14	15
7	07	08	09	10	11	12	13	14	15	16
8	08	09	10	11	12	13	14	15	16	17
9	09	10	11	12	13	14	15	16	17	18

Abb. 5-3: Additionsmatrix für die Addition einstelliger ganzer Dezimalzahlen

und die Möglichkeit, nach Beendigung der Addition in einer Stelle eine Verschiebung um eine Stelle nach links vorzunehmen bis zur höchsten Stelle der Summe [4]. Sofern Operanden unterschiedlichen Vorzeichens zugelassen sind, muß zusätzlich die Möglichkeit gegeben sein, das Vorzeichen einer Zahl zu erkennen; bei Ungleichheit der Vorzeichen der beiden Addenden ist an Stelle der Addition die Subtraktion der Beträge vorzunehmen.

Die Subtraktion mehrstelliger ganzer Zahlen erfolgt ebenfalls stellenweise, beginnend mit der Einerstelle, z.B.

$$\begin{array}{r} 217 \\ \underline{-\ 29} \\ 188 \end{array}$$

Für die Durchführung der Subtraktion kann auf eine entsprechende Subtraktionsmatrix zurückgegriffen werden. Die Subtraktion kann aber auch auf die Addition zurückgeführt werden. Obiges Beispiel würde sich dabei wie folgt gestalten:

$$\begin{aligned} 217-29 &= 217+(1000-29)-1000 \\ &= 217+971-1000 = 1188-1000 = 188. \end{aligned}$$

An die Stelle der einen Subtraktion des Subtrahenden vom Minuenden sind dabei drei Operationen getreten:

---

4) Es wird hier darauf verzichtet, die Addition noch weiter, etwa auf die Axiome von Peano, zurückzuführen.

1) Die Komplementbildung des Subtrahenden zu einer geeigneten Zehnerpotenz (hier: 1000-29);
2) die Addition des Komplementes des Subtrahenden zum Minuenden (217+971);
3) die Subtraktion der Zehnerpotenz vom Additionsergebnis (1188-1000).

Um Subtraktionen ausführen zu können, muß demnach gegenüber der Addition zusätzlich die Komplementbildung ganzer Zahlen realisiert sein. Dies ist durchführbar über eine einfache 10-stellige Codetabelle mit den jeder Ziffer zugeordneten Neunerkomplementen. Die Subtraktion der Zehnerpotenz nach Bildung der Summe aus Minuend und Komplement des Subtrahenden ist besonders einfach: Sie besteht im Fortlassen der stets überlaufenden Ziffer 1 in der Summe.

Die Multiplikation zweier ganzer Zahlen wird normalerweise auf der Basis des 'kleinen 1 X 1' durchgeführt, wobei die Produkte des Multiplikanden zu den Werten der einzelnen Multiplikatorstellen addiert werden, z.B.

```
217·23
-------
 651
434
-----
4991
```

Ohne Kenntnis des 'kleinen 1x1' kann die Multiplikation als fortgesetzte Addition ausgeführt werden: Dabei wird - beginnend mit der Einerstelle des Multiplikators - der Multiplikand so oft zu einer Summe addiert, wie es dem Wert der Multiplikatorstelle entspricht und nach Erledigung einer Multiplikatorstelle eine Versetzung des Multiplikanden um eine Stelle nach links vorgenommen, In obigem Beispiel verläuft die Multiplikation dann wie folgt:

```
217·23              0  Startwert der Summe
     ||__________ +217
     |            ----
     |             217
     ||__________ +217
     |            ----
     |             434
     ||__________ +217
     |            ----
     |             651
     |__________ +217
                 -----
                  2821
     |__________ +217
                 -----
                  4991
```

Die Multiplikation läßt sich also auf die Addition zurückführen; zur Durchführung der Multiplikation reichen daher die gleichen Mittel wie bei der Addition aus.

Die Division zweier ganzer Zahlen im Dezimalsystem erfolgt üblicherweise auf der Basis des 'kleinen 1x1' so, daß entsprechende Vielfache des Divisors vom Dividenden subtrahiert werden, bzw. - analog zur Multiplikation - durch fortgesetzte Subtraktion des Divisors vom Subtrahenden und entsprechendes Stellenversetzen, z.B.:

```
18432:8 = 2304
-8
10
-8
 24
 -8
 16
 -8
  8
 -8
 03
 -0
  32
  -8
  24
  -8
  16
  -8
   8
  -8
   0
```

Unter Berücksichtigung der Tatsache, daß die Subtraktion auf die Addition rückführbar ist, kann die Division wie folgt ausgeführt werden:

Zu den höchsten Stellen des Dividenden wird das Komplement des Divisors so lange addiert, bis als Rest ein negatives Ergebnis erscheint; in diesem Fall (bei negativem Rest) wird zur Herstellung eines positiven Restes der Divisor einmal addiert und der verbleibende Rest um die nächste Stelle des Dividenden ergänzt; bei der Korrekturaddition des Divisors bleibt die überlaufende '1' unberücksichtigt. Ein positiver Rest bei der Addition des Komplementes wird dadurch erkannt, daß eine '1' übergelaufen ist, ein negativer Rest dadurch, daß kein Überlauf stattgefunden hat. In obigem Beispiel sieht dies folgendermaßen aus:

```
18432:8 = 23 ...
 + 92
  110
 + 92
  102
 + 92
  094
 +  8      Korrektur
 X024
  + 92
   116
  + 92
   108
  + 92
   100
  + 92
   092
  +  8      Korrektur
  X003
  usw.
```

Damit ist also auch die Division auf die Addition zurückgeführt.

Zusammenfassend kann festgestellt werden:

- Im Dezimalsystem können alle arithmetischen Operationen an ganzen Zahlen auf die Addition zurückgeführt werden.
- Voraussetzung für die Durchführung der arithmetischen Operationen an ganzen Zahlen sind
  - die Kenntnis der 10x10-Additionsmatrix,
  - die Möglichkeit der Stellenverschiebung von Operanden um eine Stelle,
  - die Möglichkeit, Vorzeichen von Operanden zu erkennen.

ab) Dualsystem

In Abschnitt 3.2.2 war gezeigt worden, daß jede Zahl in jedem beliebigen Zahlensystem, insbesondere also auch im Dualsystem, dargestellt werden kann. Da aus Gründen der Wirtschaftlichkeit, wie in Abschnitt 3.2 ausgeführt wurde, in Datenverarbeitungsanlagen zur Darstellung von Zahlen ausschließlich binäre Systeme verwendet werden, kommt der Untersuchung der arithmetischen Operationen im Dualsystem eine besondere Bedeutung zu.

Entsprechend den Überlegungen im Dezimalsystem erfordert die Ausführung der Addition an ganzen Zahlen im Dualsystem die Kenntnis einer 2x2-Additionsmatrix (Abbildung 5-4); hierin sind wieder in den Kreuzungspunkten die zweistelligen Summen aus dem jeweiligen Zeilenwert und dem Spaltenwert eingetragen.

Aufgelöst in vier Einzelregeln lautet die Vorschrift:

O+O = OO,
O+L = OL,
L+O = OL,
L+L = LO,

	O	L
O	OO	OL
L	OL	LO

Abb. 5-4: Additionsmatrix für die Addition einstelliger ganzer Dualzahlen

In dieser Form wurden die Regeln für die Addition im Dualsystem bereits von Leibniz formuliert [5]. Die höchste Stelle der Ergebniszahl ist bei der Addition mehrstelliger Zahlen der Übertrag auf die nächsthöhere Stelle. Die Anwendung der obigen Regeln sei an einem Beispiel erläutert; hierbei werden die dualen Darstellungen für die zugrundeliegenden Dezimalzahlen nach den in Abschnitt 3.2.2 angegebenen Regeln gebildet. Der besseren Übersicht wegen wird zusätzlich zu den Zeilen für die beiden Addenden und für die Summe eine weitere Zeile geführt, in die die Überträge in die nächsthöhere Ziffernstelle eingetragen werden [6]; der Wert in der niedrigsten Stelle der Übertragszeile ist dabei selbst immer Null.

Beispiel:

dezimal:	23	
	+18	
	10	Übertragszeile
	41	
dual:	OLOLLL	(= 23)
	OLOOLO	(= 18)
	LOLLOO	Übertragszeile
	LOLOOL	(= 41)

Wie beim Dezimalsystem ist neben der Kenntnis der Additionsmatrix auch hier die Möglichkeit der Stellenverschiebung um eine Stelle nach links zu realisieren, und für vorzeichenbehaftete Operanden muß die Fähigkeit vorhanden sein, Vorzeichen zu erkennen und bei ungleichen Vorzeichen die Addition durch eine Subtraktion der Beträge zu ersetzen.

Ähnlich wie im Dezimalsystem kann auch im Dualsystem die Subtraktion auf die Addition des Komplementes des Subtrahenden zum

---

[5] Gottfried Wilhelm LEIBNIZ, Philosoph, Mathematiker, Physiker, Techniker, Jurist, politischer Schriftsteller, Geschichts- und Sprachforscher, 1646-1716.

[6] Bei der Addition längerer Zahlenkolonnen im Dezimalsystem wird vielfach auch eine solche Zusatzzeile für die Überträge geführt.

Minuenden zurückgeführt werden. Die Bildung des Komplementes einer Dualzahl zu einer geeigneten Zweierpotenz vollzieht sich hier nach einer einfachen Regel:

1) Alle O der zu komplementierenden Zahl sind durch L zu ersetzen,
2) alle L der zu komplementierenden Zahl sind durch O zu ersetzen,
3) zu der letzten Stelle der so gewonnenen Zahl wird L addiert.

Die technische Realisierung dieser Vorschrift gestaltet sich besonders einfach; sie besteht im wesentlichen darin, daß die die einzelnen Binärstellen repräsentierenden physikalischen Elemente, die ja nur zweier stabiler Zustände fähig sind [7], von dem einen in den anderen Zustand geschaltet werden.

Als Beispiel sei das Komplement der der Dezimalzahl 18 entsprechenden Dualzahl zu 2^5 = LOOOOO gebildet:

```
                          18 = OLOOLO
Komplementbildung:             LOLLOL
                                    L
                               ______
                               LOLLLO ——— Komplement
```

Zu beachten ist, daß das duale Komplement einer Dualzahl A nicht mit der dualen Darstellung des Zehnerkomplementes der A entsprechenden Dezimalzahl übereinstimmt [8].

Die Durchführung der Subtraktion der Dezimalzahlen 41 und 18 vollzieht sich damit im Dualsystem wie folgt:

```
 LOLOOL  (=41)
 LOLLLO  (= Dualkomplement von LOOLO = 18)
 OLOOOO  Übertragszeile
LOLOLLL
└── Überlauf
```

Wie im Dezimalsystem ist das überlaufende Binärzeichen L zu streichen, entsprechend der erforderlichen Subtraktion der Zweierpotenz, zu der die Komplementbildung erfolgte. Als Ergebnis - nach Streichung des Überlaufes - verbleibt demnach

OLOLLL = 23.

Die Regeln zur Komplementbildung des Subtrahenden und anschließenden Addition des Komplementes zum Minuenden lassen sich zu einer einfachen Subtraktionsregel kombinieren: Die bei der Kom-

---

7) Vgl. Abschnitt 4.4

8) Das duale Komplement der Dualzahl A = OLOOLO ist nach obigem Beispiel LOLLLO = 46 bzw. LLOLLLO = 110 bzw. LLLOLLLO = 238 bzw...., je nachdem zu welcher Zweierpotenz das Komplement gebildet wird; demgegenüber ergibt das Dezimalkomplement zur Dezimalzahl 18 (= OLOOLO) die Dezimalzahlen 82 bzw. 982 bzw. 9982 bzw...., je nachdem zu welcher Zehnerpotenz das Dezimalkomplement gebildet wird.

plementbildung notwendige Addition von L in der Einerstelle des Subtrahenden läßt sich in der Weise einfach realisieren, daß bei der Addition zum Minuenden in der Einerposition anstelle des Übertrages O der Übertrag L gesetzt wird. Die Gesamtregel für die Subtraktion im Dualsystem lautet dann:

1) Bildung des Dualkomplementes des Subtrahenden, d.h. Ersetzen aller O durch L und umgekehrt im Subtrahenden,
2) Addition der unter 1) gebildeten Dualzahl zum Minuenden, wobei in der Einerstelle der Übertrag L gewählt wird.

Beispiel:

41-18 = 23, 41 = LOLOOL
18 = OLOOLO

Ausführung:

1) OLOOLO → LOLLOL
2) LOLOOL
LOLLOL
OLOOLL Übertragszeile
OLOLLL (= 23)

Gegenüber den für die Addition erforderlichen Basisoperationen - Realisierung der 4 Rechenregeln von Leibniz, Stellenverschiebung und Vorzeichenerkennung - erfordert die Subtraktion also zusätzlich die Möglichkeit der Komplementbildung.

Wie im Dezimalsystem läßt sich auch im Dualsystem die Multiplikation als fortgesetzte Addition realisieren; die hierzu erforderliche Regel ist wieder besonders einfach. Das Produkt setzt sich nämlich additiv zusammen aus den Produkten des Multiplikanden mit den einzelnen Stellenwerten des Multiplikators; die Multiplikation mit dem i-ten Stellenwert des Multiplikators bedeutet aber einfach die Stellenversetzung des Multiplikanden um (i-1) Stellen nach links. Damit läßt sich die Multiplikationsregel im Dualsystem wie folgt angeben:

Ausgehend vom Produktsummenwert O wird der Multiplikand - beginnend mit der ersten Stelle des Multiplikators - jeweils zur Produktsumme addiert oder nicht addiert, je nachdem ob die entsprechende Multiplikatorstelle den Wert L oder O besitzt, und anschließend um eine Stelle nach links verschoben.

Als Beispiel sei das Produkt der beiden Zahlen 217 und 23 betrachtet: Als Multiplikand (MD) wird die Zahl 217 und als Multiplikator (MR) die Zahl 23 zugrundegelegt:

217 = LLOLLOOL,
23 = LOLLL.

Ausführung der Multiplikation im Dualsystem:

```
                                       (Startwert
23 = LOLLL             OOOOOOOO        der Produktsumme)
     ||||_____       + LLOLLOOL        (MD)
     |||             ----------
     |||               LLOLLOOL
     |||_____        + LLOLLOOL        (MD stellenversetzt)
     ||             -----------
     ||                LOLOOOLOLL
     ||_____        + LLOLLOOL         (MD stellenversetzt)
     |              ------------
     |                 LOLLLOLLLL
     |_____       + O
                  --------------
                       LOLLLOLLLL
_____           + LLOLLOOL             (MD stellenversetzt)
                ----------------
                  LOOLLOLLLLLL         = 4991
            4096  ||64||8||1
                  512| 32| 4|
                   256  16  2
```

Zur Realisierung der Multiplikation werden gegenüber der Addition offensichtlich keine weiteren Basisoperationen benötigt.

Selbstverständlich läßt sich wie im Dezimalsystem auch im Dualsystem die Division als fortgesetzte Subtraktion des Divisors vom Dividenden realisieren. Da aber die Subtraktion des Divisors als Addition des Divisorkomplementes verwirklicht werden kann, vollzieht sich unter Berücksichtigung der bisherigen Erkenntnisse die Division im Dualsystem wie folgt:

Das m-stellige Dualkomplement des Divisors wird zu den höchsten m Stellen des Dividenden addiert. Dabei gibt es zwei Möglichkeiten:

- Findet ein Überlauf auf die nächsthöhere Stelle statt, so repräsentiert dieser die höchste Stelle des Quotienten.
- Findet kein Überlauf statt, so bedeutet dies, daß das Ergebnis der Addition des Divisorkomplementes zu den höchsten Dividendenstellen zu einem negativen Ergebnis geführt hat, die höchste Stelle des Quotienten ist in diesem Falle O. Die Subtraktion des Divisors muß dann wieder rückgängig gemacht werden. Dies geschieht durch Addition des Divisors (nicht von dessen Komplement) zum Ergebnis. Hierbei wird der überlaufende Binärwert L nicht berücksichtigt.

Zum verbleibenden Rest der höchsten m Stellen wird die nächste Stelle des Dividenden hinzugefügt und wie zuvor fortgefahren so lange, bis der Dividend erschöpft ist [9].

Als Beispiel sei die Division der Zahlen 260 und 20 betrachtet:

```
260 = LOOOOOLOO (Dividend)
 20 =     LOLOO (Divisor)
 ‾‾
 20 =    LOLLOO (Dualkomplement des Divisors)
```

9) Die dargestellte Regel für die Division im Dualsystem läßt sich sehr einfach realisieren, wenn das Vorzeichen durch die höchste Binärstelle repräsentiert wird, und zwar ein positiver Wert durch L und ein negativer Wert durch O.

```
LOOOOOLOO : LOLOO = LLOL = 13
+ LOLLOO
L OOLLOOL
+  LOLLOO
 L OOOLOLO
 +  LOLLOO
   OLLOLLO
  +  LOLOO     (Korrektur LOLOO = 20)
  L OOLOLOO    (Überlauf unberücksichtigt)
   + LOLLOO
   L OOOOOO
```

Divisionsrest-Null

Gegenüber den bisher geforderten Basisoperationen sind für die Division im Dualsystem offenbar keine weiteren Forderungen zu stellen.

Zusammenfassend kann für die arithmetischen Operationen im Dualsystem festgestellt werden:

- Im Dualsystem lassen sich alle arithmetischen Operationen an ganzen Zahlen auf die Addition zurückführen.
- Zur Durchführung der arithmetischen Operationen im Dualsystem sind folgende Basisfunktionen notwendig:
  - Realisierung der Aussagen der Additionsmatrix bzw. der vier Regeln von Leibniz,
  - Stellenverschiebung von Binärwerten,
  - Erkennen des Vorzeichens von Dualzahlen.

ac) Systeme mit binärer Einzelcodierung der Dezimalziffern

In Abschnitt 3.2.3 war gezeigt worden, daß der Aufwand für das Übersetzen von Zahlen vom Dezimalsystem in das Dualsystem und umgekehrt erheblich reduziert werden kann, wenn man jede einzelne Dezimalziffer für sich, z.B. als Tetrade, binär codiert. Selbstverständlich hat eine solche interne Darstellung nur einen Sinn, wenn in einem derartigen System auch Rechenoperationen an den dargestellten Zahlen ausgeführt werden können derart, daß das Ergebnis einer Rechenoperation im Bildbereich mit der Darstellung des Ergebnisses im Urbildbereich übereinstimmt.

Wie aus den bisherigen Ausführungen hervorgeht, lassen sich alle arithmetischen Operationen an ganzen Zahlen auf die Addition zurückführen. Das gleiche gilt auch bei binärer Codierung der einzelnen Dezimalziffern. Für das Folgende beschränken wir uns daher darauf, zu zeigen, wie die Addition in einem solchen System realisiert werden kann.

Wenn die Ergebnisse der Addition von Zahlen, deren Einzelziffern je für sich binär codiert sind, mit den Ergebnissen der Addition an den Urzahlen übereinstimmen sollen, so erfordert dies, daß in beiden Systemen - im Dezimalsystem und in dem entsprechenden Binärsystem - der Übertrag auf die nächsthöhere Stelle an den gleichen Stellen stattfindet. Im Dezimalsystem findet ein Übertrag auf die nächsthöhere Stelle bei der Addition von '1' auf '9' statt, bzw. von '2' auf '8' usw.:

```
   9
+  1
  10
  ↑______ Übertrag
```

Im Gegensatz hierzu findet beim Dualcode (vgl. Abbildung 3-10) an dieser Stelle kein Übertrag statt:

```
9 = LOOL
1 = OOOL
    LOLO
  ↑______ kein Übertrag
```

Vielmehr vollzieht sich der Übertrag erst beim Übergang auf den Dezimalwert '16':

```
15 =  LLLL
 1 =  OOOL
     LOOOO
     ↑______ Übertrag
```

Diese Schwierigkeit ist bei Verwendung des 3-Exzeß-Code (vgl. Abbildung 3-10) als binäre Codierung der einzelnen Dezimalziffern nicht vorhanden: Hier findet der Übertrag auf die nächsthöhere Tetrade an der gleichen Stelle wie im Dezimalsystem statt [10]:

```
9 ≙  LLOO
1 ≙  OLOO
    LOOOO
    ↑______ Übertrag
```

Wir beschränken uns daher im folgenden auf den 3-Exzeß-Code als binäre Darstellung einzelner Dezimalziffern. Gegenüber dem dualen Code ist hierbei jede Tetrade mit dem Exzeß '3' behaftet, d.h. um den Dezimalwert '3' größer als die entsprechende Dualzahl. Bei der Addition im 3-Exzeß-Code muß demnach dafür gesorgt werden, daß auch die Ergebnistetrade - entsprechend der Summe von zwei Dezimalziffern - wieder mit dem Exzeß '3' behaftet ist. Dies wird erreicht durch folgende Überlegungen. Bei

---

10) Anstelle des Gleichheitszeichens wird im folgenden das Zeichen ≙ verwendet, wenn die Zuordnung zwischen Dezimalziffern und Tetraden im 3-Exzeß-Code gemeint ist; das Gleichheitszeichen ist der Zuordnung zwischen Dezimal- und Dualcode vorbehalten.

der Addition zweier Tetraden gibt es für die Summentetrade zwei Möglichkeiten:

- Es hat kein Übertrag auf die nächsthöhere Tetrade stattgefunden. In diesem Fall ist die Ergebnistetrade mit dem Exzeß '6' (von jeder der beiden Ausgangstetraden je der Exzeß '3') behaftet; um dies zu korrigieren, muß von der Ergebnistetrade der Dezimalwert '3' subtrahiert bzw. das entsprechende duale Komplement muß addiert werden (3 = OOLL, Dualkomplement: LLOL).
- Es hat ein Übertrag auf die nächsthöhere Tetrade stattgefunden. Der Tetrade, die den Übertrag erzeugt hat, ist damit der Dezimalwert '16' verlorengegangen; gegenüber dem erforderlichen Übertragsverlust entsprechend dem Dezimalwert '10' hat also ein Mehrverlust um den Dezimalwert '6' stattgefunden; dieser Mehrverlust entspricht aber gerade der Summe der beiden Exzesse der Ausgangstetraden, so daß die Ergebnistetrade überhaupt keinen Exzeß mehr aufweist (die Ergebnistetrade entspricht in diesem Fall der Ergebnisdezimalziffer im dualen Code). Zur Richtigstellung - um der Ergebnistetrade ebenfalls den Exzeß '3' zu erteilen - muß in diesem Fall der Dezimalwert '3' addiert werden (3 = OOLL).

Die Regel für die Addition im 3-Exzeß-Code lautet also:

- Primäraddition der Ausgangstetraden,
- Addition der bei der Primäraddition erzeugten Überträge auf die jeweils nächsthöhere Tetrade,
- Korrekturaddition des Dualwertes, und zwar
  - OOLL bei den Tetraden, die einen Übertrag erzeugt haben,
  - LLOL bei den Tetraden, die keinen Übertrag erzeugt haben;

  die bei dieser Korrekturaddition gegebenenfalls erzeugten sekundären Überläufe sind - wie leicht ersichtlich - nicht zu berücksichtigen.

Beispiel: 283+546 = 829

283 ≙	OLOL	LOLL	OLLO	
546 ≙	LOOO	OLLL	LOOL	
	LLOL	↙OOLO	LLLL	Primäraddition
	L			Addition der primären
	LLLO	OOLO	LLLL	Überläufe
	LLOL	OOLL	LLOL	
	~~L~~LOLL	OLOL	~~L~~LLOO	Korrekturaddition
	8	2	9	

b) Arithmetische Operationen an nicht ganzen Zahlen

Für die Darstellung von reellen Dezimalzahlen sind zwei Formen geläufig:

- Die reine Radixschreibweise [11], wobei der Radixpunkt die Grenze zwischen dem ganzzahligen und dem gebrochenen Teil der Zahl angibt.

  Zum Unterschied von der folgenden nennt man diese Darstellungsform auch die exponentenfreie Darstellung.
  Beispiele: 0.0123, 0.123, 1.23, 12.3 usw.

- Die Darstellung als Produkt aus einem Zahlenpaar, dessen zweite Zahl eine Zehnerpotenz ist.
  Beispiele (jeweils entsprechende Darstellungen für die obigen, in reiner Radixschreibweise dargestellten Zahlen): 1.23 10^{-2}, 1.23 10^{-1}, 1.23 10^{0}, 1.23 10^{1} usw.

ba) Die Gleitpunktschreibweise

Die zweite der obigen Darstellungformen hat gegenüber der ersten den Vorteil, daß hierbei im allgemeinen ein größerer Zahlenbereich ausgeschöpft werden kann. Läßt man zum Beispiel bei der zweiten Darstellungsform 2-stellige Exponenten zu und verwendet man für den ersten Faktor jeweils 6 Dezimalstellen, so ist der Zahlenbereich für positive Zahlen z

$$0.000\,001 \cdot 10^{-99} \leq z \leq 999\,999 \cdot 10^{99}.$$

Insbesondere bei vielen technischen und mathematischen Problemen wird aufgrund dieser Eigenschaft die zweite Darstellungsform für reelle Zahlen verwendet.

Verzichtet man bei der zweiten Darstellungsform auf das Mitführen der Basis '10', d.h. beschränkt man sich beim zweiten Faktor auf die Angabe des Exponenten, so spricht man von Gleitpunktschreibweise. Diese Schreibweise ist selbstverständlich nicht auf Dezimalzahlen beschränkt, sondern gilt für die Darstellung beliebiger Zahlen:

> *Gleitpunktschreibweise* (in Anlehnung an DIN): Eine Schreibweise von Zahlen Z durch Zahlenpaare X und Y mit der Bedeutung $Z = X \cdot C^{Y}$, wobei C, eine natürliche Zahl größer als Eins, die Basis der Gleitpunktschreibweise ist. Die Zahl X wird Mantisse, die Zahl Y Exponent genannt. Beide werden üblicherweise in Festpunktschreibweise geschrieben. Die hierbei benutzten Basen brauchen weder miteinander noch mit C übereinzustimmen.
> (floating-point representation)

Beispiele:

- Verwendet man als Basis der Gleitpunktschreibweise und als Basis für die Mantisse und den Exponenten die Zahl 10, so

---

[11] Vgl. Abschnitt 3.2.1.2.

kann die Zahl 1.23 durch folgende Paare (X, Y) in Gleitpunktschreibweise dargestellt werden:
(1.23,0), (0.123,1), (0.0123,2), (12.3,-1), (123,-2) usw.

- Für die Dezimalzahl 22 (= LOLLO) sind bei einheitlicher Verwendung der Zahl 2 als Basis die folgenden Paare gültige Gleitpunktschreibweisen:
(LOLLO,O), (LOLLOO,-L), (LOLLOOO,-LO), (LOLL.O,L).

Selbstverständlich kann man - wie in der Definition zum Ausdruck gebracht - drei unterschiedliche Basen innerhalb der Schreibweise für ein und dieselbe Zahl verwenden; meistens stimmen die Basen jedoch überein.

Für die Darstellung innerhalb einer ADV-Anlage wird aus Gründen der Einfachheit üblicherweise noch vereinbart, daß der Exponent eine ganze Zahl sein muß. Um außerdem auf die Darstellung des Radixpunktes der Mantisse als selbständiges Zeichen bei der Speicherung verzichten zu können, wird der Radixpunkt an einer festen Stelle innerhalb der Mantisse X vereinbart; man nennt die Gleitpunktschreibweise normalisiert, wenn der Radixpunkt vor der ersten von Null verschiedenen Ziffer der Mantisse liegt:

Normalisierte Gleitpunktschreibweise: Eine Gleitpunktschreibweise, bei der der Radixpunkt für die Mantisse X so festgelegt ist, daß - sofern der Absolutbetrag von X dies zuläßt - stets $0{,}1 \leq X \leq 1$ gilt.
(normalized floating-point representation)

Beispiele:

$$(0.123,1) \triangleq 0.123\ 10^{1} = 1.23$$
$$(-0.123,2) \triangleq -0.123\ 10^{2} = -12.3$$
$$(0.123,-2) \triangleq 0.123\ 10^{-2} = 0.00123$$

Selbstverständlich sind sowohl die Mantisse als auch der Exponent vorzeichenbehaftete Zahlen. Zur Speicherung der Vorzeichen in der ADV-Anlage ist der entsprechende Speicherplatz zu berücksichtigen. Aus Gründen der Wirtschaftlichkeit wird der Exponent vielfach durch Addition einer geeigneten Konstanten K auf einen positiven Wertebereich transformiert:

$$Y + K = V;$$

die Zahl V nennt man dabei die Charakteristik der Gleitpunktschreibweise:

Charakteristik der Gleitpunktschreibweise: Bei einer Gleitpunktschreibweise die Summe aus dem Exponenten der Gleitpunktschreibweise und einer geeigneten Konstanten. Die Konstante wird üblicherweise so gewählt, daß der Wertebereich der Charakteristik V (≥ 0) durch den Exponenten Y = 0 in zwei gleichgroße Teilbereiche geteilt wird.

Ist zum Beispiel Y zweistellig, so kann K = 50 gewählt werden:

$$Y + 50 = V.$$

In Gleitpunktschreibweise werden dann die Zahlen durch das Zahlenpaar (X, V) anstelle von (X, Y) dargestellt; bei normalisierter Gleitpunktschreibweise ist in diesem Fall die kleinste darstellbare positive Zahl, wenn V zweistellig angesetzt wird.

$$0.1 \cdot 10^{-50} \quad (V = 00),$$

die größte darstellbare positive Zahl

$$0.999..9 \cdot 10^{49} \quad (V = 99);$$

der Wertebereich für positive Zahlen Z ist also

$$0.1 \cdot 10^{-50} \leq Z < 1 \cdot 10^{49}.$$

Weitere Beispiele:

$$1.23 \;\hat{=}\; (0.123, 51)$$
$$-12.3 \;\hat{=}\; (-0.123, 52)$$
$$0.00123 \;\hat{=}\; (0.123, 48)$$

Handelt es sich bei dem Speicher der ADV-Anlage um einen wortorganisierten Speicher [12], so ist es üblich, jeweils ganze Worte zur Darstellung von Zahlen in Gleitpunktschreibweise heranzuziehen. Ist die Wortlänge genügend groß, so bringt man Mantisse und Charakteristik in ein und demselben Wort unter. Ein Speicherwort aus 8 Dezimalziffern (+ Vorzeichen) kann dann zum Beispiel so aufgeteilt werden, daß 6 Stellen für die Mantisse und 2 Stellen für die Charakteristik verwendet werden. Um die Darstellung eindeutig zu machen, ist dann noch festzulegen, ob innerhalb des Wortes die Mantisse vor oder hinter der Charakteristik einzutragen ist:

a) Mantisse vor Charakteristik:

(X, V) $\hat{=}$ ± XXXXXX VV

- ± — Vorzeichen
- XXXXXX — Mantisse
- VV — Charakteristik

b) Mantisse hinter Charakteristik: (X, V) $\hat{=}$ ± VVXXXXXX

Beispiele:

- 1.23456 = $0.123456 \cdot 10^{1}$,
  Darstellung a: +12345651,
  Darstellung b: +51123456.
- −0.00123456 = $-0.123456 \cdot 10^{-2}$,
  Darstellung a: −12345648,
  Darstellung b: −48123456.

---

12) Vgl. Abschnitt 4.6.1.

Wie leicht ersichtlich, hat die zweite Darstellungsform (Charakteristik vor Mantisse) gegenüber der ersten den Vorteil, daß sich der Größenvergleich zwischen Zahlen besonders einfach vollzieht: Charakteristik und Mantisse werden dabei als eine Einheit aufgefaßt und wie ganze Zahlen miteinander verglichen. Bei der ersten Darstellungsform müssen dagegen aus dem Wort zunächst die Charakteristiken extrahiert und miteinander verglichen werden. Bei Gleichheit der Charakteristiken sind im Anschluß daran noch die Mantissen miteinander zu vergleichen.

bb) Die Festpunktschreibweise

Bei der exponentenfreien Darstellung einer reellen Zahl, d.h. bei der Darstellung durch eine Radixzahl, trennt der Radixpunkt definitionsgemäß den ganzen Anteil der Zahl vom gebrochenen Anteil. Der Radixpunkt kann demnach - je nach Wert der dargestellten Zahl - grundsätzlich an jeder Stelle des Ziffernfeldes stehen. Aus Gründen der Wirtschaftlichkeit ist üblich, bei der exponentenfreien Darstellung den Radixpunkt immer an einer festen Stelle zu denken; eine solche Darstellungsform nennt man Festpunktschreibweise:

> *Festpunktschreibweise* (in Anlehnung an DIN): Eine Radixschreibweise, die den Radixpunkt an einem festen Platz relativ zum Zahlenanfang oder Zahlenende unterstellt.
> (fixed-point-representation)

Die gebräuchlichsten Positionen für den Radixpunkt sind der Zahlenanfang oder das Zahlenende:

```
 XXX.....X        oder        XXX.....X
^                                      ^
|                                      |
unterstellter Radixpunkt   unterstellter Radixpunkt
```

Die Fixierung des Radixpunktes an einer festen Stelle hat zwei Vorteile:

- Zur Speicherung einer reellen Zahl braucht kein besonderer Platz für den Radixpunkt bereitgehalten zu werden.
- Die Durchführung von arithmetischen Operationen an den in dieser Weise dargestellten reellen Zahlen ist auf einer bestimmten Ebene unabhängig von der tatsächlichen Stellung des Radixpunktes.

Während der erste Gesichtspunkt keiner Erklärung bedarf, ist der zweite Gesichtspunkt näher zu erläutern; dies geschieht im folgenden bei der Beschreibung der arithmetischen Operationen an reellen Zahlen.

bc) Die arithmetischen Operationen an reellen Zahlen

Wie bei den ganzen Zahlen, so lassen sich auch bei den reellen Zahlen alle arithmetischen Operationen auf die Addition zurückführen. Wir können uns daher hier im wesentlichen auf die Addition an reellen Zahlen beschränken.

Bei Darstellung der zu verarbeitenden Zahlen in Festpunktschreibweise ist die tatsächliche Stellung des Radixpunktes der dargestellten Zahlen natürlch bestimmend für das Ergebnis einer artihmetischen Operation. Sind zum Beispiel die beiden Zahlen

a = 123.456, b = 9.87654

zu addieren, so ist das Ergebnis

c = a+b = 133.33254.

Verwendet man zur Darstellung eine Festpunktschreibweise, bei der der Radixpunkt am Zahlenende unterstellt wird, und sind die beiden Ausgangszahlen a und b in je einem acht Dezimalstellen umfassenden Wort linksbündig gespeichert, so haben wir die folgende Darstellung für die beiden Zahlen a und b:

```
a: 12345600
      ▲    △
                    △ = fixer Radixpunkt der Festpunktdarstellung
b: 98765400
   ▲       △
                    ▲ = tatsächlicher Radixpunkt der
                        dargestellten Zahl
```

Zur Ausführung der Addition ist zunächst die Repräsentation der kleineren der beiden Operanden so zu verschieben, daß sein tatsächlicher Radixpunkt mit dem der größeren Zahl übereinstimmt; in diesem Fall ist die Repräsentation von b um zwei Stellen nach rechts zu verschieben:

```
b̄: 00987654.
      ▲    △
```

Nunmehr kann die Addition der beiden Operanden ausgeführt werden:

```
c = a+b: 13333254.
            ▲    △
```

Die Stellung des tatsächlichen Radixpunktes der Summe innerhalb des Zahlenfeldes stimmt mit der Stellung des Radixpunktes der größeren der beiden Ausgangszahlen überein. Selbstverständlich ist bei einer solchen Addition zu überprüfen, ob nicht ein Überlauf (nach links, außerhalb des Zahlenfeldes) stattgefunden hat; in einem solchen Fall ist das Ergebnis der Addition entsprechend zu korrigieren. Ebenso ist vor Ausführung der Addition festzustellen, ob die beiden Operanden gleiches oder ungleiches Vorzeichen besitzen, um den nachfolgenden Operationsprozeß richtig steuern zu können.

Nach der Rechtsverschiebung des kleineren der beiden Operanden vollzieht sich die Addition unabhängig davon, wo bei den Operanden der tatsächliche Radixpunkt zu denken ist; auf dieser Ebene ist also die Operationsausführung formal gleich für alle Operanden mit gleichem unterstelltem Radixpunkt. Die Frage, ob die Überlegungen über die tatsächlichen Stellungen der Radixpunkte und die Einleitung der vorbereitenden Operandenverschiebungen vom Benutzer angestellt bzw. gesteuert werden müssen oder ob diese automatisch im ADV-System erfolgen, ist abhängig davon, ob zwischen die Operationsausführungsebene und die Ebene, in der der Benutzer seine Aufgabe formuliert, eine weitere Ebene als Kommunikationshilfe geschaltet ist.

Ähnliche Überlegungen sind selbstverständlich auch anzustellen, wenn die zu verarbeitenden Zahlen in Gleitpunktschreibweise dargestellt werden. Es wird hier darauf verzichtet, dazu weiter zu detaillieren.

Für die arithmetischen Operationen in anderen Zahlensystemen gelten selbstverständlich analoge Überlegungen wie diejenigen, die hier für das Dezimalsystem dargestellt wurden.

bd) Darstellungsfehler

Die Anzahl der Stellen des Ergebnisses einer arithmetischen Operation an zwei Zahlen ist abhängig von den Stellenzahlen und von den Werten der beiden miteinander verknüpften Zahlen. Zum Beispiel führt die Multiplikation zweier n-stelliger Zahlen im allgemeinen zu einem 2n-stelligen Ergebnis; bei der Addition zweier n-stelliger Zahlen kann das Ergebnis n+1 Ziffern umfassen. Demgegenüber wird die interne Darstellung der Zahlen in einer ADV-Anlage immer nur eine beschränkte Stellenzahl für jede Zahl zulassen. Es kann infolgedessen passieren, daß nicht alle Ziffern einer Zahl dargestellt werden können; die Darstellung ist in diesen Fällen lediglich eine Approximation der darzustellenden Zahl. Um den damit verbundenen Darstellungsfehler möglichst klein zu halten, werden die Resultate arithmetischer Operationen einer geeigneten Rundungsvorschrift unterzogen.

Die am häufigsten verwendete Rundungsvorschrift im Dezimalsystem besteht darin, die Ziffer mit dem niedrigsten noch darstellbaren Stellenwert um den Wert 1 zu vergrößern, wenn die Ziffer mit dem größten nicht mehr darstellbaren Stellenwert größer oder gleich 5 ist (aufrunden), und im anderen Fall die nicht mehr darstellbaren Ziffern abschneidet (abrunden). Diese Rundungsvorschrift ist üblicherweise auch konstruktiv in den ADV-Anlagen realisiert für Dezimalzahlen, deren Einzelziffern intern (etwa als Tetraden) binär codiert sind. Bei rein dualer

Darstellung sind die Rundungsvorschriften nicht einheitlich. Eine mögliche Vorschrift besteht darin, die Dualziffer mit dem niedrigsten noch darstellbaren Stellenwert um den Wert L zu vergrößern, wenn die nächstfolgende nicht mehr darstellbare Dualziffer den Wert L besitzt, und im anderen Fall abzurunden.

Insbesondere bei Durchführung von Aufgaben aus dem kommerziellen Bereich muß man sich der in der ADV-Anlage verwendeten Zahlendarstellung und der verwendeten Rundungsvorschriften bewußt sein, da sich - bei sonst gleichen Ausgangsbedingungen - je nach Darstellung und Rundungsvorschrift unterschiedliche Resultate ergeben können. Dies sei an dem folgenden einfachen Beispiel erläutert:

Es sei die Möglichkeit gegeben, reelle Zahlen in der ADV-Anlage als Gleitpunktzahlen auf zweierlei Weise darzustellen:

1) Die einzelnen Dezimalziffern von Mantisse und Exponent werden als Tetraden dargestellt, dabei werden für die Mantisse 2 Tetraden verwendet; d.h. es können 2-stellige Mantissen dargestellt werden [13]. Die Rundungsvorschrift entspreche der oben angegebenen 'üblichen' Rundungsvorschrift des Dezimalsystems.

2) Mantisse und Exponent werden je für sich dual dargestellt; für die Mantisse werden 8 Binärstellen verwendet; es können also Mantissen mit 8 Dualstellen dargestellt werden [14]. Die Rundungsvorschrift entspreche der oben angegebenen Rundungsvorschrift für das Dualsystem.

Stellt man in beiden Fällen die Dezimalzahl 25 dar und quadriert dieselbe, so erhält man die folgenden Ergebnisse:

1) Das Quadrat der Zahl 25 liefert für die Mantisse das 3-stellige Ergebnis 625; die Anwendung der Rundungsvorschrift führt zu dem Ergebnis $63 \cdot 10^1$ (entsprechend 630) mit 2-stelliger Mantisse.

2) Die Mantisse wird durch die 8-stellige Dualzahl OOOLLOOL dargestellt. Das Quadrat liefert das - zunächst 10-stellige - Ergebnis LOOLLLOOOL (= 625). Die Anwendung der Rundungsvorschrift führt zu dem Ergebnis $\mathrm{LOOLLLOO} \cdot 2^2$ mit 8-stelliger Mantisse; dies entspricht der Dezimalzahl $156 \cdot 4 = 624$ oder

---

13) Bei realen ADV-Anlagen wird die Stellenzahl größer sein; hier wurde der Einfachheit halber eine 2-stellige Mantisse zugrundegelegt.

14) Die Länge entspricht der Länge im Fall 1); bezüglich der Anzahl der Dualziffern gilt wieder das gleiche wie oben gesagt.

- gerundet - der Dezimalzahl 620, die von dem Ergebnis im Falle 1) abweicht.

Diese Tatsache möglicher unterschiedlicher Ergebnisse aufgrund unterschiedlicher Rundungsvorschriften im Dezimalsystem und im Dualsystem ist u.a. der Grund dafür, daß für kommerzielle Aufgabenstellungen durchweg nicht die rein duale Zahlendarstellung, sondern die binäre Codierung der Einzelziffern verwendet wird.

5.4.2.2 Die nicht arithmetischen Operationen

Innerhalb des numerischen Rechnens, also des Rechnens mit Zahlen, gibt es neben der Klasse der zuvor besprochenen arithmetischen Operationen diejenigen der nicht arithmetischen Operationen. Hierzu gehören zum Beispiel die Bildung der Quadratwurzel einer Zahl α , die Bildung der Kubikwurzel oder irgendeiner anderen Potenz mit gebrochenem Exponenten, also

$$\sqrt{\alpha}, \quad \sqrt[3]{\alpha}, \quad \alpha^{1/n},$$

die Bestimmung des Wertes der e-Funktion an einer Stelle α oder die Bestimmung irgendeiner anderen Potenz-Funktion zur Basis a

$$e^{\alpha}, \; a^{\alpha},$$

die Ermittlung des Logarithmus einer Zahl, etwa

$$\ln\alpha, \; \mathrm{ld}\,\alpha, \; \lg\alpha,$$

die Bildung des Wertes einer Winkelfunktion an einer Stelle etwa

$$\sin\alpha, \; \cos\alpha, \; \ldots$$

usw.

In allen angeführten Fällen stellt das Argument einen numerischen Wert, also eine Zahl dar.

Ebenfalls in die Gruppe der nicht arithmetischen Operationen an Zahlen gehören die mathematischen Operationen der Differentiation und der Integration, sofern die betreffenden Funktionen, auf die diese Operationen anzuwenden sind, nicht analytisch, sondern als Zahlenfolgen vorgegeben sind. Im Zweidimensionalen sind hier zum Beispiel die Operationen

$$\frac{dy(x)}{dx}, \quad \int_a^b y(x)\,dx, \quad \int_a^x y(x)\,dx$$

gemeint, wobei die Funktion y(x) durch eine Reihe von Wertepaaren (x_i, y_i) vorgegeben ist.

Alle in diese Gruppe gehörenden Operationen lassen sich auf Folgen arithmetischer Operationen zurückführen. Zum Beispiel kann die sin-Funktion als Taylor-Reihe dargestellt werden:

$$\sin x = \sum_{i=1}^{\infty} (-1)^{i+1} \frac{x^{2i-1}}{(2i-1)!} = \frac{x}{1!} - \frac{x^3}{3!} + \frac{x^5}{5!} \mp \ldots, \quad |x| < \infty.$$

Da diese Reihe für $|x| < \infty$ konvergiert, läßt sich der Funktionswert an einer vorgegebenen Stelle $x = \alpha$ durch Anwendung dieser Formel so ermitteln, daß die Reihe nach einer endlichen Anzahl k von Reihengliedern abgebrochen wird:

$$\sin \alpha = \frac{\alpha}{1!} - \frac{\alpha^3}{3!} + \frac{\alpha^5}{5!} \mp \ldots . (-1)^{k+1} \frac{\alpha^{2k-1}}{(2k-1)!}.$$

Die Operation 'Bildung der sin-Funktion' ist damit näherungsweise auf eine Folge von arithmetischen Operationen zurückgeführt. Der Fehler, der sich durch Abbruch der Reihe ergibt, läßt sich einfach darstellen bzw. es kann umgekehrt in einfacher Weise festgelegt werden, wieviele Reihenglieder einzubeziehen sind, um eine vorgegebene Genauigkeit zu erreichen.

Für die Rückführung der Differentiationsoperation wird die Definition des Differentialquotienten als Grenzwert eines Differenzenquotienten verwendet:

$$\frac{dy(x)}{dx} = \lim_{\Delta x \to 0} \frac{y(x+\Delta x) - y(x)}{\Delta x}.$$

Interesssiert der Wert des Differentialquotienten an einer bestimmten Stelle $x = \alpha$, so liefert die Anwendung der obigen Definition mit

$$\frac{y(\alpha+\Delta\alpha) - y(\alpha)}{\Delta\alpha}$$

eine Annäherung an den gewünschten Wert, wobei die Genauigkeit der Näherung abhängig von der Wahl von $\Delta\alpha$ ist. In diesem Fall reduziert sich die Operation der Differentiation auf eine Differenzenbildung und eine anschließende Division.

Zur Rückführung der Integration einer numerisch gegebenen Funktion geht man auf die Definition eines Integrals als Summengrenzwert zurück, ersetzt diese Operation also durch eine Folge von Additionen.

Insgesamt kann festgestellt werden, daß das numerische Rechnen auch bei nicht arithmetischen Operationen - im allgemeinen mit beliebiger Genauigkeit - durch endliche Folgen von arithmetischen Operationen ersetzt werden kann. Da aber - wie zuvor gezeigt wurde - alle arithmetischen Operationen auf die Addition zurückführbar sind [15], bedeutet dies, daß für das nicht arithmetische Rechnen grundsätzlich nur die Addition realisiert zu sein braucht.

5.4.2.3 Nicht numerisches Rechnen

Während zuvor - beim numerischen Rechnen - das Rechnen mit Zahlen betrachtet wurde, ist bei nicht numerischem Rechnen das 'Rechnen mit Formeln' gemeint. Man bezeichnet diese Art des Umgangs mit Formeln auch als 'analytisches Rechnen', 'algebraisches Rechnen' oder als 'Formel-Manipulation'.

Beispiele für diese Art von Operationen sind

- die Umwandlung der Winkelfunktionen von Vielfachen eines Winkels in Kombinationen von Winkelfunktionen für den einfachen Winkel, etwa

  $$\sin 3\alpha = 3 \sin\alpha - 4 \sin^3\alpha$$

- die Differentiation analytisch gegebener Funktionen nach den bekannten Differentiationsregeln, etwa

  $$y = x^3 a^x \longrightarrow y' = \frac{dy}{dx} = x^2 a^x \; (3 + x \ln a),$$

- die Integration einer analytisch gegeben Funktion nach den bekannten Integrationsregeln, etwa

  $$\int \frac{dx}{x \ln x} = \ln(\ln x)$$

usw.

Die Lösung solcher Probleme setzt die Kenntnis des entsprechenden Formelapparates voraus, für die Integration die Produktregel, die Regel der partiellen Integration usw.

Die Bearbeitung der entsprechenden Aufgaben mit Hilfe einer automatisch arbeitenden Anlage läuft letzten Endes darauf hinaus, Zeichenfolgen zu analysieren und aufgrund der Analyse und unter Verwendung der eingespeicherten formalen Regeln synthetisch die Problemlösung aufzubauen.

Zum Beispiel liefert die automatische Analyse der oben angeführten Funktion $y = x^3 a^x$, die sich in der Rechenanlage als eine Kette der Zeichen y, x, 3, a für die Operanden bzw.

---

15) Diese Reduzierung auf die arithmetischen Operationen ist bei digitalen Rechenanlagen zu vollziehen, im Gegensatz zu Analogrechenanlagen, bei denen auch nicht arithmetische Operationen - etwa Differentiationen, Integrationen - unmittelbar gerätemäßig realisiert sind.

Operandenteile sowie für die Operatoren darstellt [16], daß es sich hierbei um ein Produkt von zwei Faktoren, nämlich x^3 und a^x handelt; daraus folgt, daß zur Differentiation dieser Funktion die Produktregel der Differentiation anzuwenden ist. Die weitere Analyse des ersten Faktors läßt eine Potenzfunktion erkennen, zu deren Differentiation die entsprechenden Differentiationsregeln anzuwenden sind.

Die Bedeutung des nicht numerischen Rechnens für die Mathematik hat zur Vereinbarung von eigenen Sprachen geführt, mit deren Hilfe Probleme aus diesem Bereich in einer für eine ADV-Anlage verständlichen Sprache formuliert und damit auch auf Anlagen automatisch abgewickelt werden können [17].

5.4.2.4 Vergleich

Die Vergleichsoperationen, die bei der Lösung einer Datenverarbeitungsaufgabe durchzuführen sind, dienen der Steuerung des weiteren Lösungsverlaufes.

Als Beispiel sei ein Rabattstaffelsystem bei der Rechnungsschreibung genannt: Für Beträge oberhalb DM 100,- wird ein Rabatt von 3%, oberhalb DM 500,- ein Rabatt von 5% gewährt.

Die Realisierung dieses Staffelsystems erfordert den Vergleich des Rechnungsbetrages zunächst mit DM 100,- und - sofern er oberhalb dieser Grenze liegt - zusätzlich den Vergleich mit DM 500,-. Je nachdem, welcher der 3 möglichen Fälle vorliegt, wird der weitere Lösungsverlauf bestimmt (vgl. Abbildung 5-5).

Die Möglichkeit, den Lösungsverlauf im Anschluß an einen Vergleich alternativ zu steuern, ist das wesentliche Merkmal einer vollautomatischen Datenverarbeitungsanlage. Ohne diese Möglichkeit müßte bei einer notwendigen Verzweigung jeweils ein Eingriff von außerhalb der Anlage vorgenommen werden bzw. es könnten nur Algorithmen ohne Vergleichs-Operationen mit anschließender Verzweigung realisiert werden.

Als Objekte für Vergleichoperationen kommen im allgemeinen Zahlen oder Buchstaben in Betracht. Der Vergleich zweier Zahlen miteinander bedarf in diesem Zusammenhang keiner Interpretation: Es ist für jedermann eindeutig, was mit dem Vergleich '3 > 5?' zu verstehen ist; der Vergleich geht negativ aus, '3' ist nicht größer als '5'. Im Gegensatz hierzu erfordert der

---

[16] Zum Beispiel in der Form Y = X** 3*A**X.

[17] Beispiele sind die Sprachen FORMAC (Formula Manipulation Compiler), MATHLAB, ALTRAN, FLAP; vgl. hierzu etwa Jean E. Sammet: Programming Languages. Englewood Cliffs 1969.

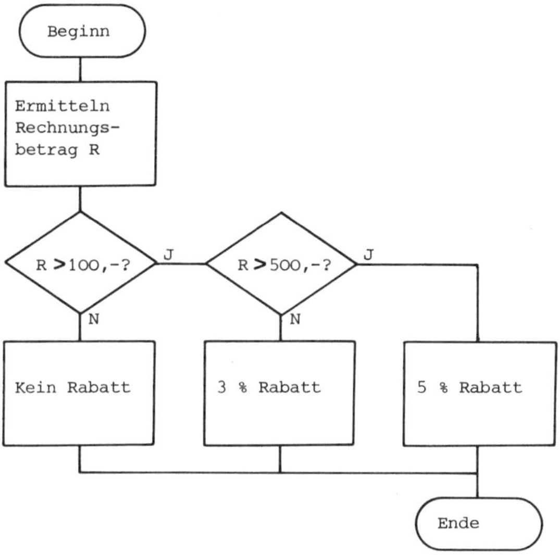

Abb. 5-5: Algorithmischer Plan zur Realisierung eines Rabattstaffelsystems

Vergleich zweier Buchstaben oder Buchstabenfolgen, wie er etwa beim Sortieren von Datensätzen zur Erzielung einer alphabetischen Reihenfolge notwendig ist, eine Vereinbarung über die lexikographische Ordnung der Buchstaben: Vereinbart man zum Beispiel die Ordnung

$$A > B > C \quad .... > Z,$$

so kann die Frage 'C < F?' eindeutig beantwortet werden.

Als Vergleichsoperatoren zwischen zwei Vergleichsobjekten sind die folgenden 6 Operatoren üblich: Kleiner (<), kleiner oder gleich (≤), gleich (=), größer oder gleich (≥), größer (>), ungleich (≠).

Man erkennt leicht, daß es nicht notwendig ist, alle Operatoren zu realisieren; man kommt vielmehr mit einem einzigen, geeignet gewählten Operator aus, um alle möglichen Vergleichsoperationen - gegebenenfalls in mehr als einem Vergleich - zu realisieren.

Außerdem kann man sich auf ein einziges variables Vergleichsobjekt beschränken und das zweite Vergleichsobjekt für alle Vergleiche einheitlich festlegen. Zum Beispiel lassen sich alle möglichen Vergleiche zwischen zwei Zahlen auf den Operator '>' und das feste Vergleichsobjekt '0', d.h. also auf den Vergleich ' > 0' zurückführen. Dies sei an folgendem Beispiel gezeigt:

Es soll festgestellt werden, ob zwei Zahlen mit den Namen a bzw. b übereinstimmen; bei Gleichheit soll die Aktionsfolge A1, andernfalls die Aktionsfolge A2 angesteuert werden. Die Realisierung dieses Vergleichs und die anschließende Steuerung auf der Grundlage des einzigen Vergleichs '> 0' zeigt Abbildung 5-6:

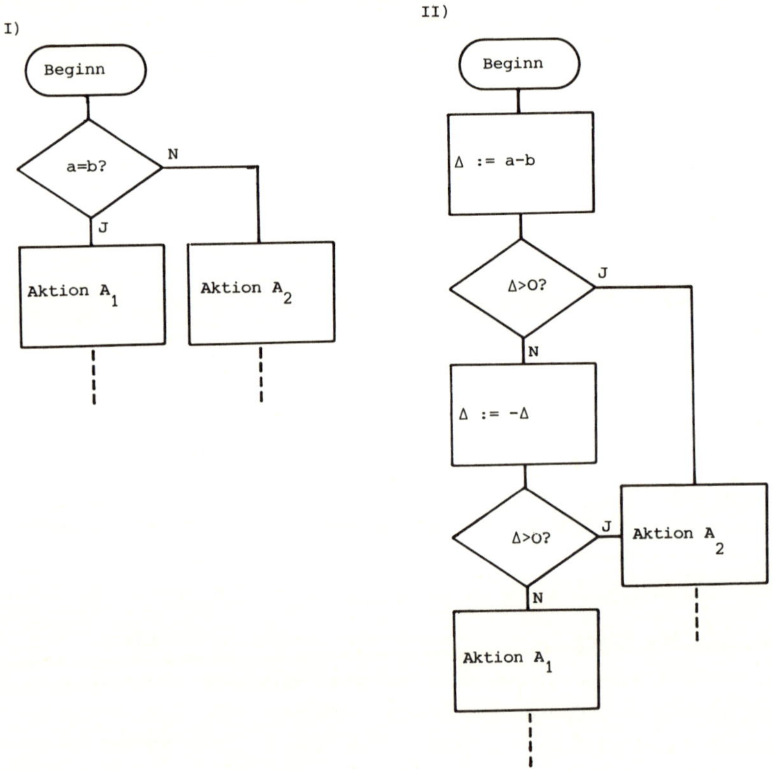

Abb. 5-6: Algorithmischer Plan zur Realisierung der Vergleichsoperation "a = b ?"
I) direkt
II) Rückführung auf zwei Vergleichsoperationen der Form "Δ > 0 ?"

Zunächst wird die Differenz $\Delta = a-b$ daraufhin untersucht, ob sie > 0 ist; im Verneinungsfall wird bei der Differenz das Vorzeichen vertauscht $\Delta := -\Delta$ und anschließend erneut verglichen.

5.4.2.5 Weitere Operationen

Neben den bisher betrachteten Operationen des Rechnens und des Vergleichens erfordert die Realisierung eines Algorithmus im allgemeinen noch die folgenden internen Operationen:

1) Die Übertragung einer Zeichenfolge von einem Platz innerhalb eines Werkes zu einem Platz innerhalb desselben oder eines anderen Werkes. Beispiele hierfür sind die Übertragung einer Zahl von einem Speicherplatz in das Rechenwerk, von einem Speicherplatz in das Ausgabewerk usw. Bei der Übertragung - so wie sie hier gemeint ist - bleibt die Bedeutung der Einzelzeichen ungeändert; es ist jedoch möglich, daß gleichzeitig mit der Übertragung eine Codetransformation an den Zeichen der Folge vorgenommen wird, zum Beispiel wird bei der Übertragung einer Zahl aus einer Lochkarte, über das Eingabewerk in den Speicher der Anlage, der externe Lochkartencode in den internen Code der Anlage übertragen, wobei die Bedeutung der Zeichenfolge - etwa als Gleitpunktzahl - nicht verändert worden ist. In die Gruppe der Übertragungsoperationen gehört auch das Ersetzen von Teilen eines Objektes, zum Beispiel das Ersetzen führender Nullen eines auf einen Zahlungsträger auszudruckenden Betrages durch Schutzsterne.

2) Der Sprung im Ablauf des Algorithmus, d.h. der Übergang von einer Stelle des Algorithmus auf eine bestimmte andere Stelle, die aus einer Anzahl alternativer Stellen des Algorithmus ausgewählt wurde. Ein Beispiel für einen solchen Sprung ist die Verzweigung in einem Algorithmus im Anschluß an eine Vergleichsoperation, etwa in Abbildung 5-6 der Übergang auf einen der beiden möglichen Algorithmenteile A1 bzw. A2.

5.4.3 Weitere Kenngrößen der internen Verarbeitung

Wie bereits zu Beginn von Abschnitt 5.4 ausgeführt wurde, wird der interne Verarbeitungsprozeß durch die folgenden weiteren Kenngrößen beschrieben:

1) Die bedeutungsunabhängigen Kenngrößen der zu verarbeitenden Objekte.

   Gemeint sind hier bezüglich des Algorithmus dessen Umfang, der sich in der Länge des Programms ausdrückt, bezüglich der zu verarbeitenden Daten deren Umfang, ausgedrückt etwa durch die Anzahl der Datensätze und deren Zeichenzahl, durch die Identifikationsmerkmale der einzelnen Bestandteile sowie die Häufigkeit der Zugriffe während der Verarbeitung.

2) Sicherheitsanforderungen an die interne Verarbeitung.

Sicherheit kann gefordert werden gegen Fehler bei der Übertragung von einem Werk in ein anderes, gegen Verlust, gegen unbefugten Zugriff zu den gespeicherten Daten sowie gegen ein unbefugtes Ändern des Algorithmus [18].

3) Zeitanforderungen.

Damit ist in erster Linie die zulässige Reaktionszeit des ADV-Systems gemeint, d.h. die Zeit, die der Anlage für die Abwicklung eines Algorithmus zur Verfügung steht. Von Bedeutung sind solche Zeitanforderungen insbesondere bei bestimmten technischen Berechnungen (z.B. Prozeßsteuerung, Wetterberechnung).

5.5 Datenausgabe und Verwendung der Ergebnisse

Die Kenngrößen für diese beiden Prozesse sind weitgehend analog zu denen der Datenerfassung und -eingabe. Es sind dies die folgenden:

- Die Art der Datenträger zur Fixierung der Ergebnisse.

  Bei dieser Kenngröße spielt die Frage eine wesentliche Rolle, ob die ausgegebenen Datenträger später noch einmal maschinell zu verarbeiten sind. Ein Beispiel hierfür ist die maschinelle Erstellung von Zahlungsüberweisungen im Rahmen einer Rechnungsschreibung, wenn die zurückfließenden Überweisungsträger später für die maschinelle Verbuchung der Zahlungseingänge herangezogen werden. In solchen Fällen wird man - sofern der Umfang der Daten genügend groß ist - bemüht sein, die Ergebnisse auf maschinell (und natürlich auch personell) lesbare Datenträger auszugeben.

- Die Art der Daten
  - nach ihrer Form (analog, digital),
  - nach der Bedeutung der Einzelzeichen (Ziffern, Buchstaben, Sonderzeichen).

---

[18] Bezüglich der Möglichkeiten zur Realisierung dieser Sicherheitsanforderungen sei auf die Literatur verwiesen.

- Die Menge der auszugebenden Daten.
- Die gewünschte Reihenfolge der auszugebenden Daten (Ordnungskriterium).
- Besondere Sicherheitsanforderungen für die auszugebenden Daten.

  Ein Beispiel ist hier die Forderung, den unbefugten Einblick in die Ergebnisdaten zu verhindern (etwa in die Ergebnisse der Lohnabrechnung).
- Der Zeitpunkt, zu dem die Ergebnisdaten benötigt werden.

6 Zweite Detaillierung des Konzeptes eines ADV-Systems

Aus den bisherigen Überlegungen lassen sich weitere Anforderungen ableiten, die zu einer Detaillierung des in Abschnitt 4 dargestellten Konzeptes führen. Insgesamt ist zunächst festzustellen, daß es für die vollautomatische Abwicklung einer Aufgabe notwendig ist, die in Abschnitt 5 dargestellten Funktionen auf der Rechenanlage zu realisieren.

6.1 Der Befehlsvorrat einer ADV-Anlage

Die Gesamtheit der Befehle, die eine ADVA unmittelbar auszuführen in der Lage ist, bildet den Befehlsvorrat der betreffenden Anlage [1)]. Im Hinblick auf Struktur und Größe dieses Befehlsvorrates sind zwei theoretische Grenzalternativen festzustellen:

- Beschränkung des Befehlsvorrates auf die Fundamentaloperationen der mathematischen Logik.

  In Abschnitt 5.4 ist festgestellt worden, daß alle internen Rechenoperationen auf die Addition zurückgeführt werden können. Bei Verwendung des Dualsystems für die interne Darstellung von Zahlen bedeutet dies, daß lediglich die Aussagen der Additionsmatrix im Dualsystem (Abbildung 5-4) entsprechend den 4 Regeln von Leibniz realisiert zu sein brauchen, um daraus alle anderen internen Operationen aufzubauen. Diese Additionsmatrix ist also die Basis für das arithmetische Rechnen. Analysiert man die Aussagen dieser 2x2-Additionsmatrix, so sieht man leicht, daß deren 2-stellige Ergebnisse aufgefaßt werden können als die Zusammenfassung der Aussagen zweier Matrizen mit je einstelligem Ergebniswert, nämlich den Werten für die Einerstelle und für die Zweierstelle des Ergebnisses. Die durch diese Matrizen für die Einzelstellen definierten Verknüpfungen (Abbildung 6-1) werden als Konjunktion (UND-Verknüpfung) bzw. als Antivalenz (exklusives ODER) bezeichnet.

---

1) Der Benutzer, dem dieser Befehlsvorrat der Anlage zur Verfügung steht, muß seine Probleme, die mit der Anlage zu lösen sind, bis auf das Niveau der Befehle des Vorrates zergliedern.

b \ a	O	L
O	O	O
L	O	L

Konjunktion,
UND-Verknüpfung
$a \wedge b$

b \ a	O	L
O	O	L
L	L	O

Antivalenz,
exklusives ODER
$a \not\equiv b$

a	O	L
$\neg a$	L	O

Negation

$\neg a$

Abb. 6-1: Einfache Verknüpfungen Boolescher Größen

Die vier Rechenregeln für das Dualsystem erfordern also die Realisierung dieser beiden Basisfunktionen. Wie man leicht zeigen kann, läßt sich noch eine weitere Reduzierung durch Einbeziehung der einstelligen Negations-Verknüpfung erzielen (Abbildung 6-1): Die vier Regeln für das Rechnen lassen sich durch die zweistellige UND-Verknüpfung und durch die einstellige Verknüpfung der Negation realisieren.

Beschränkt man sich also auf die Verwirklichung dieser Fundamentaloperationen im Befehlsvorrat, so ist damit im Grunde genommen jede auch noch so komplexe Rechenaufgabe zu erledigen. Für den Benutzer bedeutet dies aber einen relativ hohen Aufwand bei der Zerlegung seiner Aufgaben. Umgekehrt ist bei diesem 'Minimalkonzept' der technische Aufwand gering, da nur wenige einfache Schaltkreistypen in der Anlage Verwendung finden.

- Implementierung aller - oder zumindest vieler der - sinnvoll denkbaren Befehle im Befehlsvorrat.

  Im Gegensatz zu dem vorhergehenden Minimalkonzept eines Befehlsvorrates, bei dem die Mindestoperationen eindeutig festliegen, lassen sich bei dieser zweiten benutzerfreundlichen Version Art und Anzahl der Befehle nicht eindeutig ableiten: Sie sind erstens davon abhängig, welche Aufgaben auf der Anlage abgewickelt werden sollen und zweitens von der Auffassung, was für den Problembereich als Befehl anzusehen ist; für den Bereich der linearen Algebra könnte man sich zum Beispiel auf den Standpunkt stellen, daß die Bildung eines Vektorproduktes als Einzelbefehl vorhanden sein muß. Man könnte aber auch darüber hinaus gehen und etwa die Auflösung eines linearen Gleichungssystems in den Befehlsvorrat der ADV-Anlage einbeziehen. Je 'höhere' Anforderungen realisiert werden, um so mehr nähert sich der Befehlsvorrat der Anlage einer Problembeschreibungssprache: Der Benutzer braucht für sein Problem nicht mehr einen detaillierten Lösungsalgorithmus zu erstellen, sondern er beschreibt sein Problem lediglich und überläßt alle weiteren Arbeiten der Anlage. Es ist einleuchtend, daß der technische Aufwand bei diesem Konzept größer ist als bei der vorherigen Alternative, daß aber auf seiten des Benutzers nur geringer Formulierungsaufwand entsteht.

Die auf dem Markt angebotenen ADV-Anlagen stellen hinsichtlich ihres Befehlsvorrates einen Kompromiß zwischen diesen beiden Extrema dar. Der gesamte Aufwand bei Einsatz einer ADV-Anlage kann hier zusammengesetzt gedacht werden aus dem Aufwand für die Erstellung der Anlage [2], der mit der Mächtigkeit (Anzahl und Komplexität) des Befehlsvorrates steigt und dem Nutzungsaufwand beim Anwender, der mit der Mächtigkeit der Befehle abnimmt. Der gesamte Nutzungsaufwand setzt sich im wesentlichen aus dem Programmierungsaufwand und dem Betriebsaufwand (im wesentlichen Speicher- und Rechenzeitaufwand) zusammen (vgl. Abbildung 6-2). Anzahl und Komplexität der Befehle einer Anlage sind demnach Ausdruck dessen, wie der Hersteller der Anlage diese beiden Aufwandsgrößen gewichtet.

Allgemein kann festgestellt werden, daß die Anzahl der Befehle in einer ADV-Anlage im Laufe der Entwicklung zugenommen hat. Während die ersten Anlagen über einen Vorrat von nur wenigen Dutzend Befehlen verfügten, beläuft sich der Befehlsvorrat einer modernen Großrechenanlage auf mehrere hundert Befehle. Diese Entwicklung ist u.a. Ausdruck der Tatsache, daß das Verhältnis der Anlagenkosten zu den Personalkosten ständig abnimmt.

Die Befehle einer modernen ADV-Anlage lassen sich in die folgenden Klassen einteilen:

- Arithmetische Befehle.
  Diese sind realisiert für verschiedene Typen von Operanden, zum Beispiel für Dezimalzahlen mit binärcodierten Ziffern, für Dualzahlen, für Festpunkt- und für Gleitpunktdarstellungen, für reelle und komplexe Zahlen.
- Befehle zur Übertragung von Daten von einem Werk der Anlage in das andere.

---

[2] Hierhin gehören neben dem gerätetechnischen Aufwand auch Aufwendungen für Teile des Betriebssystems. (Zum Begriff Betriebssystem siehe Abschnitt 9.4.1).

- Vergleichsoperationen mit den 'üblichen' Vergleichsoperatoren $<$, $\leq$, $=$, $\geq$, $>$, $\neq$.
- Bedingte und unbedingte Sprungbefehle.
- Eingabe-/Ausgabe-Befehle.

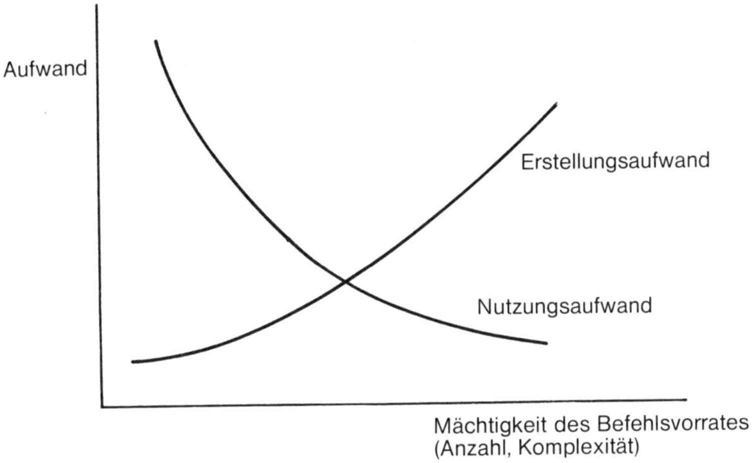

Abb. 6-2: Relation zwischen Mächtigkeit des Befehlsvorrates einer ADV-Anlage und dem Erstellungs- bzw. Nutzungsaufwand

6.2 Programm und Befehl

Nach dieser Einführung soll nun der Begriff des Programms und darauf aufbauend der des Befehls näher präzisiert werden. Bisher wurde ein Programm als eine Arbeitsvorschrift zur Verarbeitung von Daten in einer ADV-Anlage verstanden.

Ein Programm erfordert also die Festlegung

- der Operationen, die auf die Daten angewendet werden sowie
- der Art der zu verarbeitenden Daten.

Die Festlegung der Operationen geschieht durch Anweisungen:

> *Anweisung (DIN)*: Eine in einer beliebigen Sprache abgefaßte Arbeitsvorschrift, die im gegebenen Zusammenhang wie auch im Sinne der benutzten Sprache abgeschlossen ist.
> Eine Anweisung heißt bedingte Anweisung, wenn sie eine Vor-

schrift zur Prüfung einer Bedingung enthält.
Eine Anweisung kann Teile enthalten, die selbst Anweisungen oder Vereinbarungen sind.
(statement)

Die Art der zu verarbeitenden Daten wird durch Vereinbarungen definiert:

Vereinbarung (DIN): Eine Absprache über in Anweisungen auftretende Sprachelemente.
Anmerkungen: Vereinbarungen können Teile von Anweisungen (implizite Vereinbarungen) sein oder Anweisungen enthalten. Beispiele für Vereinbarungen sind Namensvereinbarung, Dimensionsvereinbarung, Formatvereinbarung, Prozedurvereinbarung
(declaration)

Diese Bestimmung für den Begriff Vereinbarung ist allgemein gehalten insofern, als sie nicht nur Daten als Objekte, sondern auch andere Sprachelemente, für die eine Absprache getroffen wird, zuläßt; damit sind auch zum Beispiel Absprachen über Geräte, die in einem Programm verwendet werden, in die Gruppe der Vereinbarungen eingeordnet.

Mit den beiden Begriffen Anweisung und Vereinbarung kann nunmehr der Begriff des Programms festgelegt werden:

Programm (DIN): Eine zur Lösung einer Aufgabe vollständige Anweisung zusammen mit allen erforderlichen Vereinbarungen.
(program)

Die rekursive Definition der Anweisung läßt solche Anweisungen zu, die wiederum Anweisungen enthalten. Wenn jedoch eine Anweisung nicht mehr in Anweisungen zerlegbar ist, dann nennt man sie einen Befehl:

Befehl (DIN): Eine Anweisung, die sich in der benutzten Sprache nicht mehr in Teile zerlegen läßt, die selbst Anweisungen sind.
(instruction)

Die Ausführungen dieses Abschnittes gelten unabhängig von der Sprache, die zur Formulierung eines Programms verwendet wird; von besonderer Bedeutung ist das folgende jedoch für die Maschinensprache einer ADVA [3].

Im allgemeinen ist in einem Befehl festzulegen, welcher Art der Befehl ist und welches der oder die Operanden sind. Der Befehl besteht also aus zwei Teilen, dem Operationsteil und dem Operandenteil:

---

[3] Vgl. Abschnitt 8.2.1.

Befehlsform:	Operationsteil	Operandenteil
	WAS ist zu tun?	WOMIT?

Operationsteil und Operandenteil bilden in der ADVA eine Einheit als Wort, das von der Rechenanlage, genauer vom Leitwerk, als Befehl interpretiert wird. Damit liegen die folgenden Bestimmungen fest:

Befehlswort (DIN): Ein Wort, das von einer digitalen Rechenanlage als ein Befehl interpretiert wird.
Anmerkung: Ein Befehlswort kann mehr als ein Maschinenwort umfassen, oder es können mehrere Befehlswörter in einem Maschinenwort enthalten sein.
(instruction word)

Und weiter gilt

Operationsteil (DIN): Der Teil eines Befehlswortes, der die auszuführende Operation angibt.
(operations part)

Sowie

Operandenteil (DIN): Der Teil eines Befehlswortes, der für Operanden oder Angaben zum Auffinden von Operanden oder Befehlswörtern vorgesehen ist.
(operand part)

Die Bestimmung für den Operandenteil läßt offen, wieviele Operanden in diesem Teil spezifiziert werden; es kann sich um einen, zwei oder mehr Operanden handeln. Dementsprechend nennt man die betreffenden Befehle

Ein-, Zwei- oder Mehr-Operanden-Befehl.

Weiterhin ist in der Bestimmung für den Operandenteil zum Ausdruck gebracht, daß in dem Operandenteil nicht unbedingt der Operand, an dem die im Operationsteil angegebene Operation auszuführen ist, selbst eingetragen sein muß, sondern es genügt, wenn hier eine Angabe zum Auffinden der oder des Operanden gegeben wird. In den meisten Fällen besteht die Angabe zum Auffinden in der Angabe der (Speicher-)Adresse, unter der der Operand oder die Operanden abgelegt sind. Der betreffende Teil heißt dann Adreßteil:

Adreßteil (DIN): Ein Operandenteil oder ein Bestandteil eines Operandenteils, der für Adressen von Operanden oder Befehlswörtern vorgesehen ist.
(address part)

Wenn mehrere Operanden im Operandenteil auftreten, können im Adreßteil auch mehrere Adressen für Operanden vorhanden sein;

soll die Anzahl der Adressen zum Ausdruck gebracht werden, so benennt man den Befehl entsprechend als

Ein-, Zwei- oder Mehr-Adreß-Befehl.

Hier entsteht die Frage, welches die optimale Anzahl von Operanden bzw. Adressen ist, die in einem Befehl spezifiziert werden können. Dabei spielen zwei konkurrierende Gesichtspunkte eine Rolle:

1) Der Formulierungsaufwand, der beim Benutzer durch die Verwendung des Befehlsvorrates entsteht.
2) Der Aufwand zur Darstellung des Programms im ADV-System.

zu 1) Dieser Aufwand ist im allgemeinen um so größer, je geringer die Anzahl der möglichen Operanden bzw. Adressen im Befehl ist. Handelt es sich bei den Befehlen des Befehlsvorrats ausschließlich um Ein-Operanden-Befehle, so muß der Benutzer die Arbeitsvorschrift weiter zergliedern, als in dem Fall, bei dem zwei oder mehr Operanden pro Befehl spezifiziert werden können.

Als Beispiel sei die Anweisung

A:= B+C

betrachtet, die insgesamt drei Operanden enthält: Die beiden Eingangsoperanden B und C und den Ergebnisoperanden A.
Diese Anweisung kann geschlossen in einem einzigen Befehl untergebracht werden, der drei Operanden zu spezifizieren gestattet. Stehen dagegen ausschließlich Ein-Adreß-Befehle zur Verfügung, so ist die Anweisung in drei Einzelbefehle zu zergliedern, etwa:

Operationsteil	Adreßteil	Erläuterung
(1) Übertrage in das Rechenwerk	b	Der Inhalt der Speicherzelle b wird in das Rechenwerk transferiert.
(2) Addiere zum Inhalt des Rechenwerkes	c	Zum Inhalt des Rechenwerkes wird der Inhalt der Speicherzelle c addiert.
(3) Übertrage den Inhalt des Rechenwerkes	a	Der Inhalt des Rechenwerkes (hier: Summe der Inhalte aus den Speicherzellen b und c) wird in die Speicherzelle a transferiert.

Hierin sind die Adressen der Operanden A, B, C mit a, b, c benannt zu 2) Je größer die Anzahl der möglichen Operanden bzw. Adressen in einem Befehl ist, um so größer ist der ungenutzte Raum im Operanden- bzw. Adreßteil, wenn weniger Operanden bzw. Adressen benötigt werden. Läßt zum Beispiel jeder Befehl eines Befehlsvorrates 3 Operanden zu und werden in einem Programm im Durchschnitt nur 1,8 Operanden je Befehl benötigt, so bleibt im Durchschnitt je Befehl der Raum für 3-1,8 = 1,2 Operanden ungenutzt.

Im Gegensatz zu den ADV-Anlagen in der Vergangenheit, bei denen der Befehlsvorrat einheitlich nur eine feste Anzahl von Operanden im Befehl vorsah (z.B. nur Ein-Adreß-Befehle oder nur Zwei-Adreß-Befehle), bieten moderne Anlagen in diesem Widerstreit der beiden konkurrierenden Gesichtspunkte einen Kompromiß: Der Befehlsvorrat definiert sowohl Ein-Adreß-Befehle als auch solche, die die Spezifizierung von 2 und mehr Adressen bzw. Operanden zulassen.

Abschließend sei hier noch der Begriff der Programmiersprache definiert. In der Bestimmung für den Begriff der Anweisung ist keine bestimmte Sprache genannt; es kann sich also auch um eine natürliche Sprache handeln, in der eine Arbeitsvorschrift formuliert wird. Ist dagegen die Sprache ausdrücklich zum Abfassen von Programmen geschaffen worden, so handelt es sich um eine Programmiersprache:

Programmiersprache (DIN): Eine zum Abfassen von Programmen geschaffene Sprache.
(programming language)

6.3 Der Befehlsablauf in einer ADV-Anlage

Basis für das Verständnis des Befehlsablaufs in einer ADV-Anlage ist das in Abschnitt 4.7 erarbeitete von Neumann'sche Konzept eines speicherprogrammierten Rechensystems (Abbildung 4-3), d.h. eines Rechensystems, bei dem das Programm mit seinen Anweisungen und Vereinbarungen in codierter Form neben den zu verarbeitenden Daten im Speicher der Anlage untergebracht ist.

Darüberhinaus werden noch die folgenden Annahmen getroffen:

Bezüglich der Reihenfolge, in der die einzelnen Befehle eines Programms im Speicher der Anlage untergebracht sind, ist es naheliegend, diese Befehle in aufeinanderfolgende Speicherzellen bzw. in Speicherzellen mit festen Abständen voneinander abzulegen [4]; Ausnahmen sind Sprungoperationen, bei denen der Folgebefehl im allgemeinen nicht in der folgenden Speicherzelle steht. Werden die aufeinanderfolgenden Befehle nicht nach diesem Prinzip abgelegt, sondern befinden sich aufeinanderfolgende Befehle in 'gestreuten' Speicherzellen, so ist es notwendig, in jedem Befehl zusätzlich die Adresse des Folgebefehls anzugeben, was u.U. zu einem erhöhten Speicheraufwand führt [5].

Zum Verständnis des internen Befehlsablaufes sind nun noch Aussagen über die Ausstattung und die Wirkungsweise des Rechenwerkes und des Leitwerkes zu machen.

Das Rechenwerk ist diejenige Funktionseinheit innerhalb eines digitalen Rechensystems, die die Rechenoperationen ausführt [6]. Bei der hier durchweg zugrundegelegten funktionalen Betrachtungsweise spielt es keine Rolle, wie die Funktionen der verschiedenen Werke eines Rechensystems konstruktiv realisiert werden. Es ist zum Beispiel denkbar, daß die Funktionen des Rechenwerkes in den Speicher integriert werden in der Weise, daß in jedem Speicherelement Daten nicht nur aufgenommen, aufbewahrt und von hier aus wieder abgegeben werden können, sondern daß darüberhinaus in jedem Speicherelement an den Daten auch Rechenoperationen ausgeführt werden können [7]. Ein solches Konzept bringt gewisse Vorteile insbesondere hinsichtlich des Zeitbedarfs zur Abwicklung von Aufgaben mit sich. Auf der anderen Seite ist aber der technische Aufwand vorerst noch viel zu hoch, um Konzepte dieser Art serienmäßig zu realisieren. Die meisten realen Rechensysteme sind daher so konzipiert, daß die Funktionen des Rechenwerkes in einer eigenen Einheit - und nur in dieser - ausgeführt werden können. Im folgenden wird von einem solchen Konzept ausgegangen. Die Konsequenz daraus ist, daß die Daten, an denen Rechenoperationen auszuführen sind, vom Speicher der Anlage in das Rechenwerk transferiert werden müssen; dies bedeutet weiter, daß Befehlsfolgen, die von der Aufgabenstellung her zeitlich parallel abgewickelt werden können,

---

[4] Wenn eine Speicherzelle mehr als einen Befehl oder nur Teile eines Befehls aufnimmt, so gilt das Entsprechende.

[5] Bei früheren Anlagen, bei denen die Zeit zum Zugriff auf eine Speicherzelle nicht zu jedem Augenblick und für alle Speicherzellen die gleiche war (z.B. Magnettrommelspeicher), wurden die aufeinanderfolgenden Befehle 'zeitoptimal', d.h. nicht in aufeinanderfolgenden Speicherzellen abgelegt.

[6] Vgl. Abschnitt 4.2.

[7] Bei einem solchen Konzept besteht das Rechensystem aus einer Anzahl mehr oder weniger gleichwertiger, autonomer Elementareinheiten (Zellen - Zellautomat).

in ein zeitliches Nacheinander gezwungen werden (serielle Arbeitsweise).

Wie in Abschnitt 5.4.2 gezeigt wurde, lassen sich alle Rechenoperationen auf die Addition zurückführen. Das Rechenwerk muß also zumindest ein Element besitzen, in dem die Addition ausgeführt wird. Zur Beschleunigung des Befehlsablaufs ist es jedoch üblich, daneben auch weitere Elemente in das Rechenwerk einzubeziehen, etwa ein Element, in dem der Multiplikator für eine Multiplikation bereitgehalten wird (Multiplikatorregister), ein Element, in dem der Multiplikand bereitgehalten wird (Multiplikandenregister) usw. Vielfach ist - neben anderen - ein Allzweckelement im Rechenwerk vorhanden, das zur Durchführung von Rechenoperationen benutzt wird und in dem vor der Ausführung der Rechenoperation einer der Operanden und nach der Operation das Ergebnis bereitgehalten wird. Dieses Element hat notwendig auch die Funktion eines Speicherelementes. Es wird als Akkumulator bezeichnet:

> *Akkumulator* (in Anlehnung an DIN): In einem Rechenwerk ein Speicherelement, das für Rechenoperationen benutzt wird, wobei es ursprünglich einen Operanden und nach durchgeführter Operation das Ergebnis enthält.
> (accumulator)

Das Leitwerk ist diejenige Funktionseinheit innerhalb eines digitalen Rechensystems, die die Reihenfolge steuert, in der die Befehle eines Programms ausgeführt werden, diese Befehle entschlüsselt und dabei gegebenenfalls modifiziert und die für ihre Ausführung erforderlichen digitalen Signale abgibt [8].

Aufgrund des zuvor über die Befehlsform und die Speicherung der Befehle Gesagten muß das Leitwerk zur Realisierung dieser Funktionen zumindest über zwei Elemente verfügen: Ein Element, aus dem die Adresse des nächsten Befehls gewonnen werden kann (Befehlszähler) sowie ein Element, aus dem der gerade auszuführende Befehl gewonnen wird (Befehlsregister). Beide Elemente haben u.a. Speicherfunktionen, da in ihnen digitale Daten bereitgehalten werden:

> *Befehlszähler* (in Anlehnung an DIN): In einem Leitwerk ein Speicherelement, aus dem die Adresse des nächsten auszuführenden Befehls gewonnen wird.
> (instruction counter)

> *Befehlsregister* (in Anlehnung an DIN): In einem Leitwerk ein Speicherelement, aus dem der gerade auszuführende Befehl ge-

---

[8] Vgl. Abschnitt 4.2.

wonnen wird.
(instruction register)

Zur Erläuterung des Befehlsablaufs in einer ADV-Anlage wird weiter unterstellt, daß es sich bei den Befehlen um Ein-Operanden- bzw. um Ein-Adreß-Befehle handelt; der Operationsteil wird dazu mit α , der Operanden- bzw. Adreß-Teil mit m bezeichnet:

Befehl:	α	m

Die aufeinanderfolgenden Befehle stehen in den aufeinanderfolgenden Speicherzellen mit den Adressen

p, p+1, p+2,...

Weiter werden die folgenden Abkürzungen verwendet:

BZ = Befehlszähler,
BR = Befehlsregister,
RW = Rechenwerk.

Außerdem wird folgende Notation verwendet:

(x): Inhalt des Elementes mit der Spezifikation x; z.B. ist (BZ) = Inhalt des Befehlszählers, (m) = Inhalt der Speicherzelle mit der Adresse m.

x→y: Die links stehende Größe x wird in die rechts stehende Einheit y transferiert; z.B. bedeutet (m)→RW: Der Inhalt der Speicherzelle mit der Adresse m wird in das Rechenwerk transferiert.

Die Ausführung eines Befehls verläuft dann in mehreren Schritten, wobei die Anzahl der Schritte durch die konkrete Anlage und durch die Art des Befehls bestimmt wird. Beispielsweise könnte die Ausführung einer Rechenoperation (etwa die Addition einer im Speicher befindlichen Zahl zu einer anderen bereits im Rechenwerk vorhandenen Zahl) wie folgt verlaufen (vgl. Abbildung 6-3).

Voraussetzung: (BZ) = p = Adresse des auszuführenden Befehls

1) Laden des Befehls in das Leitwerk
   a) p→Speicher,
   b) (p)→BR,
2) Entschlüsselung des Befehls und Einleitung seiner Ausführung
   a) α →RW
   b) m→Speicher
   c) (m)→RW
3) Befehlsausführung (Anwendung der Operation α auf m)

4) Fortschalten des Befehlszählers (zur Vorbereitung des Folgebefehls)
   p+1 → BZ

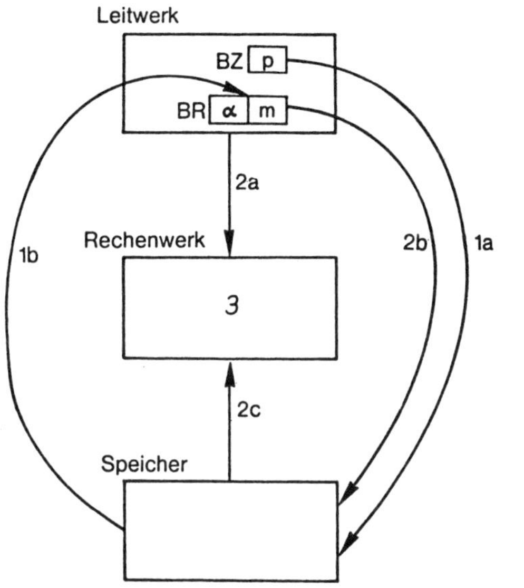

Abb. 6-3: Zur Erläuterung des Verarbeitungszyklus in der Zentraleinheit einer ADV-Anlage

Nach Beendigung von Schritt 4) wiederholt sich dieser Zyklus für die folgende Operation. Die Zeit, die zwischen dem Beginn zweier gleichartiger Vorgänge vergeht, heißt Zykluszeit:

> *Zykluszeit (DIN)*: Bei einer Funktionseinheit die Zeitspanne zwischen dem Beginn zweier aufeinanderfolgender gleichartiger, zyklisch wiederkehrender Vorgänge.
> (cycle time)

Handelt es sich bei dem Befehl um einen Sprungbefehl, so reduziert sich der Befehlsablauf darauf, daß in Schritt 2 lediglich die Adresse des nächsten Befehls in den Befehlszähler gebracht wird, womit der Befehl beendet ist. Bei anderen Befehlen verläuft die Ausführung analog.

6.4 Die Speicher einer ADV-Anlage

6.4.1 Funktionelle Grundkonzepte von Speichern

An den Speicher eines ADV-Systems werden - je nach Anwendung - unterschiedliche Anforderungen gestellt. Diese Anforderungen lassen sich im Hinblick auf die beiden folgenden Kriterien formulieren:

- die Speicherkapazität, d.h. die Anzahl der Zeichen, die im Speicher des Systems bereitgehalten werden bzw. die in den Speicher eingegeben werden können,
- die Zeit, die benötigt wird, um auf ein einzelnes Zeichen oder eine Zeichengruppe (z.B. einen Datensatz) im Speicher zuzugreifen mit dem Ziel, diese Zeichengruppe in eine andere Funktionseinheit, z.B. in das Rechenwerk oder in eine Ausgabeeinheit, zu übertragen.

  Diese Zeit wird als Zugriffszeit bezeichnet:

  Zugriffszeit (in Anlehnung an DIN): Bei einer Funktionseinheit die Zeitspanne zwischen dem Zeitpunkt, zu dem ihr von einem Leitwerk der Auftrag erteilt wird, bestimmte Daten abzugeben oder anzunehmen und dem Zeitpunkt, zu dem die Abgabe bzw. Annahme dieser Daten beendet ist.
  (access time)
  Selbstverständlich ist die Zugriffszeit abhängig von der Menge der zu transferierenden Daten.

Zur Verdeutlichung der unterschiedlichen, von Seiten der Anwender gestellten Anforderungen sei folgendes Beispiel angeführt: Eine Handelsunternehmung wickelt unter anderem die Rechnungsschreibung über ein ADV-System ab; dabei sind die folgenden Daten intern bereitzuhalten:

- Eine Artikelstammdatei mit 1000 Datensätzen zu je 100 Zeichen, insgesamt also 100 000 Zeichen,
- eine Kundenstammdatei mit 10 000 Datensätzen zu je 200 Zeichen, insgesamt also 2 000 000 Zeichen,
- eine Artikelbestandsdatei mit 1000 Datensätzen zu je 50 Zeichen, insgesamt also 50 000 Zeichen.

Bei der Rechnungsschreibung wird über ein Eingabegerät die Eingabedatei "Bestellung" eingelesen. Diese Eingabedatei enthält eine unterschiedlich große Anzahl von Datensätzen, in denen pro Kunde (Kunden-Nr.) die jeweils bestellten Artikel (Artikel-Nr. und Menge) aufgeführt sind. Die Rechnungsschreibung wird sequentiell je Bestellung durchgeführt. Die Ausgabe der Rechnung erfolgt für jede Bestellung über ein Ausgabegerät. Die Eingabedatei und die Ausgabedatei sind also "externe" Dateien, die satzweise eingelesen bzw. ausgegeben werden. Im Hinblick auf die Anforderungen an den internen Speicher sind also lediglich die oben genannten drei Stamm- bzw. Bestandsdateien maßgebend.

Die Anforderungen an die Speicherkapazität sind durch Angabe der Zeichenzahl je Datei ausreichend beschrieben. Bezüglich der Häufigkeit der Zugriffe auf die intern gespeicherten Daten je Bestellung bzw. Rechnung ist folgendes festzustellen:

- auf die Artikelstammdaten und auf die Bestandsdaten wird je in der Bestellung angesprochenem Artikel einmal zugegriffen,
- auf die Kundenstammdaten wird je Bestellung einmal zugegriffen.

Nimmt man weiter an, daß die durchschnittliche Anzahl der je Bestellung angesprochenen Artikel 10 beträgt, so kann zusammenfassend festgestellt werden:

- Artikelstammdaten: 10 Zugriffe je Bestellung,
- Artikelbestandsdaten: 10 Zugriffe je Bestellung,
- Kundenstammdaten: 1 Zugriff je Bestellung,

Die Kosten für den Speicher einer ADV-Anlage steigen mit der Kapazität des Speichers und mit seiner Schnelligkeit (gemessen durch die Zugriffszeit). Es ist daher naheliegend, verschiedene Speicher zu entwickeln, die sich einerseits hinsichtlich der Kosten, andererseits hinsichtlich ihrer Leistungsmerkmale (Kapazität, Zugriffszeit) unterscheiden. Moderne ADV-Anlagen bieten meist ein Spektrum von möglichen Speichern.

Es wäre unwirtschaftlich, alle intern zur Durchführung einer Aufgabe bereitzuhaltenden Daten in ein und demselben Speicher unterzubringen; vielmehr wird man jede Datei demjenigen Speicher zuordnen, dessen Leistungsprofil am besten dem Anforderungsprofil der Datei entspricht. Im obigen Beispiel würde man wahrscheinlich die Artikelstammdatei und die Bestandsdatei den Speichern mit geringerer Kapazität und kleinerer Zugriffszeit, die Kundenstammdatei den Speichern mit den größeren Kapazitäten und den größeren Zugriffszeiten zuweisen.

Bereits das erste Konzept einer ADV-Anlage [9] sah Verbindungen zwischen dem Speicher und den übrigen Einheiten der Anlage vor, um den Transfer der Daten und - bei einer speicherprogrammierten Anlage - auch der codierten Programmbefehle von einer

[9] Vgl. Abschnitt 2.2.

Einheit in die andere ausführen zu können. Sind mehrere Speichereinheiten vorhanden, so muß für jede einzelne dieser Speichereinheiten eine Verbindung zu allen übrigen Einheiten hergestellt werden können. Die naheliegende Lösung bestünde darin, für jede Speichereinheit separat die entsprechenden Verbindungen zu realisieren. Wirtschaftlicher ist es jedoch, nur eine der Speichereinheiten, nämlich den sogenannten Zentralspeicher, unmittelbar mit Rechenwerk, Leitwerk, Eingabe- und Ausgabeeinheiten zu verbinden und den Transfer der Daten in die übrigen Speichereinheiten über diesen Zentralspeicher abzuwickeln.

Damit sind funktionell die beiden folgenden Speicher wichtig:

Zentralspeicher (DIN): Ein Speicher, zu dem Rechenwerke, Leitwerke und gegebenenfalls Eingabewerke und Ausgabewerke unmittelbar Zugang haben.

Peripherer Speicher (DIN): Jeder Speicher, der nicht Zentralspeicher ist.
(peripheral storage)

Bei realen ADV-Anlagen ist der Zentralspeicher üblicherweise ein Speicher mit relativ geringer Kapazität, aber mit schnellem Zugriff, wogegen die peripheren Speicher als Speicher mit größerer Kapazität, aber mit relativ langsamem Zugriff als periphere Speicher realisiert werden.

Die interne Abwicklung einer Aufgabe, bei der verschiedene Dateien auf verschiedenen Speichern untergebracht sind, erfolgt bei diesem Konzept in der Weise, daß die auf peripheren Speichern abgelegten Daten erst unmittelbar vor ihrer internen Verarbeitung in geeigneten Einheiten (Blöcken) in den Zentralspeicher übertragen und von hier aus zur eigentlichen Verarbeitung (z.B. zur Durchführung von Rechenoperationen) an die entsprechenden Werke abgegeben werden.

Im obigen Beispiel der Rechnungsschreibung würde man vielleicht die Artikelstammdatei und die Artikelbestandsdatei sofort beim Start der Verarbeitung im Zentralspeicher unterbringen, die Kundenstammdatei jedoch zunächst in peripheren Speichern, um sie während der Verarbeitung dann satzweise in den Zentralspeicher hineinzuholen.

Das ADV-Systemkonzept kann daher im Hinblick auf die Speicher entsprechend Abbildung 6-4 dargestellt werden.

Bei einem konkreten ADV-System sind meist mehrere unterschiedliche periphere Speicher vorhanden. Sie bilden dann im allgemeinen eine Speicherhierarchie mit abgestuften Leistungskenndaten, d.h. mit stufenweise unterschiedlichen Kapazitäten und Zugriffszeiten.

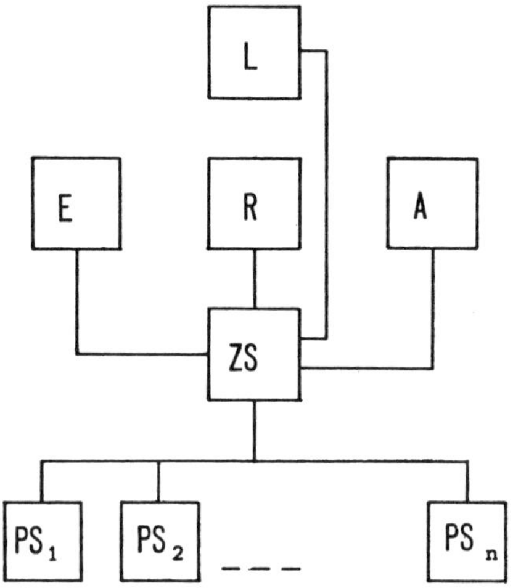

L = Leitwerk
R = Rechenwerk
E = Eingabeeinheit
A = Ausgabeeinheit
ZS = Zentralspeicher
PS = Periphere Speicher

Abb. 6-4: Zentralspeicher - Periphere Speicher

Bei den bisher betrachteten Speichern wurde stillschweigend angenommen, daß es sich um sogenannte 'Lese-Schreib-Speicher' handelt: Die aufbewahrten Daten können von hier aus - ohne Zerstörung des Inhaltes - an andere Werke abgegeben werden. In die Speicherzellen können aber auch neue Daten eingebracht werden, wodurch der vorherige Inhalt überschrieben und damit zerstört wird. Beide Funktionen eines Speichers - das Herauslesen und das neue Einschreiben - sind notwendig für Speicher, die wechselnde Daten aufnehmen. Es gibt nun aber auch Datenbestände, die zeitunabhängig oder über einen längeren Zeitraum unveränderlich sind. Beispiele sind die Dokumente in einem Dokumentations-Retrieval-System (etwa Zeitschriftenaufsätze, Maschinenzeichnungen) oder auch immer wieder benutzte "Standard-" Programme (z.B. Befehlsfolgen für die arithmetischen Operationen an Zahlen in Gleitpunktdarstellung). Speichert man solche Datenbestände in den universellen Lese-Schreib-Speichern, so bleibt die hierin vorhandene Schreib-Funktion ungenutzt. Es ist daher naheliegend, für Problemstellungen dieser Art Speicher - sogenannte Festspeicher - zu entwickeln, aus denen die einmal eingebrachten Daten nur herausgelesen werden können. Derartige Festspeicher können aufgrund ihrer beschränkten Funktionsweise kostengünstiger realisiert werden:

Festspeicher (DIN): Ein Speicher, dessen Inhalt betriebsmäßig nicht geändert werden kann [10].
Anmerkung: Zum Ändern seines Inhaltes sind besondere Maßnahmen, wie Auswechseln des Datenträgers oder Verdrahtungsänderungen, notwendig.
(read-only storage)

Solche Fescspeicher können sowohl als Teile des Zentralspeichers als auch als periphere Speicher eingesetzt werden.

6.4.2 Wichtige Realisationen von Speichern

Die Anzahl realisierter Typen von Speichern in ADV-Systemen hat ständig zugenommen. Viele dieser Speichertypen haben nur jeweils eine kurze Lebenszeit besessen. Die technologische Entwicklung hat immer neue Speichertypen hervorgebracht, durch die entweder Leistungssteigerungen oder Kostensenkungen möglich werden. Abbildung 6-5 enthält wichtige Speicher, die gegenwärtig bei ADV-Anlagen anzutreffen sind. Die verschiedenen Speichertypen sind in dieser Abbildung von oben nach unten nach zunehmender Zugriffszeit und zunehmender Kapazität geordnet; die (hier nicht eingetragenen) Kosten pro Speicherelement (z.B. Kosten pro Bit) nehmen in dieser Abbildung von oben nach unten ab.

Bipolare Halbleiterspeicher und Metalloxid-(MOS)Halbleiterspeicher finden als Zentralspeicher Verwendung.

Die Erfindung des Metalloxid-(MOS) Halbleiters als Direktzugriffsspeicher (RAM) bewirkte etwa ab 1973/74 das Vordringen dieser neuen Technologie bei den Zentralspeichern als Ersatz für den bis dahin üblichen Einsatz von Kernspeichern. Die Kosten pro Bit dieser neuen MOS-Speicher lagen zum damaligen Zeitpunkt zwar in der gleichen Größenordnung wie die Kosten der Kernspeicher. Dennoch wurde die neue Technologie aufgrund ihrer höheren Zuverlässigkeit und aufgrund der Erwartungen bezüglich zukünftig möglicher Preisreduktionen (durch Massenproduktion und technische Fortschritte) sofort akzeptiert.

Bipolare Halbleiterspeicher haben eine noch einmal um eine Zehnerpotenz kürzere Zugriffszeit als die MOS-Halbleiterspeicher. Sie wurden daher einige Jahre überwiegend in den vor die Zentralspeicher geschalteten sehr schnellen Pufferspeichern verwendet. Inzwischen werden auch komplette Zentralspeicher mit

---

[10] Realisationen von Festspeichern sind z.B. Read Only Memories (ROMs) der Mikrorechner.

bipolaren Halbleiterspeichern realisiert.

Alle übrigen in Abbildung 6-5 aufgeführten Speicher werden überwiegend als periphere Speicher benutzt.

Speichertyp	mittlere Zugriffszeit	Maximale Datenrate Mio Bit / sec	Kapazität (in Mio Bit)
Halbleiter-speicher (bipolar)	0.01-0.1 µs		0.07-30
Halbleiter-speicher (MOS)	0.1-1 µs		0.5-130
Ladungsver-schiebespeicher (CCD)	0.1-0.41 ms		0.6-9
Magnetblasen-speicher	10-40 ms		1
Optische Spei-cherplatte	50-250 ms		1000-10 000
Magnetplatten-speicher	2.5-150 ms		50-25 000
Massenspeicher	5-20 sec		$3 \cdot 10^4 - 2 \cdot 10^6$
Magnetband-speicher	73 sec bei 5m/sec und 730 m Bandlänge	11 (bei 5m/sec 9-Spur Aufz. 6250 bit/inch)	40-2 220
Diskette	200-500 ms		1-6
Kassette	140 sec bei 0.3 m/sec und 92 m Bandlänge	0.003-0.32	2.7-580

Abb. 6-5: Wichtigste Speicher moderner ADV-Anlagen

Bei den Ladungsverschiebe-Speichern (CCD = Charge Coupled Device) und Magnetblasenspeichern wird - im Gegensatz zu den unten beschriebenen motorischen Speichern - ein mechanischer Antrieb vermieden [11]. Stattdessen werden durch elektrische oder magnetische Feldanregung kleinste "Energiepakete" als binäre Informationseinheiten in einer dielektrischen oder magnetischen Schicht erzeugt, verschoben oder wieder gelöscht. Diese beiden Arten von "Energietransportspeichern" befinden sich zwar noch im Entwicklungsstadium, werden aber in Zukunft an Bedeutung gewinnen. Sie ergänzen die motorischen Speicher, weil sie kürzere mittlere Zugriffszeiten haben und wartungsfrei sind. Ersetzen werden sie die motorischen Speicher (zumindest vorerst) nicht, weil der eigentliche Träger der Information (wie Band oder Platte bei den motorischen Speichern) nicht austauschbar ist.

Alle übrigen in Abbildung 6-5 aufgeführten Speichertypen sind motorische Speicher. Die beiden "ältesten", aber durch permanente technologische Weiterentwicklung auch heute am weitesten verbreiteten peripheren Speicher sind Magnetplattenspeicher und Magnetbandspeicher. Beim Magnetplattenspeicher werden die Daten in "Spuren" auf Aluminiumplatten mit magnetischer Oberfläche aufgebracht, die mit konstanter Drehzahl um ihre Achse rotieren (Analogie: Schallplatte). Die Anzahl der Platten bzw. der genutzten Oberflächen pro Laufwerk ist unterschiedlich. Sie liegt zwischen den beiden Extremwerten 1 und 20 Platten.

Unterschiedlich ist auch die Anzahl der konzentrischen Spuren pro Plattenoberfläche (im allgemeinen sind es mehrere hundert), sowie die Anzahl der pro Spur speicherbaren Zeichen bzw. Bytes (im allgemeinen mehrere tausend). Pro Plattenoberfläche existiert mindestens ein Schreib-/Lesekopf, der an einem Arm befestigt ist und auf jede vorhandene Spur positioniert werden kann. Im allgemeinen sind die Schreib-/Leseköpfe für alle Plattenoberflächen so angeordnet, daß sie zu einem Zeitpunkt auf den gleichen, nämlich exakt über- bzw. untereinanderliegenden Spuren positioniert werden. Die Gesamtheit der Spuren aller Plattenoberflächen eines Plattenstapels mit dem gleichen Radius bilden einen "Zylinder". Wie Abbildung 6-5 zeigt, variiert die mittlere Zugriffszeit bei Magnetplattenspeichern zwischen 2,5 und 150 ms (Faktor 60). Charakteristische Eigenschaften, die die mittlere Zugriffszeit beeinflussen, sind

- Packungsdichte der Zeichen pro Spur,
- Rotationsgeschwindigkeit,
- Anzahl der Schreib-/Leseköpfe pro Plattenoberfläche.

---

[11] Die folgenden Ausführungen lehnen sich eng an Tafel, H.J.; Kohl, A.: Ein- und Ausgabegeräte der Datentechnik. München-Wien 1981.

Je schneller die mittlere Zugriffszeit, um so höher sind die Kosten für einen Magnetplattenspeicher.

Bei Magnetbandspeichern sind die Daten auf einem langen, schmalen und flexiblen Kunststoffband aufgebracht (ähnlich: Tonband). Dieses Band wird auf Spulen bzw. Rollen aufgewickelt. Die Daten sind seriell in parallel verlaufenden Spuren (z.B. 7-Spur, 9-Spur) gespeichert. Lesen und Schreiben geschieht im Start/Stop-Betrieb und ist nur sequentiell möglich. Die Daten werden in Blöcken (vgl. Definition in Abschnitt 5.2) gelesen bzw. geschrieben. Zwischen den Blöcken existieren Lücken, die so groß bemessen sein müssen, daß das Band angehalten und wieder auf Sollgeschwindigkeit gebracht werden kann, ohne daß Information verloren geht. Der große Nachteil der Magnetbandspeicher besteht darin, daß die Magnetbandrollen i.a. manuell eingelegt werden müssen (lange Rüstzeiten). Da die Daten auf Magnetbandspeichern nur sequentiell gelesen werden können (auf die am Ende des Bandes gespeicherten Daten kann man erst zugreifen, wenn man alle zwischen der jeweiligen Startposition und dem Bandende gespeicherten Daten gelesen hat), ist die mittlere Zugriffszeit bei Magnetbandgeräten kein besonders aussagefähiges Kriterium. Aussagefähiger ist hier die maximale Datenrate (in Mio. Bit pro Sekunde). Sie variiert - genau wie bei den Magnetplattenspeichern - sehr stark (etwa um den Faktor 100). Charakteristische Eigenschaften, die die maximale Datenrate beeinflussen, sind

- Packungsdichte der Zeichen pro cm oder Zoll,
- Größe der Blocklücken,
- Bandgeschwindigkeit.

Je höher die maximale Datenrate eines Magnetbandspeichers, um so höher sind seine Kosten. Magnetbandspeicher werden heute überwiegend als Archivspeicher, als Backup-Speicher und zu Datensicherungszwecken verwendet.

Als Massenspeicher [12] bezeichnet man Spezialgeräte, die es ermöglichen, auf eine Vielzahl von "kleinen" magnetbandrollenähnlichen Datenträgern automatisch zuzugreifen, die in elektromechanischen Speicher- und Transportvorrichtungen zur Verfügung gehalten werden. Damit entfallen einerseits die zeitaufwendigen manuellen Rüstvorgänge, die wir von den Magnetbandspeichern kennen, andererseits sind die automatischen Speicher- und Transporteinrichtungen der Massenspeicher außerordentlich teuer. Ihr wirtschaftlicher Einsatz ist daher begrenzt auf die-

---

[12] Beispiele sind die Geräte IBM 3850 und CDC 38500.

jenigen Anwender, die den hohen personellen Aufwand, der mit der Führung großer Magnetbandarchive verbunden ist, reduzieren können.

Bei der optischen Speicherplatte handelt es sich um einen Festspeicher; er befindet sich - ähnlich wie die Ladungsverschiebespeicher und die Magnetblasenspeicher - noch in einem frühen Entwicklungsstadium, wird aber in den kommenden Jahren zunehmend an Bedeutung gewinnen und die motorischen Speicher ergänzen, ihnen aus Kostensicht sogar überlegen sein. Die optische Platte besitzt einen Durchmesser von etwa 30 cm, besteht aus Kunststoff, rotiert mit 2,5 Umdrehungen pro Sekunde und besitzt etwa 45.000 Spuren mit je 128 Sektoren, in die die Daten eingelesen werden. Lesen und Schreiben erfolgt mit Hilfe eines Halbleiter-Lasers. Der große Vorteil dieses Speichertyps wird in den geringen Kosten des Datenträgers und den relativ geringen Kosten der Schreib/Lese-Vorrichtung (verglichen mit anderen motorischen Speichern) liegen.

Insbesondere für Mikrocomputersysteme sind die beiden Speichertypen Diskette (floppy disk) und Kassette von Bedeutung. Diese Speicher sind zwar relativ langsam und haben relativ kleine Kapazitäten, sie sind dagegen in bezug auf den Preis sehr attraktiv und gestatten in einfacher Weise die Realisierung von Sicherungsforderungen dadurch, daß der Benutzer das betreffende Speichermedium in eigene Verwaltung nimmt und nur bei Benutzung des Mikrocomputers den betreffenden Speicher einsetzt.

6.5 Die Eingabe und die Ausgabe

6.5.1 Grundformen der Eingabe und der Ausgabe

Im vorhergehenden Abschnitt über die Speicher einer ADV-Anlage wurde gezeigt, daß es aus Wirtschaftlichkeitsgründen nicht sinnvoll ist, sich auf einen einzigen Speichertyp mit einer bestimmten Leistungsausprägung (im wesentlichen Speicherkapazität oder Zugriffszeit) zu beschränken, sondern daß es notwendig ist, mehrere Speichertypen bereitzustellen und diese in einem ADV-System entsprechend den konkreten Leistungsanforderungen als eine Speicherhierarchie einzubeziehen.

Bei den Eingabe- und den Ausgabegeräten ist die Situation ähnlich: Auch hier ist es nicht mehr vertretbar, sich auf ein einziges Eingabegerät und ein einziges Ausgabegerät innerhalb eines ADV-Systems zu beschränken [13], da hier - sehr viel stärker als für die Speicherung - eine sehr große Vielfalt an Anforderungen für die praktische Nutzung gegeben ist. Diese Vielfalt ergibt sich insbesondere durch die verschiedenen Formen der Informationsdarstellung, die von personellen Aufgabenträgern gefordert wird.

Generell kann man die Eingabe- und die Ausgabeanforderungen wie folgt beschreiben: Es sollte Eingabegeräte geben, die möglichst wirtschaftlich und ohne großen menschlichen Transformationsaufwand die Ursprungsdaten in das ADV-System einzugeben gestatten, und es sollte Ausgabegeräte geben, die möglichst wirtschaftlich die Ergebnisdaten in einer für den menschlichen Aufgabenträger direkt verwendbaren Form auszugeben in der Lage sind.

Beispiele für Anforderungensdimensionen, die diese Vielfalt kennzeichnen, sind die folgenden:

- Die Art der Informationsdarstellung.

  Hier kommen digitale Darstellungsformen (gedruckte Zeichen, Handschriftzeichen, ...) oder auch analoge Darstellungen (Sprache, Zeichnungen, ...) in Betracht.

- Die Anzahl unterschiedlicher Ausprägungen bei der Informationsdarstellung.

  Gemeint ist bei digitaler Darstellung z.B. die Anzahl der Zeichen des zugrundeliegenden Alphabetes, bei analoger Darstellung etwa die Anzahl der verwendeten Sprachsilben und die Anzahl der möglichen Elemente einer Zeichnung.

- Die Art der externen Datenträger: Papierbahnen, einzelne Blätter, Lochstreifen, Magnetbänder, ...

- Der Umfang der einzugebenden bzw. auszugebenden Daten.

  Hier ist von der Anwendung her gesehen eine sehr große Bandbreite gegeben: Von wenigen Zeichen, die zur Formulierung eines komplexen mathematischen oder technischen Problems dienen, bis zu vielen Millionen Signalen, die z.B. von einem Wettersatelliten gesendet werden und von einem ADV-System aufzunehmen sind.

- Die Häufigkeit der Abwicklung einer Aufgabe auf dem ADV-System: Einmal-Aufgaben oder periodisch wiederkehrende Aufgaben.

---

[13] Bei den ersten ADV-Systemen war es tatsächlich üblich, für die Eingabe ein einziges Gerät (z.B. einen Lochstreifenleser) und ebenso für die Ausgabe ein einziges Gerät (z.B. einen Fernschreiber) anzuschließen; über diese einfachen Geräte mußte dann die gesamte Kommunikation zwischen Benutzer und ADV-System abgewickelt werden.

Entsprechend dem großen Spektrum an Leistungsanforderungen ist auch die Anzahl verschiedener Typen von Eingabe- und Ausgabegeräten inzwischen sehr groß. Gerade in der Vielfalt des Angebotes in diesem Bereich liegt die besondere Attraktivität eines Anbieters auf dem ADV-Systemmarkt.

Es kann heute also davon ausgegangen werden, daß ein Anwender sein ADV-System mit den verschiedensten Eingabe- und Ausgabegeräten entsprechend seinen speziellen Bedürfnissen ausstattet. Was den Anschluß dieser Geräte anbetrifft, so gilt hier im Grunde das gleiche wie bei den verschiedenen Speichertypen, die in ein System einzubeziehen sind: Es ist nicht sinnvoll, jedes einzelne Eingabegerät und jedes einzelne Ausgabegerät je für sich und direkt mit den übrigen Einheiten des Systems zu verbinden. Wirtschaftlicher ist es auch hier, wenn die Kommunikation der verschiedenen Eingabe- und Ausgabegeräte mit den übrigen Einheiten gebündelt realisiert wird. Dies geschieht durch die sogenannten Eingabe- bzw. Ausgabe- bzw. EA-Werke:

> *Eingabewerk (DIN)*: Eine Funktionseinheit innerhalb eines digitalen Rechensystems, die das Übertragen von Daten von Eingabeeinheiten oder peripheren Speichern in die Zentraleinheit steuert und dabei die Daten gegebenenfalls modifiziert.

> *Ausgabewerk (DIN)*: Eine Funktionseinheit innerhalb eines digitalen Rechensystems, die das Übertragen von Daten von der Zentraleinheit in Ausgabeeinheiten oder periphere Speicher steuert und dabei die Daten gegebenenfalls modifiziert.

Die Modifikation der Daten, die dabei eventuell vorgenommen wird, besteht lediglich in einer Codetransformation, nicht aber in einer Bedeutungsänderung der dargestellten Informationen.

Soweit Eingabewerk und Ausgabewerk in einer Funktionseinheit zusammengefaßt sind, spricht man vom EA-Werk:

> *EA-Werk (DIN)*: Eine Funktionseinheit, welche die Funktionen von Eingabewerk und Ausgabewerk in sich vereinigt.

Je nach Ausstattung mit Eingabe- und Ausgabegeräten und je nach Umfang der anfallenden Eingabe- und Ausgabeoperationen wird ein konkretes ADV-System eventuell mit mehreren Eingabewerken, Ausgabewerken sowie EA-Werken auszustatten sein. Im einfachsten Fall wird man sich mit einem einzigen EA-Werk begnügen, über das dann die gesamte Eingabe und Ausgabe realisiert wird.

Es ist naheliegend, auch die Kommunikation der peripheren Speicher mit der Zentraleinheit über diese Werke auszuführen. Aufgrund dessen könnte ein konkretes ADV-System funktionsmäßig entsprechend Abbildung 6-6 konzipiert sein.

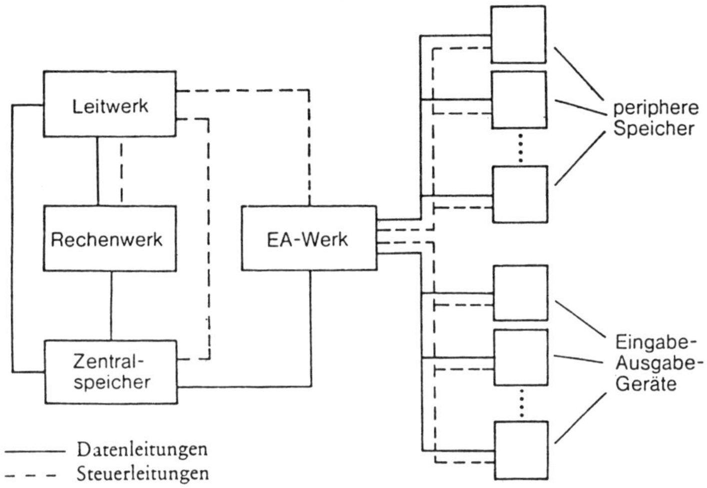

Abb. 6-6: Beispiel für den funktionellen Aufbau eines ADV-Systems mit einem EA-Werk

6.5.2 Wichtige Realisationen von Eingabe- und Ausgabegeräten

Wie bereits ausgeführt wurde, gibt es heute eine sehr große Auswahl von Eingabe- und Ausgabegeräten, die vielen konkreten Anforderungen der Anwendung entsprechen. Abbildung 6-7 enthält wichtige Eingabe- und Ausgabegeräte zusammen mit einigen Kenngrößen.

Lochkartenleser und Lochkartenstanzer sind elektromechanische Maschinen [14], die zum Lesen (d.h. Eingeben) und zum Stanzen (d.h. Ausgeben) von Daten auf Lochkarten dienen. Auf Lochkarten und auf den Lochkartencode wurde bereits in Abschnitt 3.1.3 hingewiesen. Die Lochkartentechnik war zu Beginn der Anwendung von ADV-Systemen zur Unterstützung von Abrechnungs- und Routinedatenverarbeitungsprozessen sehr verbreitet. Zu dieser Zeit war die Lochkarte nicht nur der wichtigste Datenträger, sondern Lochkartenstapel waren gleichzeitig die wichtigsten peripheren Speicher. Ein wesentlicher Vorteil der maximal 80 Zeichen aufnehmenden Lochkarten besteht darin, daß sie ein äußerst billiges Medium zur Speicherung von kleinen, sofort maschinell verarbeitbaren Datenmengen sind und daß Lochkarten sehr einfach

---

[14] Lochkartengeräte sind wie alle elektromechanischen Maschinen sehr wartungsintensiv.

Gerät	Art E = Eingabe A = Ausgabe	Daten-träger *)	Zeichen-darstellung	Geschwindig-keit Zeichen/sec.
Lochkarten-leser	E	Lochkarte	Lochung	400-1600
Lochkarten-stanzer	A	Lochkarte	Lochung	100-400
Lochstrei-fenleser	E	Lochstreifen	Lochung	100-3000
Lochstrei-fenstanzer	A	Lochstreifen	Lochung	50-300
Belegleser	E	Papierblatt	Magnetische oder optische Zeichen	100-1000
Drucker	A	Papierbahn	Schrift-zeichen	15-40000
Tastatur	E			x)
Bildschirm	A	Bildschirm	beliebige ebene Dar-stellungen	100-1000
Zeichengerät (Plotter)	A	Papierbahn	Punkte und Linienzüge	50-600 mm/sec
Mikrofilm gerät	A	Film	beliebige Zei-chen und ebene Darstellungen	20000-100000
Sprachein-gabegerät	E		Ton	x)
Sprachaus-gabegerät	A		Ton	x)

*) Die Abmessungen, die physikalischen Eigenschaften der verschiedenen Datenträger sowie die Darstellung der Zeichen sind durchweg genormt. Vgl. hierzu die entsprechenden DIN-Normen in: DIN-Taschenbuch 25, Informationsverarbeitung, Beuth-Vertrieb, Berlin-Köln, 4. Auflage 1978.

x) Die Geschwindigkeit ist der menschlichen Leistung angepaßt.

Abb. 6-7: Wichtigste Eingabe- und Ausgabegeräte moderner ADV-Anlagen sortiert, d.h. in beliebige Reihenfolge gebracht werden können [15]. Die Leistungen von Lochkartenlesern und -stanzern variieren in einer relativ geringen Bandbreite. Langsame Geräte arbeiten in der Weise, daß sie die abgelochten Zeichen seriell in Längsrichtung lesen oder stanzen. Schnelle Geräte verarbeiten die Lochkarten meist in Querrichtung und erreichen eine Stanzgeschwindigkeit von 500 Lochkarten pro Minute (ca. 400 Zeichen pro Sekunde) bzw. eine Lesegeschwindigkeit von 1200 Lochkarten pro Minute (ca. 1600 Zeichen pro Sekunde). Als Eingabegeräte spielen Lochkartenleser heute nur noch eine geringe Rolle. Lochkartenstanzer kommen als Ausgabegeräte in der Praxis nur noch sehr selten vor.

Eine ähnliche Situation kann auch für die elektromechanischen Lochstreifenleser und -stanzer festgestellt werden. Lochstreifen sind üblicherweise 1 Zoll breite Streifen aus Spezialpapier, die auf Rollen bis zu 200 m Streifenlänge Verwendung finden. In den Anfangszeiten der Anwendung von ADVA dominierten die Lochstreifen der Fernschreibtechnik mit 5 parallelen Lochreihen, heute wird der 8er Lochstreifen mit dem Flexowriter-Code verwendet (vgl. Abschnitt 3.1.3, Abbildung 3-3). Schnelle Lochstreifenleser erreichen durch fotoelektrische oder kapazitive Abtastung der Löcher eine Geschwindigkeit bis zu 3000 Zeichen/sec, schnelle Lochstreifenstanzer allerdings nur ein Zehntel, nämlich 300 Zeichen/sec.

Im Gegensatz zu Lochkarten und Lochstreifen, die als maschinell lesbare Datenträger speziell erstellt werden müssen, damit die auf ihnen (zwischen-)gespeicherten Daten in ADV-Systemen verarbeitet werden können, sind Belegleser Eingabegeräte, mit deren Hilfe die auf manuell erstellten Belegen fixierten Daten direkt, d.h. ohne aufwendige Datenerfassungsprozesse in ein ADV-System eingelesen werden können. Allerdings müssen die Belege dann meist bestimmte Voraussetzungen (bezüglich Größe, Format, Anordnung und Art der Zeichen usw.) erfüllen. Belegleser fallen in die Gruppe der Schrift- und Zeichenlesegeräte, die zum größten Teil mit optischen, zum kleinen Teil noch mit magnetischen Verfahren arbeiten. Im Zentrum steht dabei das Problem der automatischen Zeichenerkennung, das bei genormten Schriften und Zeichensätzen weitgehend gelöst ist. Schwierigkeiten bereitet auch heute noch das automatische Erkennen von Handschriften. Die wichtigsten Gerätetypen sind:

---

15) Die sehr geringe Informationsdichte der Lochkarten erweist sich umgekehrt in einer Vielzahl von Situationen als Nachteil.

- Magnetschriftleser
- Balkencode-Leser
- Klarschriftenleser.

Für diese Gerätetypen wurden jeweils besondere Schriftarten entwickelt. Die relativ wenig verbreiteten Handschriftenleser lassen meist nur einen geringen Zeichenvorrat zu, z.B. nur Ziffern oder Ziffern und Blockbuchstaben, die ausschließlich an genau vorgegebenen Stellen von Formularen oder Belegen verwendet werden dürfen. Letzteres gilt allerdings auch meist als Vorraussetzung für die Magnetschrift-, Balkencode- und Klarschriftleser. Der in Abbildung 6-7 angegebene Leistungsbereich von 100 - 1000 Zeichen/sec. für Belegleser bezieht sich üblicherweise nicht auf einen Beleg, sondern auf das serielle Lesen von einer oder einigen Zeilen auf mehreren bis vielen Belegen.

Bei den Tastaturen werden Zifferntastaturen und alphanumerische - oder Volltastaturen unterschieden. Sie sind als die heute dominierenden Geräte zur Datendirekteingabe konstruktiv mit Bildschirmen verbunden, auf denen sowohl die einzugebenden Daten als auch die Ergebnisse der Verarbeitung temporär erscheinen. Die Volltastatur ist prinzipiell wie die Schreibmaschinentastatur aufgebaut. Zusätzlich zu den Zeichen des Alphabets und den 10 Dezimalziffern wird meist eine mehr oder weniger große Anzahl von Sonderzeichen verwendet, deren Plazierung auf den Tasten allerdings nicht einheitlich ist. Bei einigen Geräten können den Tasten durch Umschaltung unterschiedliche Alphabete unterlegt werden. Die häufig bei den Geräten zusätzlich vorhandenen Zifferntastaturen bieten neben den Zifferntasten meist Operationstasten für einfache arithmetische bzw. höhere (z.B. trigonometrische, statistische u.a.) Operationen. Einige Hersteller stellen darüberhinaus "freie" Tasten zur Verfügung, die zum Auslösen von solchen Datenverarbeitungsprozessen benutzt werden können, die beim jeweiligen Anwender am häufigsten vorkommen. Die Geschwindigkeit der Dateneingabe über Tastaturen wird im allgemeinen durch die Fähigkeit des Menschen, Zeichen einzutasten, begrenzt, nicht jedoch durch gerätetechnische Eigenschaften.

Die sich gegenwärtig sprunghaft ausbreitenden Bildschirm- bzw. Datensichtgeräte dienen vor allem am Arbeitsplatz des Benutzers zur dezentralen Datenausgabe und zu Dialoganwendungen auf einem ADV-System. Technisch gesehen liegt diesen Geräten meist eine Kathodenstrahlröhre zugrunde, die mit einem Bildwiederholspeicher ausgestattet ist. Wichtig ist, daß die Dateninhalte nur kurz auf dem Bildschirm erscheinen und nicht - wie bei anderen Ausgabegeräten - auf einem Datenträger festgehalten werden.

Dies kann nur erreicht werden, wenn das Bildschirmgerät mit einem Drucker oder mit einem Kopiergerät konstruktiv verknüpft wird. Abhängig vom jeweiligen Anwendungsgebiet werden verschiedene Formen der Datenausgabe verwendet. Einfache Bildschirmgeräte erlauben lediglich die Ausgabe von Ziffern und alphanumerischen Zeichen, während Graphik-Bildschirme - je nach Auflösungsvermögen - auch die Ausgabe von Zeichnungen (z.B. Balkendiagramme) bis hin zu detailreichen Graphiken erlauben. Die heutigen Bildschirmgeräte bieten durch die Verknüpfung mit Mikroprozessoren dezentral (d.h. unabhängig vom Rechner, mit dem sie gekoppelt sind) immer mehr "Vor-" Verarbeitungsfunktionen und können durch Programmierung flexibel an die individuellen Bedürfnisse der jeweiligen Benutzer angepaßt werden.

Die Ausgabegeschwindigkeit von Bildschirmgeräten liegt üblicherweise zwischen 100 und 1000 Zeichen/sec.

Der heute übliche alphanumerische Bildschirm besitzt ein Auflösungsvermögen von 24-26 Zeilen mit 80 Zeichen pro Zeile. Daneben existiert eine Vielzahl von anderen Formaten. Die Datenausgabegeschwindigkeit wird u.U. auch durch die Geschwindigkeit der Datenübertragungseinrichtungen begrenzt.

Programmgesteuerte Zeichengeräte (Plotter) werden zur Datenausgabe bei vielen technischen Anwendungen eingesetzt. Sie arbeiten mit unterschiedlichen Zeichnungsträgern und Zeichenwerkzeugen[16]. Das Zeichenwerkzeug, der Zeichenkopf, wird programmgesteuert an bestimmte Stellen der Zeichenoberfläche positioniert und verursacht dort Punkte oder Striche. Unterschieden werden Trommelzeichenmaschinen und Tischzeichenmaschinen. Tischplotter arbeiten mit einer erheblich höheren Ausgabegeschwindigkeit als Trommelplotter; sie erreichen Geschwindigkeiten von über 1000 mm/sec.; das Auflösungsvermögen beträgt bis zu einigen hundertstel mm.

Mikrofilmgeräte sind als "off-line" genutzte Geräte, d.h. abgekoppelt von Rechnersystemen, schon seit langem für verschiedene Zwecke im Einsatz. Gegenwärtig werden auch Lösungen möglich, bei denen Mikrofilmgeräte Ausgabedaten unmittelbar, d.h. ohne Zwischenschaltung von optisch lesbaren Datenträgern auf Mikrofilm aufbringen. Allerdings dominiert noch die "off-line"-Anwendung von Mikrofilmgeräten zum Zwecke der Archivierung großer Datenmengen, wobei Ausgabegeschwindigkeiten zwischen 20.000 und 100.000 Zeichen/sec. (bei alphanumerischen Daten) erreicht wer-

---

[16] Vgl. Steinbuch, K.; Weber, W.: Taschenbuch der Informatik, Band III, Berlin/Heidelberg/New York 1974

den. Diese Geräte eignen sich u.a. auch zur Speicherung von Zeichnungen und Graphiken, wobei die foto-optische Aufnahme bzw. Eingabe vorausgesetzt wird.

Von besonderer Bedeutung für Anwendungen im administrativen Bereich sind auf der Ausgabeseite die Drucker. Hier gibt es ein sehr großes Spektrum unterschiedlicher Druckertypen, die durch ihre Ausprägungen in einigen wenigen Dimensionen beschrieben werden können. Zunächst seien einige wichtige Leistungsmerkmale, die bei der Auswahl eines Druckers zur Beurteilung herangezogen werden, angeführt:

- Die Druckgeschwindigkeit (diese erreicht von 10 bis zu weit über 40 000 Zeichen pro Sekunde),
- der Zeichenvorrat des Druckers (nur Großbuchstaben, Groß- und Kleinbuchstaben, mehrere Alphabete),
- die Druckqualität (Entwurfsqualität, Briefqualität, Buchqualität),
- die Papierart (einfaches Papier, Spezialpapier),
- die Möglichkeit der Erstellung von Durchschlägen,
- die Robustheit (Bedienung nur durch Fachkräfte oder auch durch Laien),
- der Preis (wenige 1000,- DM bis einige 100 000,- DM).

Die verschiedenen auf dem Markt angebotenen Drucker lassen sich in den folgenden Dimensionen beschreiben:

- Mechanische Drucker - nicht mechanische Drucker.

  Bei den mechanischen Druckern (Impact-Drucker) werden mechanische Druckglieder verwendet, die gegen Papier geschlagen werden; dabei werden zum Aufdrucken Farbbänder oder selbstdruckendes Spezialpapier verwendet. Die nicht mechanischen Drucker (Non-Impact-Drucker) erzeugen die Druckausgabe durch photo-optische oder durch chemische Reaktionen.

- Serielle Zeichen-Drucker - Zeilendrucker - Seitendrucker.

  Bei den seriellen Druckern wird ein Zeichen nach dem anderen gedruckt; bei einem Zeilendrucker werden gleichzeitig alle Zeichen oder zumindest alle gleichen Zeichen einer Zeile angedruckt und beim Seitendrucker werden alle Zeichen einer Seite zur gleichen Zeit ausgedruckt.

- Typendrucker - Kompositionsdrucker.

  Bei den Typendruckern handelt es sich um Drucker, bei denen vorgeformte Zeichen aus einem Typensatz verwendet werden. Die Kompositionsdrucker sind als Punktdrucker bzw. als Liniendrucker realisiert; hierbei werden die einzelnen Zeichen aus Punkten (z.B. 7x9 Punkte in einer Matrix) oder aus Linien zusammengesetzt.

Mit diesen drei Dimensionen können von ihrer technischen Ausprägung her

$$2 \cdot 3 \cdot 2 = 12$$

Druckertypen definiert werden. Beispiele sind die folgenden:

- Mechanische, serielle Typendrucker.

  Hierbei handelt es sich um einfache Schreibmaschinen mit Typenhebeln, Kugelköpfen bzw. Typenrädern oder Typenkörben. Die Geschwindigkeit dieser Maschinen liegt zwischen 10 und etwa 100 Zeichen pro Sekunde. Leistungsfähige Systeme dieser Art sind in der Lage, zeilenweise vor- und rückwärts zu drucken. Der besondere Vorteil der Kugelkopf- und der Typenradsysteme besteht darin, daß man die Zeichensetzung über den betreffenden Kopf bzw. das Typenrad in einfacher Weise austauschen kann. Preislich liegen diese Systeme in der Größenordnung von wenigen 1000,- DM bis 10 000,- DM.

- Mechanische, zeilenweise druckende Typendrucker.

  Die speziellen Ausprägungen sind hier Trommel- oder Kettendrucker. Man erreicht bei diesen Druckern Geschwindigkeiten bis zu etwa 120 000 Zeilen pro Stunde. Ein wesentlicher Nachteil besteht darin, daß der Typenvorrat durch den Vorrat auf der Trommel bzw. auf der Kette beschränkt ist. Die Preise solcher Systeme liegen in der Größenordnung von einigen 100 000,- DM.

- Mechanische, serielle Punktdrucker.

  Drucker diesen Typs sind sogenannte Matrixdrucker, bei denen ein Zeichen durch eine Kombination von Punkten einer Matrix (etwa einer 7x9 oder einer 9x9 Matrix) definiert sind.

  Die Geschwindigkeiten dieser Systeme reichen bis zu mehreren 100 Zeichen pro Sekunde. Der Vorteil besteht darin, daß es sich um sehr flexible Systeme handelt, bei denen der Zeichensatz sogar innerhalb einer Zeile geändert werden kann.

- Mechanische, zeilenweise druckende Punktdrucker.

  Ähnlich wie beim Matrixdrucker wird jedes Zeichen zusammengesetzt aus einer Reihe von Punkten. Die Punkte einer Zeile werden für alle Zeichen einer Zeile gleichzeitig angedruckt.

- Nicht mechanische, serielle Typendrucker.

  Ausprägungen dieser Art sind praktisch nicht auf dem Markt.

- Nicht mechanische, serielle Kompositionsdrucker.

  Beispiele hierfür sind Tintenstrahldrucker, bei denen jedes Zeichen durch Punkte bzw. Striche aus einem Tintenstrahl erzeugt wird. Die Geschwindigkeit, die man hierbei erreicht, liegt in der Größenordnung von bis zu 100 Zeichen pro Sekunde. Der Vorteil dieser Drucker besteht wie bei den entsprechenden mechanischen Systemen darin, daß man sehr flexibel ist im Hinblick auf verschiedene Zeichensätze.

- Nicht mechanische, serielle Liniendrucker.

  Beispiele hierfür sind die Thermodrucker. Die Zeichen werden durch thermochemische Farbreaktionen erzeugt. Durch Erhöhung des Parallelitätsgrades beim Zeichenaufbau können relativ hohe Schreibleistungen (bis zu 1000 Zeilen/min.) erzielt werden. Diese Drucker arbeiten nach dem Rasterverfahren. Bei einer Schreibbreite von 80 Zeichen werden beispielsweise 400 Mikroelemente (5 pro Zeichen) parallel pro Zeile eingesetzt.

- Nicht mechanische Seitendrucker

  Der wichtigste Vertreter in dieser Klasse ist der Laser-Drukker. Hierbei wird jedes Zeichen mit Hilfe eines Elektronenstrahls auf Papier gebracht. Die Geschwindigkeiten, die man hier erreicht, sind sehr groß; sie liegen in der Größenordnung von mehreren 100 Din A4-Seiten pro Minute bzw. mehr als 40 000 Zeichen/sec. Der Zeichenvorrat ist auch bei diesem Druckertyp sehr flexibel. Ein Problem bei diesem Drucker besteht darin, daß keine Durchschläge erstellt werden können. Die Kosten von Druckern diesen Typs sind noch sehr hoch.

6.6 ADV-Systemklassen

Wegen der bereits seit vielen Jahren ständig wachsenden Verbreitung der Anwendung der automatisierten Datenverarbeitung nimmt auch das Angebotsspektrum in diesem Bereich ständig zu: Es gibt derzeit sicher weit über 100 Hersteller von weit über 1000 unterschiedlichen ADV-Systemen. Viele Hersteller bieten verschiedene ADV-Systemfamilien mit jeweils unterschiedlichen Systemausprägungen in einer Familie hinsichtlich der Leistung der Zentraleinheiten, hinsichtlich der Möglichkeiten des Anschlusses von peripheren Geräten, hinsichtlich der verfügbaren Programmiersprachen usw. an.

Anwender - insbesondere in kleinen und mittleren Unternehmungen - stehen dieser Vielfalt auf der Angebotsseite oft hilflos gegenüber. Sie kennen nicht die Gesamtheit der Möglichkeiten und sind trotzdem gezwungen, aus der Vielzahl der Systeme eine für sie geeignete Auswahl zu treffen. Dabei ist es hilfreich, wenn der Anwender zumindest in der Lage ist, aufgrund seiner Anforderungen eine Klasse von ADV-Systemen, die für seinen Fall überhaupt in Betracht kommt, anzugeben.

ADV-Systemklassen lassen sich nach sehr unterschiedlichen Merkmalen klassifizieren, z.B. nach der Größe, nach der Architektur, nach dem Einsatzgebiet, nach den verfügbaren Programmiersprachen usw. Wir beschränken uns hier auf die Klassifizierung nach der Größe der Systeme [17].

Ein Problem der Bildung von Größenklassen besteht darin, daß die Größenmerkmale bei ADV-Systemen einem ständigen Wandel unterworfen sind, daß man aber andererseits versuchen muß, die Klassenbildung möglichst zeitinvariant zu gestalten.

Zunächst soll eine Reihe von Thesen, die bestimmend sind für Größenmerkmale zukünftiger ADV-Systeme, angeführt werden:

- Es wird eine immer dichtere Bandbreite der Prozessorleistung und der Speicherleistung zur Verfügung stehen.
- Die Verarbeitungsgeschwindigkeit der Prozessoren wird weiter zunehmen und von etwa 0.01 Millionen Instruktionen pro Sekunde (MIPS) bei Mikroprozessoren bis über 1000 MIPS bei Prozessoren von Größtrechnern reichen.
- Die Kosten im Hardwarebereich gehen weiter zurück; bei den Schaltkreisen, den Zentralspeichern und den peripheren Massenspeichern ist mit jährlichen Kostensenkungen von 20 - 40 % zu rechnen.
- Die weitere Entwicklung der Schaltkreistechnologie ermöglicht alle 5 bis 6 Jahre eine Leistungssteigerung um den Faktor 10.
- Im Bereich der Zentralspeicher werden große Kapazitäten von 64 KBytes bei kleinsten Rechnern bis zu vielen hundert MBytes bei Großrechnern wirtschaftlich möglich.
- Für die Entwicklung der peripheren Speicher gilt unter anderem:
  - Im untersten Bereich bleiben auch in der Zukunft langsame Kassettenspeicher in der Form von Magnetbandspeichern und Floppy-Disk-Speichern wegen ihres günstigen Preises und des

---

[17] Für die folgenden Ausführungen vgl. Schmitz, P.; Krekel, D.: Aufgabenorientiertes Modell zur Nutzung der automatisierten Datenverarbeitung im Hochschulbereich. In: Das Rechenzentrum, Heft 2/82 und 3/82

hohen Maßes an Privacy interessant.

- Daneben werden in diesem Bereich zunehmend auch preiswerte Assoziativspeicher sowie Plattenspeicher mit nicht wechselbaren Platten (Winchester-Technik) Verbreitung finden.
- Im mittleren Leistungsbereich werden neben leistungsfähigen und preiswerten Wechselplattenspeichern zunehmend auch Fotospeicher als Festspeicher zum Einsatz kommen.
- Der obere Leistungsbereich für periphere Speicher wird weiterhin neben Plattenspeichern durch Kassettenspeicher (MSF) sehr großer Kapazität gekennzeichnet sein.

- Die Architektur der Hardware wird sich wesentlich verändern. Wegen der absehbaren physikalischen Leistungsgrenzen sind weitere Leistungssteigerungen nur durch Parallelisierung von Rechnerfunktionen sowie durch Spezialisierung möglich.
- Im Hinblick auf die Eingabe und Ausgabe wird sich das Angebotsspektrum weiter auffächern; die herkömmlichen Geräte werden mit wesentlich größerer Leistung und sehr viel preiswerter zur Verfügung stehen.

Für eine Größenklassenbildung von ADV-Systemen lassen sich die folgenden primären Merkmale definieren:

- Der Preis eines arbeitsfähigen "mittleren" Systems in der jeweiligen Klasse,
- die CPU-Leistung, gemessen z.B. durch die Anzahl der Instruktionen, die in einer Zeiteinheit durchgeführt werden können,
- die Zentralspeicherkapazität,
- die periphere Speicherkapazität.

Außerdem können noch die folgenden sekundären Merkmale zur Beschreibung herangezogen werden:

- Die Wortlänge im Zentralspeicher,
- die Systemarchitektur,
- typische Peripherspeicher,
- typische Eingabe- und Ausgabegeräte.

Mit den oben angeführten Thesen lassen sich insgesamt 7 Größenklassen bilden, die durch die folgenden Sprünge in den Ausprägungen der primären Merkmale zwischen jeweils zwei benachbarten Klassen beschrieben werden können:

- Beim Preis der Faktor 5,
- bei der CPU-Leistung der Faktor 5,
- bei der Zentralspeicherkapazität der Faktor 4,
- bei der peripheren Speicherkapazität der Faktor 7-8.

Abbildung 6-8 stellt diese Größenklassen für ADV-Systeme dar.

Merkmale / Rechnerklasse	Preis	CPU-Leistung	Zentralspeicherkapazität	Periphere Speicherkapazität
1 Heim-Rechner	1	1	1	1
2 Kleinst-Rechner	5	5	4	7-8
3 Klein-Rechner	5^2	5^2	4^2	$(7-8)^2$
4 Untere Mittel-Rechner	5^3	5^3	4^3	$(7-8)^3$
5 Obere Mittel-Rechner	5^4	5^4	4^4	$(7-8)^4$
6 Groß-Rechner	5^5	5^5	4^5	$(7-8)^5$
7 Größt-Rechner	5^6	5^6	4^6	$(7-8)^6$

Abb. 6-8: Primäre Merkmale von Rechnern nach Größenklassen

In der Abbildung sind für die Systeme der verschiedenen Klassen übliche Benennungen eingetragen. Häufig verwendete englische Benennungen sind die folgenden: Homecomputer für Heimrechner, Mikrocomputer für Kleinstrechner, Minicomputer für Kleinrechner, Supercomputer für Groß- und Größtrechner.

Es wird davon ausgegangen, daß dieses Klassenkonzept, dem ja lediglich relative Merkmalsausprägungen zugrundeliegen, über einen größeren Zeitraum Bestand haben wird.

Bei den konkreten Gegebenheiten des Jahres 1985 sind für einen Rechner der Größenklasse 1 (Heimrechner) die folgenden absoluten Werte für die Merkmale realistisch: Preis ca. DM 1000,-, CPU-Leistung etwa 0,01 Mio. Instruktionen pro Sekunde (MIPS), zentrale Speicherkapazität z.B. 64 KBytes, periphere Speicherkapazität z.B. 0,5 MBytes.

Mit dem Klassenkonzept nach Abbildung 6-8 bedeutet dies für einen unteren Mittelklasserechner des Jahres 1985 die folgenden Ausprägungen: Preis ca. DM 200 000,-, CPU-Leistung etwa 1 MIPS, zentrale Speicherkapazität z.B. 4 MBytes, periphere Speicherkapazität z.B. 250 MBytes.

Für einen Größt-Rechner des Jahres 1985 heißt dies: Preis ca. DM 25 000 000,-, CPU-Leistung mehrere hundert MIPS, zentrale Speicherkapazität einige hundert MBytes, periphere Speicherkapazität einige tausend MBytes.

Abbildung 6-9 enthält für die Rechner in den 7 Größenklassen einige Ausprägungen zu den sekundären Merkmalen.

Merkmale / Rechnerklasse		Architektur	Wortlänge (bit)	Typische Peripheriespeicher	Typische EA-Geräte
1	Heim-Rechner	Einprozessor; einf. Bus	8-16	Kassette Diskette	Bildschirm + Tastatur
2	Kleinst-Rechner	Einprozessor; einf. Bus	16-32	Diskette Winchesterplatte	Bildschirm + Tastatur Drucker
3	Klein-Rechner	Einprozessor; Subprozessoren für EA	16-32	Platte Streamertape	1-4 Bildschirme Drucker
4	Untere Mittel-Rechner	Ein- oder Mehrprozessor; Multibussystem	32	Platte Band	4-16 Bildschirme, Spezialperipherie
5	Obere Mittel-Rechner	Vielfalt	32-64	Platte Band	Bildschirme Allzweckperipherie
6	Groß-Rechner	Mehrprozessor; Parallelarb.	32-64	Hierarchie	Allzweckperipherie
7	Größt-Rechner	<u>nicht</u> v. Neumann-Architektur; hohe Parallelität	64	Hierarchie	Zugriff über Vorrechner

Abb. 6-9: Sekundäre Merkmale von Rechnern nach Größenklassen

7 Beispiele für automatisierbare Teilaufgaben in einem betrieblichen Informationssystem

Technologiegestützte Informationssysteme, die als Mensch-Maschine-Systeme bzw. als "Soziotechnische Systeme" Gegenstand der Informatik sind (vgl. Abschnitt 1.1), erfahren ihre besonderen Ausprägungen durch die organisatorischen Umsysteme, für die sie Unterstützung liefern, deren Wirksamkeit sie verbessern sollen. Die Gestaltung der Informationssysteme richtet sich nach den Zwecken, Strukturen und Funktionen der jeweiligen "Träger-Organisationen". Analog werden Art und Umfang der automatisierbaren Teilaufgaben aus der Gesamtmenge aller Informationsverarbeitungsaufgaben von den Besonderheiten der jeweiligen Trägerorganisation bestimmt.

Nachfolgend werden verschiedene Beispiele für automatisierbare Teilaufgaben aus dem gesamten Komplex der in einem Betrieb [1)] auftretenden Informationsverarbeitungsaufgaben abgegrenzt und hinsichtlich ihrer spezifischen Anforderungen an ADV-Systeme charakterisiert.

Bei der Gestaltung rechnergestützter Systeme zur automatischen Abwicklung von Teilaufgaben der betrieblichen Informationsverarbeitung existiert ein erheblicher Freiraum. Dieser Freiraum resultiert zum einen aus dem breiten Spektrum verfügbarer technologischer Alternativen: Für jeden konkreten Anwendungsfall gibt es jeweils eine Menge von alternativ einsetzbaren bzw. kombinierbaren ADV-Systemen unterschiedlicher Größe und Fähigkeit (vgl. Abschnitt 6.6), durch die die gleichen Automatisierungsziele erreicht werden können. Zum zweiten resultiert dieser Spielraum aus der Tatsache, daß unterschiedliche Automatisierungsgrade erreicht werden können bzw. aus Anwendersicht erreicht werden sollen. Selbst für die Skalierung des Automatisierungsgrades gibt es keine allgemeingültige Vorschrift. Die verschiedenen Grade - von schwach automatisiert bis voll auto-

---

1) Betriebe werden hier in ihrer Ausprägung als "Produktionswirtschaften" gesehen. Die Begriffe "Betrieb" und "Unternehmung" werden dabei als auf gleicher Ebene stehende, sich ergänzende Begriffe verstanden. Vgl. hierzu im einzelnen Grochla, E.: Betrieb, Betriebswirtschaft und Unternehmung. In: HWB - Handwörterbuch der Betriebswirtschaft, 4. Aufl. Hrsg. E. Grochla und W. Wittmann. Stuttgart 1974, Spalte 541ff.

matisiert - müssen aus Sicht des jeweiligen spezifischen Anwendungsfalles definiert werden. Zum dritten besteht ein Freiraum bezüglich des Integrationsgrades zwischen den Teilsystemen, die in Verfolgung von Automatisierungszielen geschaffen werden. Diese Teilsysteme für betriebliche Teilaufgaben können isoliert oder unter Beachtung eines vorher zu erarbeitenden Integrationskonzepts (voll- oder teilintegriert) gestaltet werden. Auf diese Aspekte kann hier nicht näher eingegangen werden, um nicht den Rahmen dieser Einführung zu sprengen [2].

Sechs Beispiele für automatisierbare Teilaufgaben aus dem Gesamtkomplex der betrieblichen Informationsverarbeitung werden nachfolgend abgegrenzt und kurz beschrieben:

- Berichte und Listen erstellen,
- Abrechnen,
- Technische und mathematische Berechnungen (inclusive Modellrechnungen),
- Direktabfrage und Verknüpfung der Daten aus einer Datenbasis,
- Generieren und Selektieren von Entscheidungsalternativen,
- Steuerung von technischen Prozessen.

Bei diesen Teilaufgaben werden jeweils typische, d.h. unabhängig von individuellen betrieblichen Ausprägungen anzutreffende Merkmale hervorgehoben. Allgemein gilt, daß diese Teilaufgaben im Betrieb üblicherweise mehrfach auftreten, häufig sogar mehrfach in jedem betrieblichen Funktionsbereich (z.B. Einkauf, Produktion, Verkauf usw.) oder in jeder organisatorischen Einheit (z.B. Abteilung, Hauptabteilung, Bereich usw.).

Für die abgegrenzten sechs Teilaufgaben werden mit Hilfe eines einheitlichen Kriterienschemas die jeweiligen typischen (im Durchschnitt feststellbaren) Anforderungen an ein ADV-System beschrieben. Die hier verwendeten Anforderungskriterien resultieren aus der Analyse der Phasen, in denen sich die Abwicklung einer Teilaufgabe auf bzw. in einem ADV-System vollzieht (vgl. Abschnitt 5):

---

[2] Bzgl. des Grades der Integration zwischen den Teilsystemen für verschiedene (gleichzeitig zu erfüllende) betriebliche Informationsverarbeitungsaufgaben können mehrere Teilaspekte unterschieden werden. Ein wichtiger Teilaspekt sind die Daten-Input- bzw. -Output-Beziehungen zwischen den entsprechenden Aufgabenerfüllungsprozessen. Vgl. hierzu Grochla, E. und Mitarbeiter: Integrierte Gesamtmodelle der Datenverarbeitung. Entwicklung und Anwendung des Kölner Integrationsmodells. München und Wien 1974. Zu anderen wesentlichen Teilaspekten der Integration vgl. Mertens, P: Industrielle Datenverarbeitung 1, Administrations- und Dispositionssysteme. 4. Aufl. Wiesbaden, 1982 Seite 1 - 12.

- Eingabeintensität, gemessen durch die Anzahl der einzugebenden Daten;
- Ausgabeintensität, gemessen durch die Anzahl der auszugebenden Daten;
- Rechenintensität, gemessen durch die Anzahl der internen Operationen;
- Speicherintensität, gemessen durch die intern für die Aufgabe bereitzuhaltenden Daten;
- Zeitanforderungen, gemessen durch die Zeitspanne, die zur automatischen Abwicklung der Teilaufgabe im ADV-System zur Verfügung steht oder gemessen durch die Reaktionszeit (Antwortzeit) auf bestimmte betriebliche Ereignisse;
- Analog-Digital-Umwandlung;
- Art der Objekte der internen Verarbeitung.

7.1 Berichte und Listen erstellen

In jedem betrieblichen Funktionsbereich besteht das Bedürfnis, Daten zu erhalten, die über das vergangene, gegenwärtige sowie zukünftig geplante Betriebsgeschehen Auskunft geben und von denen man weiß, daß sie in unterschiedlichen, vom Verwendungszweck abhängigen Formaten und inhaltlichen Kombinationen verfügbar sind. Dieses Bedürfnis kann mit Hilfe von automatisch gedruckten Berichten bzw. Listen befriedigt werden. Bei Erstellung von Berichten/Listen wird üblicherweise auf Daten zugegriffen, die in der ADV-Anlage zwischengespeichert sind. Aus der Sicht dieser Teilaufgabe ist es unerheblich, ob die Daten Ergebnis von vorausgegangenen internen Verarbeitungsprozessen (z.B. Ergebnisse von Abrechnungsprozessen) sind oder ob sie für Zwecke der automatischen Berichtserstellung vorher speziell in das ADV-System eingegeben wurden.

Teilsysteme, mit deren Hilfe die Teilaufgabe Berichts- bzw. Listenerstellung automatisch abgewickelt wird, werden als "Berichtssysteme" bezeichnet. Sie treten in der betrieblichen Realität in verschiedenen Formen auf. Folgende Arten von Berichtssystemen können unterschieden werden [3]:

---

[3] Vgl. hierzu die Typisierungsversuche bei Szyperski, N.: Informationssysteme, computergestützte. In: HWO - Handwörterbuch der Organisation, 2. Aufl. Hrsg. E. Grochla, Stuttgart 1980, Spalte 928f.; vgl. ebenso Mertens, P. Griese, J.: Industrielle Datenverarbeitung, Band 2 : Informations- und Planungssysteme, 2. Auflage, Wiesbaden, 1979, Seite 13f.

- Starre oder flexible Berichtssysteme

  Bei starren Berichtssystemen sind Inhalte, Formen und Rhythmus der Berichte fest vorgegeben. Bei flexiblen Berichtssystemen sind Modifikationen der Inhalte, der Formate, der Berichtstermine usw. entsprechend unterschiedlichen Benutzerbedürfnissen möglich. Diese Modifikationen können durch Wahl von Parameter-Angaben vom Benutzer ad hoc bewirkt werden.

- Perioden-/stichtagsorientierte oder terminunabhängige Berichtssysteme;

- Berichtssysteme mit oder ohne Ausnahmemeldungen.

Vielen Berichtssystemen ist gemeinsam, daß durch sie Daten über die betriebliche Vergangenheit (häufig als "Ist-Daten" bezeichnet) zusammengefaßt und ausgegeben werden. Viele Berichtssysteme bieten darüber hinaus die Möglichkeit, den Vergangenheitsdaten Plan- oder Prognosedaten gegenüberzustellen und auf diese Weise Abweichungen festzustellen, die als Ausnahmen u.U. in nachgelagerten Teilsystemen besondere Aktionen auslösen können.

Die typischen Anforderungen der Teilaufgabe "Berichte/Listen erstellen" an ein ADV-System sind in der 1. Zeile der Abbildung 7-7 eingetragen.

7.2 Abrechnen

Als Beispiel für die Teilaufgabe "Abrechnen" wird eine Rechnungsschreibung mit Artikelstatistik und Provisionsabrechnung betrachtet. Der Ablauf der Aufgabenabwicklung ist in Abbildung 7-1 als Datenflußplan - dies ist wie auch der Programmablaufplan ein algorithmischer Plan - dargestellt [4]. Der Plan zeigt den Fluß der Daten und Datenträger zur Erfüllung der Aufgabe. Hierbei werden zur Darstellung genormte Symbole [5] für die Datenträger und für die Operationen an den Daten verwendet.

Die Erläuterung der Aufgabe erfolgt anhand der Abbildung beginnend in der oberen linken Ecke: Die zwischen Vertreter und Kunden im Gespräch vereinbarten Bestellungen werden sogleich über Tastatur in den portablen PC des Vertreters eingegeben. Der

---

[4] Datenflußpläne sind Hilfsmittel, die in den Entwurfs- und Analysephasen der Gestaltung technologiegestützter Informationssysteme verwendet werden. Auf ihre Bedeutung wird im 2. Band dieser Einführung näher eingegangen.

[5] Die Normung der Symbole erfolgt in der DIN-Norm 66001. Vgl. Deutsches Institut für Normung (Hrsg): DIN Taschenbuch 166. Informationsverarbeitung 4, 1. Auflage, Berlin, Köln 1981.

Kunde hat die Möglichkeit, die eingegebenen Daten auf dem Bildschirm sogleich zu überprüfen und erhält nach Abschluß des Gesprächs einen Ausdruck mit allen Bestelldaten. Evtl. notwendige

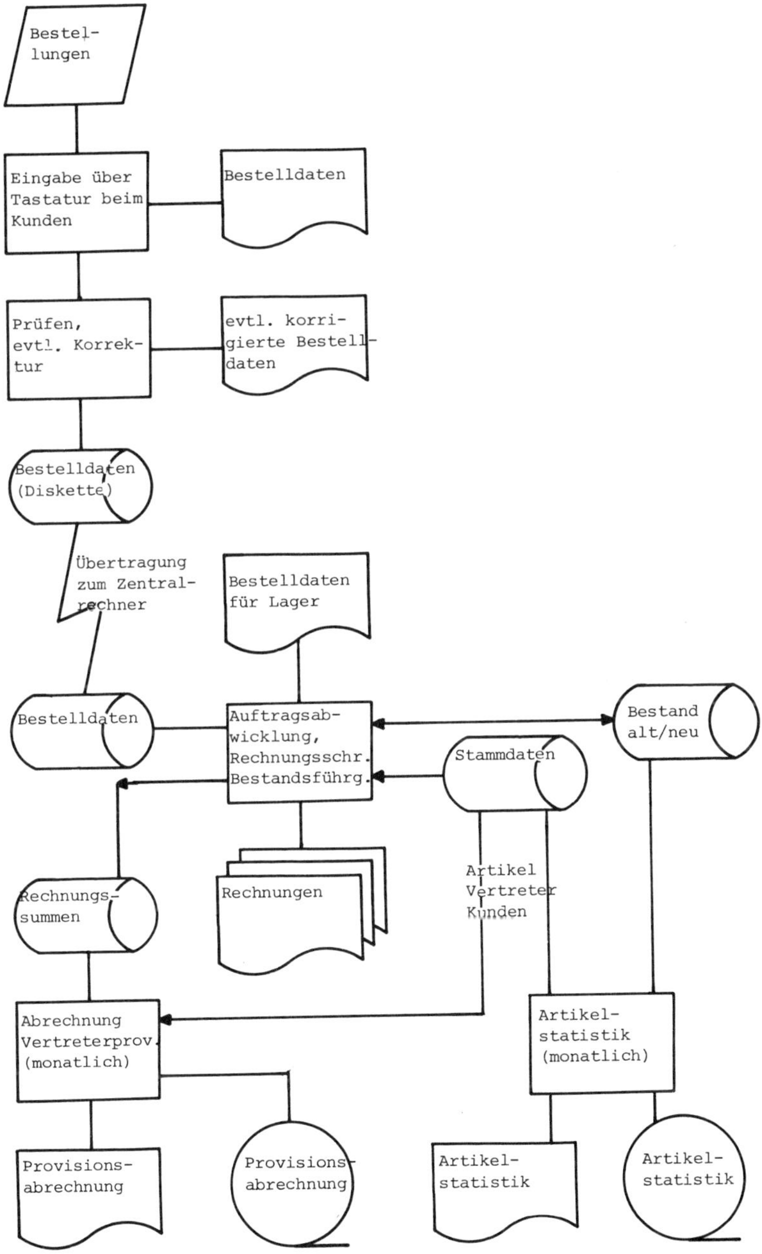

Abb. 7-1: Datenflußplan für eine Rechnungsschreibung mit Provisionsab rechnung und Artikelstatistik

Korrekturen können sogleich vorgenommen werden. Die Bestelldaten eines Tages werden auf Diskette gesichert und am Abend mit Hilfe eines Akustikkopplers vom Hotelzimmer des Vertreters aus über das Telefonnetz zum zentralen Rechner der Unternehmung übertragen. Dort wird zunächst eine Liste der Bestelldaten für die Abwicklung der Bestellungen ausgedruckt. Außerdem erfolgt eine Ausgabe auf den Plattenspeicher für die - evtl. nicht unmittelbar anschließende - Rechnungsschreibung. Bei diesem Prozeß in der ADV-Anlage (wiederum ein Rechteckkasten) wird je Bestellung die entsprechende Rechnung ausgeschrieben. Dazu werden die neben den Bestelldaten erforderlichen Daten verschiedenen Dateien entnommen: Der Kundenstammdatei die Adresse des Kunden, besondere Rabattbedingungen usw., der Artikelstammdatei die Artikelbezeichnung, der Einzelpreis usw.; von der Beständedatei wird die bestellte Menge abgebucht, wodurch aus dem alten Bestand nach Beendigung der Rechnungsschreibung der neue Bestand entsteht.

Die Rechnungssummen werden für die monatliche Vertreter-Provisionsabrechnung auf Magnetplatte gespeichert. Ergebnis dieser Abrechnung ist ein Ausdruck der Abrechnung sowie - für spätere weitere Auswertungen - die Ausgabe aller Daten auf Magnetband. Ebenfalls monatlich wird eine Artikelstatistik (im Bild rechts unten) nach den verschiedensten Gesichtspunkten erstellt (nach Artikeln, Artikelgruppen, Kunden, Vertretern usw.). Eingangsgrößen hierfür sind im wesentlichen die Bestandsbewegungen aus der Beständedatei und die entsprechenden Stammdaten. Das Ergebnis der Artikelstatistik sind die verschiedenen Ausdrucke (Listen und Diagramme) sowie eine Magnetbandausgabe für weitere spätere Auswertungen.

Vielen Abrechnungssystemen ist gemeinsam, daß mit ihrer Hilfe eine große Anzahl von gleichgelagerten Fällen in gleicher Weise schematisch verarbeitet wird. Man bezeichnet das Abrechnen daher auch als eine typische Massen- bzw. Routinedatenverarbeitungsaufgabe der betrieblichen Praxis.

Ein zweites - besonders typisches Beispiel, das in diese Klasse fällt, ist die monatliche Lohn- und Gehaltsabrechnung.

Abrechnungssysteme sind häufig perioden- bzw. stichtagsorientiert. Für sie bestehen nicht die engen zeitlichen Anforderungen nach sofortiger Antwort auf bestimmte betriebliche Ereignisse wie bei den in den Abschnitten 7.4 und 7.5 beschriebenen Teilaufgaben.

Die typischen Anforderungen der Teilaufgabe "Abrechnen" an ein

ADV-System sind in der zweiten Zeile der Abbildung 7-7 eingetragen.

7.3 Technische und mathematische Berechnungen (inclusive Modellrechnungen)

Für diesen Typ einer automatisierbaren Teilaufgabe können mehrere Beispiele genannt werden. Das erste Beispiel ist die Ermittlung der kritischen Drehzahlen einer Turbinen-Generator-Welle. Abbildung 7-2 zeigt eine solche Welle grob vereinfacht im Prinzip. Bekannt sind die Abmessungen, die Materialeigenschaften (im wesentlichen Elastizität) und der Temperaturverlauf bei den in der betrieblichen Realität vorkommenden Fahrweisen für die Turbine. Zu berechnen sind die kritischen Drehzahlen, d.h. diejenigen Drehzahlen, die vermieden werden müssen, um Beschädigungen der Welle in Folge von periodischen Außenstörungen im Bereich dieser kritischen Drehzahlen auszuschließen. Umgekehrt sind bei vorgegebenen Betriebsdrehzahlen die für die Konstruktion vorzugebenden Abmessungen zu berechnen.

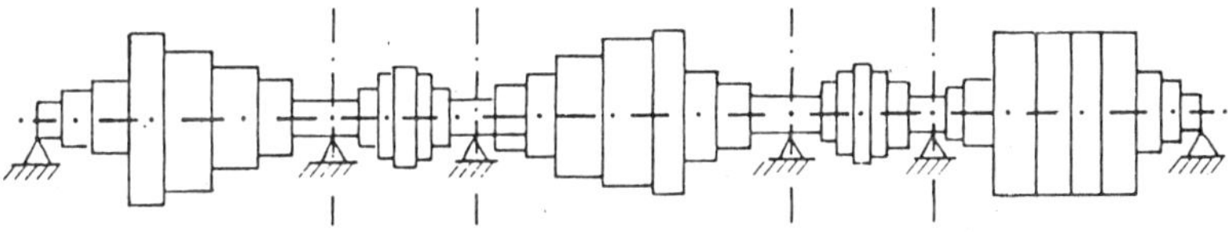

Abb. 7-2: Prinzipbild für eine Turbinen-Generator-Welle

Ein zweites Beispiel für diesen Typ automatisierbarer Teilaufgaben ist die Durchführung einer Modellrechnung mit Hilfe eines, bestimmte quantitative Zusammenhänge in der betrieblichen Realität abbildenden mathematischen Modells zur Ermittlung einer optimalen Entscheidungsalternative. Als konkrete in der betrieblichen Realität auftretende Ausprägung diene ein Modell für die Produktionsprogrammplanung einer Erdölraffinerie. Der technische Ablauf in der Raffinerie besteht - sehr vereinfacht - aus drei Prozessen: Der Destillation, der Entschwefelung und der Veredelung (vgl. Abbildung 7-3). In der Destillationsanlage werden die eingesetzten Rohöle in verschiedene Produkte aufgespalten. Vereinfacht sind hier 3 Endprodukte angenommen: Benzin, Gasöl und sonstige Produkte. Die Benzine werden über eine Entschwefelungsanlage geführt und gelangen anschließend zur

Verteilung an die eigenen Tankstellen, an das eigene Lager sowie an Großabnehmer. Das Gasöl wird zum Teil direkt verkauft, zum anderen Teil über eine Veredelungsanlage geführt und hier - teilweise - zu Benzin aufbereitet. Das aus der Veredelungsanlage fließende Benzin gelangt zusammen mit den Benzinen aus der Entschwefelungsanlage zur Verteilung. Der in der Veredelungsanlage nicht in Benzin umgesetzte Bestandteil an Gasöl wird entweder erneut über die Veredelungsanlage geführt oder gelangt zum Verkauf. Soweit die Kapazität der Betriebsanlagen (Destillations-, Entschwefelungs- und Veredelungsanlage) bzw. die verfügbaren Rohöle nicht ausreichen, um den Bedarf an Fertigprodukten zu decken, kann von außen Benzin und Gasöl zugekauft und in den Produktions- bzw. Verteilungsprozeß eingeschleust werden.

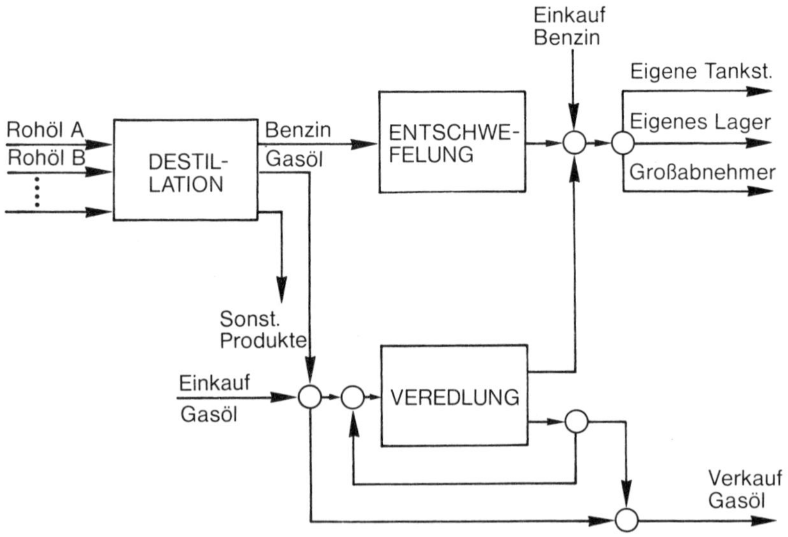

Abb. 7-3: Produktionsablauf in einer Raffinerie

Die Frage, die im Rahmen dieser Aufgabenstellung zu beantworten ist, lautet: Welches ist das optimale Produktionsprogramm, d.h.

- welche Mengen von welchen Rohölen sind einzukaufen,
- wieviel Benzin,
- wieviel Gasöl ist von außen zuzukaufen,
- welche Mengen Gasöl werden über die Veredelungsanlage geführt,
- welche Mengen Benzin werden an die eigenen Tankstellen abgegeben,
- welche Mengen Benzin werden auf das Lager genommen,
- welche Mengen Benzin werden an Großabnehmer abgegeben?

Als Optimalforderung sind hier die Maximierung des Gewinns oder die Minimierung der Kosten denkbar. Nebenbedingungen (Restriktionen) bei dieser Aufgabe sind u.a.: Preise, Qualität sowie Mindestmengen und Höchstmengen aller Einstandsprodukte (Rohöle, Benzine, Gasöle), die Kapazitäten der Betriebseinheiten, Erlöse bzw. Verrechnungspreise sowie Mindest- und Höchstmengen aller Endprodukte.

Vielen derartigen Modellen ist gemeinsam, daß sie durch umfangreiche mathematische Systeme von Gleichungen bzw. Ungleichungen beschrieben werden. Die Ermittlung der optimalen Fahrweise einer technischen Anlage, z.B. einer Raffinerie, führt zu einem Ergebnis, das solange gültig ist, wie die im Modell abgebildeten Zusammenhänge nicht verändert werden.

Die Zeitanforderungen für diese Art von automatisierbaren Teilaufgaben an ein ADV-System sind dann nicht kritisch, wenn die hinter den Modellparametern stehenden Komponenten der technischen Anlage nur durch relativ zeitaufwendige Maßnahmen verändert werden können.

Die typischen Anforderungen dieser Teilaufgabe können der dritten Zeile der Abbildung 7-7 entnommen werden.

7.4 Direktabfrage und Verknüpfung der Daten einer Datenbasis

Auch für diesen Typ einer automatisierbaren Teilaufgabe können mehrere konkrete Beispiele abgegrenzt werden. Eine erste Variante sind Auskunftssysteme, in denen bestimmte gespeicherte Daten in einem vorprogrammierten Verfahren direkt abgefragt bzw. verknüpft und abgefragt werden können. D.h. sowohl der Inhalt als auch die Form der Abfrage sind von vornherein fest vorgegeben, können also nicht verändert werden.

Eine zweite Variante sind Auskunftssysteme, die die Möglichkeit bieten, sowohl Inhalt und Form der Auskünfte, als auch die Art der vorzunehmenden Verknüpfungen zwischen gespeicherten Daten erst zum Zeitpunkt des Auftretens der Frage entsprechend den aktuellen Bedürfnissen zu formulieren und damit zu realisieren. Für beide Varianten finden sich in der betrieblichen Realität viele konkrete Ausprägungen, beispielsweise in Form von Unterstützungssystemen für die Aktivitäten von Sachbearbeitern.

Eine dritte Variante sind Systeme, bei denen die Antwort auf die Datenabfrage erst nach einem mehrstufigen Dialog zwischen dem Benutzer und dem ADV-System gefunden wird. Als Beispiel sei ein Dokumentationssystem für Fachaufsätze eines bestimmten Fachgebietes dargestellt (vgl. Abbildung 7-4): Ein solches System enthält eine Datenbasis, in der einzelne Datensätze (hier: Fachaufsätze) gespeichert sind und zwar im allgemeinen je Aufsatz neben den bibliographischen Angaben eine Reihe von Deskriptoren (evtl. aus einem vorgegebenen Thesaurus), die den Inhalt des Aufsatzes schlagwortartig beschreiben. U.U. befinden sich neben diesen Angaben noch weitere Texte zu einem Aufsatz in der Basis, etwa eine Kurzbeschreibung oder auch der volle Aufsatztext.

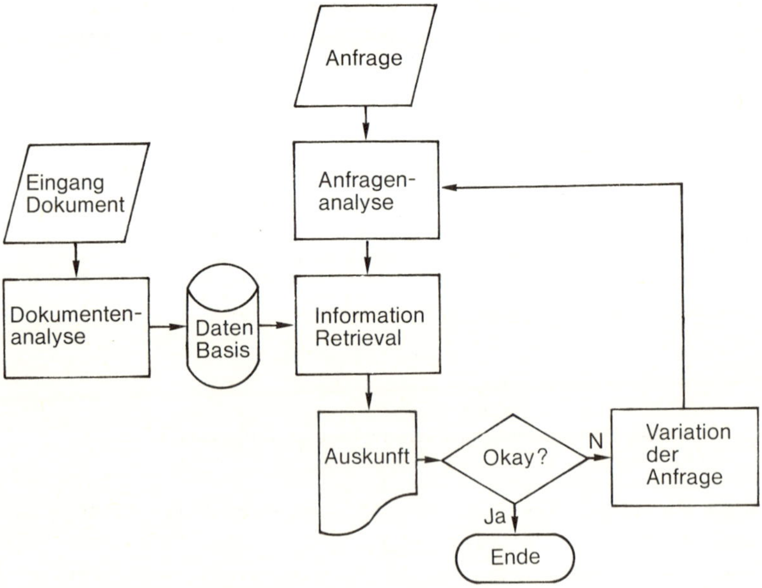

Abb. 7-4: Information Retrieval-System

Die beiden wesentlichen Teilaufgaben, die im Rahmen eines solchen Systems zu erfüllen sind, sind das Einbringen neuer Dokumente in die Datenbasis und die Erledigung von Anfragen. Vor dem Einbringen eines neuen Dokumentes in die Datenbasis ist das Dokument (z.B. der Aufsatz) zu analysieren. Dies besteht im wesentlichen in der Zuordnung von Deskriptoren. Diese Analysetätigkeit wird entweder von Fachkräften des betreffenden Fachgebietes oder automatisch von der ADV-Anlage vorgenommen.

Eine an das System gestellte Anfrage besteht im wesentlichen aus einer Folge von Schlagwörtern, die mit Hilfe einfacher logischer Operatoren (z.B. UND, ODER, NICHT) miteinander verknüpft sind. Ausfindig zu machen sind diejenigen Dokumente, die die vorgegebene Schlagwortkombination enthalten. Vor Einleitung des eigentlichen Suchprozesses - des Information-Retrieval - wird die Anfrage im allgemeinen analysiert. Dabei wird aus der Fragestellung und aufgrund der Struktur der Datenbasis eine optimale Suchstrategie für den folgenden Suchprozeß ermittelt. Dies ist notwendig, um den Suchprozeß bei großen Datenbeständen zeitlich wirtschaftlich zu vollziehen. Das Ergebnis des Suchprozesses ist eine Auskunft an den Fragesteller. Im einfachsten Fall stellt diese Auskunft eine Liste derjenigen Dokumente (Fachaufsätze) dar, die die gewünschte Schlagwortkombination enthalten. Bei "intelligenten" Rechensystemen kann darüber hinaus die Antwort auch in einer Hilfestellung zur Einengung einer - zunächst zu weit gefaßten - Anfrage bestehen. Wenn der Anfragende mit der Auskunft nicht zufrieden ist, wird er wahrscheinlich die Anfrage variieren (evtl. einengen) und dann erneut der Anfragenanalyse übergeben.

Typisch für Aufgaben dieser Gruppe sind die beiden folgenden Merkmale:

- Sehr große Mengen intern bereitzuhaltender Daten (Datenbasis). Direkt abhängig von der Größe der Datenbasis ist die Zeit zur Beantwortung einer einzelnen Anfrage. Dieser Zusammenhang ist von besonderer Bedeutung, wenn die Anzahl der Anfragen in der Zeiteinheit (etwa stündlich) groß ist. In diesem Fall werden hohe Zeitanforderungen an das System gestellt.
- Vielfach ist es notwendig, Anfragen gleichzeitig von einer Vielzahl von Stationen im Dialog an das System zu stellen. In diesem Fall ergeben sich zusätzliche Reaktionszeitanforderungen, ähnlich wie bei der Steuerung technischer Prozesse.

Die typischen Anforderungen der Teilaufgabe "Direktabgabe und Verknüpfung der Daten einer Datenbasis" an ein ADV-System finden sich in der 4. Zeile der Abbildung 7-7.

7.5 Generieren und Selektieren von Entscheidungsalternativen

Bereits im vorausgegangenen Abschnitt 7.4 ist eine Variante beschrieben worden, bei der in einem u.U. mehrstufigen Dialog zwischen Benutzer und ADV-System die "richtige" Antwort auf eine aktuelle Frage (bzw. eine Folge von Fragen) gefunden wird. Ein Merkmal dieser Systeme für die in Abschnitt 7.4 beschriebene Teilaufgabe besteht darin, daß in diesen Systemen gespeicherte Daten zwar flexibel verknüpft werden können, daß aber keine Programme (bzw. vorgeschaltete Modelle) existieren, durch die ad hoc im Dialog Entscheidungsalternativen generiert werden können und durch die die Auswahl der in der jeweiligen aktuellen Situation "besten" Alternative vom ADV-System unterstützt werden kann.

Die Teilaufgabe "Generieren und Selektieren von Entscheidungsalternativen" tritt in der betrieblichen Realität vor allem bei zeitkritischen Dispositionsaufgaben in Erscheinung. Diese Aufgaben sind meist mit dem Zwang zu sofortigem Handeln, d.h. Reagieren auf externe oder interne Ereignisse verbunden.

Stellvertretend für diese Art von Teilaufgaben wird eine Materialdisposition dargestellt: Je Artikel aus einer im allgemeinen sehr großen Anzahl von Artikeln werden in der ADV-Anlage der augenblickliche mengenmäßige Bestand, der Bestellbestand, der Bestellpunkt, die Bestellosgröße, die durchschnittliche Lieferzeit und gegebenenfalls die Adresse der möglichen Lieferanten bereitgehalten. Nach jedem Zugang werden aktuell der neue Bestandswert und der neue Bestellbestand berechnet. Nach jedem Abgang wird sofort der neue Bestandswert ermittelt. Bei Unterschreiten des Bestellpunktes wird eine Bestellung in geeignetem Umfang bei geeigneten Lieferanten ausgelöst. Insbesondere die Ermittlung des geeigneten Bestellumfanges und die Auswahl des geeigneten Lieferanten können aufwendige mathematische Modelle erfordern und damit eine hohe Rechenintensität bewirken. Abbildung 7-5 zeigt die graphische Darstellung für eine mögliche Lagerbewegung bei einem Artikel.

Die typischen Anforderungen, die die Teilaufgabe "Generieren und Selektieren von Entscheidungsalternativen" an ein ADV-System stellt, finden sich in Zeile 5 der Abbildung 7-7.

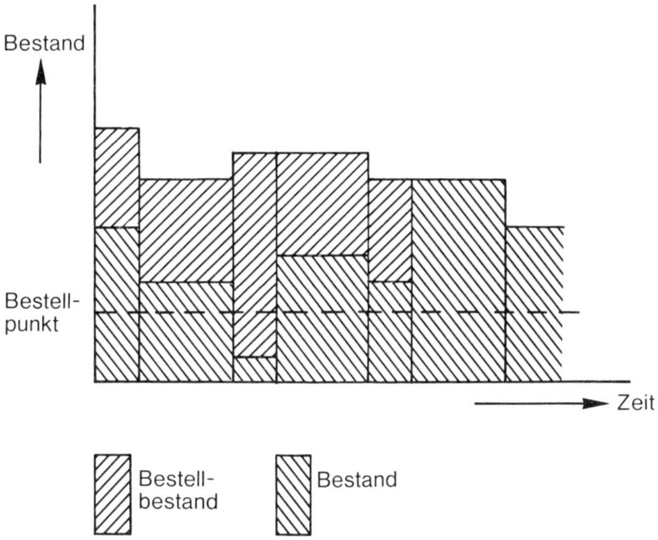

Abb. 7-5: Lagerbewegung für einen Artikel

7.6 Steuerung von technischen Prozessen

Die Steuerung von technischen Prozessen durch ADV-Anlagen, genauer gesagt die Steuerung von Produktionsanlagen, durch die meist materielle Produkte oder Zwischenprodukte erzeugt werden, wird als "Prozeßsteuerung" bezeichnet. Ein Beispiel für eine Aufgabe aus diesem Bereich ist die Steuerung eines Drehofens in der Zementindustrie (vgl. Abbildung 7-6): Das Rohmehlgemisch mit bekannter Zusammensetzung [6] wird dem Drehofen zugeführt und in diesem bei ständiger Erhitzung umgewälzt. Das Gemisch verläßt den Ofen als Klinkermaterial und wird über ein Transportsystem abgeführt. Die Aufgabe besteht darin, bei bekannten Rohmehleigenschaften und bekannter, geforderter Klinkerqualität den Prozeß optimal zu steuern, d.h. im wesentlichen die Dreh-

---

[6] Die Errechnung des optimalen Rohmehlgemisches, beispielsweise desjenigen, mit dem der höchste Deckungsbeitrag erzielt werden kann, geschieht im Rahmen eines vorgelagerten Verarbeitungsprozesses. Diesem vorgelagerten Prozeß liegt eine automatisierbare Teilaufgabe zugrunde, die in Abschnitt 7.3 beispielhaft beschrieben wurde.

zahl des Ofens und die Brennstoffzufuhr entsprechend zu regulieren. Die Steuerung über eine ADV-Anlage geschieht in der Weise, das in Zeitabständen (etwa alle 10 sec.) unter anderem die Temperatur des Ofens an geeigneten Stellen und die Ofendrehzahl gemessen und als Ist-Werte der ADV-Anlage zugeführt werden. In der ADV-Anlage wird dann ein mathematisches Modell, das die komplexen physikalischen und chemischen Vorgänge im Ofen beschreibt, mit den eingegebenen Zustandsgrößen des Prozesses durchgerechnet. Die erforderlichen Sollwerte für die beeinflußbaren Größen (Ofendrehzahl, Brennstoffzufuhr, Kühlluftmenge, Rohmehlzufuhr) werden ermittelt und als Steuerungsgrößen an den Prozeß abgegeben.

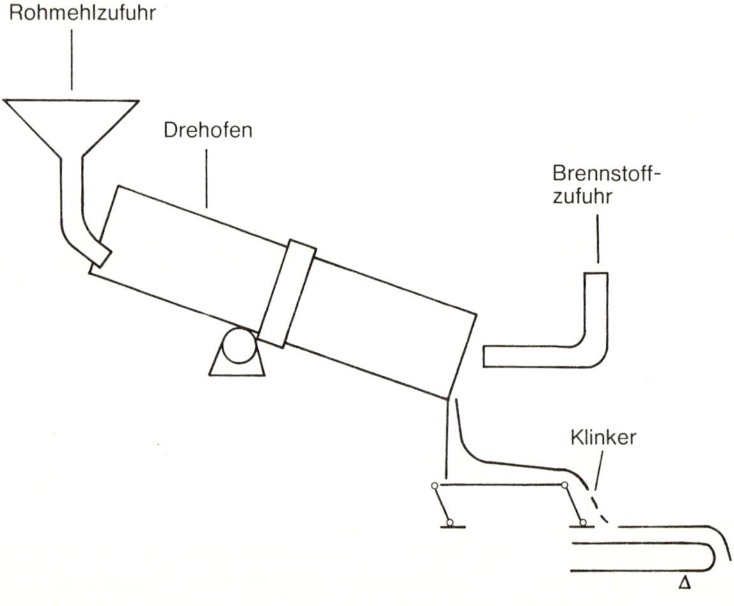

Abb. 7-6: Prinzipbild zur Steuerung eines Drehofens in der Zementindustrie

Die besonderen Anforderungen einer Prozeßsteuerung an ein ADV-System sind die folgenden:

- Die Prozeßdaten fallen als analoge Daten an und müssen zu ihrer Verarbeitung in der ADV-Anlage in die digitale Form überführt werden. Umgekehrt müssen die Steuerungsdaten, die von der ADV-Anlage als digitale Daten bereitgestellt werden, zur Abgabe an den Prozeß in analoge Daten umgewandelt werden (Analog-Digital- und Digital-Analog-Wandlung).

- Die nach Eingang der Meßdaten in der ADV-Anlage zur Ermittlung der Steuerungsgrößen maximal verfügbare Zeit ist durch den Prozeß festgelegt. Wenn z.B. alle 10 sec. neue Meßwerte anfallen, wird die Reaktionszeit der ADV-Anlage deutlich unter 10 sec. liegen müssen, damit die errechneten Sollwerte rechtzeitig vor der nächsten Messwertabnahme zur Wirkung gebracht werden können. Aufgaben mit einer solchen Zeitbedingung heißen auch "Echtzeitaufgaben".

Die typischen Anforderungen der Teilaufgabe "Steuerung von technischen Prozessen" an ein ADV-System sind in der 6. Zeile der Abbildung 7-7 zusammengefaßt.

7.7 Zusammenfassung der Merkmale der automatisierbaren Teilaufgaben

Abbildung 7-7 enthält für jede der zuvor beschriebenen automatisierbaren Teilaufgaben die jeweils in der betrieblichen Realität durchschnittlich auftretenden Ausprägungen für ausgewählte, zu Beginn von Abschnitt 7 zusammengestellte Anforderungen an ein ADV-System. Abschließend sollen 2 Aspekte nochmals besonders betont werden:

- Die hier betrachteten Teilaufgaben sind lediglich Beispiele für automatisierbare Teilaufgaben des Gesamtkomplexes der betrieblichen Informationsverarbeitung. Die Betonung anderer Charakteristika wird zwangsläufig zur Abgrenzung von anderen Teilaufgabentypen führen.
- Die in Abbildung 7-7 aufgeführten Ausprägungen der Anforderungen pro Teilaufgabe sind in der betrieblichen Realität häufig anzutreffen; daneben existieren aber jeweils Ausnahmen mit abweichenden Ausprägungen.

Beispiele für automatisierbare Teilaufgaben / Ausprägungen von Anforderungen an ADV-Systeme	Eingabe-intensität	Ausgabe-intensität	Rechen-intensität	Speicher intensität	Zeit-anforderungen	Datenformat-umwandlung	Objekte der internen Verarbeitung
Berichte und Listen erstellen	gering	groß	gering	gering bis mittel (je nach Berichtsumfang)	meist perioden- bzw. stichtags-orientiert	entfällt	keine Gleit-punktzahlen, keine komplexen Zahlen
Abrechnen	groß	groß	gering bis mittel	mittel bis groß	meist perioden- bzw. stichtags-orientiert	entfällt	keine Gleit-punktzahlen, keine komplexen Zahlen
Technische/mathematische Berechnungen (incl. Modellrechnungen)	gering	gering	groß	gering bis mittel	meist keine	entfällt	häufig auch Gleitpunktzahlen und komplexe Zahlen
Direktabfrage und Verknüpfung der Daten einer Datenbasis	gering	gering	gering bis mittel	groß	Sofortantwort erwartet	entfällt	keine Gleit-punktzahlen, keine komplexen Zahlen
Generieren und selektieren von Entscheidungsalternativen	gering	gering	mittel bis groß	mittel bis groß	Sofortantwort erwartet	entfällt	manchmal auch Gleitpunktzahlen und komplexe Zahlen
Steuerung von Technischen Prozessen	gering	gering	groß	gering bis mittel	Sofortreaktion erwartet	ja	häufig auch Gleitpunktzahlen und komplexe Zahlen

Abb. 7-7: Merkmale für typische Beispiele von automatisierbaren Teilaufgaben.
Die Aufgaben gelten für einen großen Teil der Aufgaben der betreffenden Gruppe, es gibt jedoch in jeder Gruppe Ausnahmen

8 Programmiersprachen und Übersetzer

8.1 Einführung

In Abschnitt 1.3 ist ein grobes Phasenschema für die Entwicklung eines computergestützten Informationssystems dargestellt worden. Für den folgenden Abschnitt sind zunächst einmal Phasen V und VI von Bedeutung, nämlich der 'Datenverarbeitungstechnische Detailentwurf' sowie die 'Datenverarbeitungstechnische Realisierung'.

Unter Programmierung soll hier die Erstellung eines oder mehrerer Programme für ein ADV-System, d.h. letzten Endes die Umsetzung eines oder mehrerer Algorithmen in die Sprache einer Datenverarbeitungsanlage, verstanden werden. Zunächst einmal ist festzustellen, daß die Umfangsdefinition "Programmierung" nicht eindeutig ist: Es gibt sehr unterschiedliche Auffassungen darüber, was unter Programmierung zu verstehen sei. Im weitesten Sinne versteht man unter Programmierung die Gesamtheit aller Aktivitäten der Umsetzung einer Aufgabenstellung von der Problemdefinition bis hin zum fertigen Programm. Eine solche, sehr weite Auffassung von Programmierung ist auch durch die Definition eines Programms, wie sie in Abschnitt 6.2 gegeben wurde, abgedeckt. Dort war ein Programm definiert worden als eine zur Lösung einer Aufgabe vollständige Anweisung zusammen mit allen erforderlichen Vereinbarungen. Diese Begriffsbestimmung wird auch der obigen weiten Bestimmung für Programmierung gerecht dadurch, daß die Regelungen, die für die Realisierung und für den Betrieb eines Programmsystems zu treffen sind, durch Anweisungen und Vereinbarungen definiert werden müssen. Insofern umfaßt also die weite Definition des Begriffes Programmierung alle Aktivitäten von der Problemdefinition über die Konzepterstellung bis hin zur Realisierung der ablauffähigen Programme auf einer ADV-Anlage.

Demgegenüber gibt es eine engere Bestimmung für Programmierung: Hierbei wird davon ausgegangen, daß ein Lösungskonzept, d.h. ein oder mehrere Algorithmen für eine bzw. mehrere bestimmte Datenverarbeitungsaufgaben vorliegen und daß hieraus dann das Programm als datenverarbeitungstechnische Realisierung geschaffen wird. Dieser Auffassung wollen wir uns für das folgende zunächst einmal anschließen.

Die "übliche" Vorgehensweise der Programmerstellung vollzieht sich in den beiden folgenden Schritten:

1) Erstellung eines algorithmischen Planes,
2) Umsetzung des algorithmischen Planes in eine maschinenlesbare Form.

Diese Aufteilung in zwei Teilschritte ist die traditionelle Vorgehensweise. Tatsächlich verzichten moderne Programmerstellungskonzepte auf eine getrennte Festlegung eines algorithmischen Planes. Aus Gründen der besseren Verständlichkeit wird jedoch an dieser Stelle auf die traditionelle Vorgehensweise abgestellt.

Unter einem algorithmischen Plan versteht man hier den Programmablaufplan. Dieser zeigt die zeitlichen Beziehungen der Teilschritte, die in der ADV-Anlage zur Erfüllung einer Aufgabe durchzuführen sind, auf:

> *Programmablauf (DIN)*: Die zeitlichen Beziehungen zwischen den Teilvorgängen, aus denen sich die folgerichtige Ausführung eines Programms zusammensetzt.
> (program flow)

> *Programmablaufplan (DIN)*: Die Darstellung der Gesamtheit aller beim Programmablauf möglichen Wege.
> (program flowchart)

Zur zeichnerischen Darstellung von Programmablaufplänen sind von den nationalen und internationalen Normungsinstitutionen Sinnbilder festgelegt worden, deren einheitliche Verwendung die Kommunikation über Programmabläufe wesentlich erleichtert. Abbildung 8-1 zeigt einen Ausschnitt aus der entsprechenden deutschen Norm.

Der zweite Teilschritt der Programmerstellung besteht in der Umsetzung des Programmablaufplanes in eine Sprache, die von der betreffenden ADV-Anlage verstanden wird. Diesen Schritt kennzeichnet man auch als die Programmcodierung. Zunächst ist festzustellen, daß der Begriff der Codierung in der automatisierten Datenverarbeitung in doppelter Bedeutung verwendet wird. Einmal wird hierunter die Anwendung eines Codes im Sinne der Zuordnung der Elemente eines Zeichenvorrates zu denen eines anderen Zeichenvorrates verstanden [1]. Im Zusammenhang mit der Programmierung versteht man unter Codierung die Formulierung eines Programms in einer für ein ADV-System verständlichen Sprache. Im allgemeinen treten zwischen beiden Bestimmungen keine Miß-

---

[1] Vgl. hierzu Abschnitt 3.1.3.

verständnisse auf, da der Kontext die jeweilige Bedeutung erkennen läßt. Um Eindeutigkeit in allen Fällen sicherzustellen,

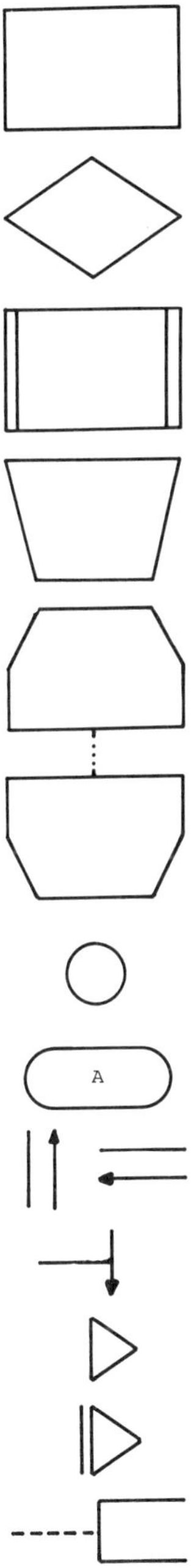

Sinnbild	Erläuterung
Operation, allgemein (process)	(einschließlich Ein-/Ausgabe)
Verzweigung (decision)	
Unterablauf (predefined process)	
Manuelle Verarbeitung (manual operation)	(einschließlich Ein-/Ausgabe)
Schleifenbegrenzung (loop limit)	
Verbindungsstelle (connector)	Der Übergang kann von mehreren Stellen aus, aber nur zu einer Stelle hin erfolgen. Zusammengehörige Übergangsstellen müssen die gleiche Bezeichnung haben
Grenzstelle (terminator)	Für A kann z.B. Beginn, Ende, Zwischenhalt eingetragen werden.
Verbindung (line)	Vorzugsrichtungen sind von oben nach unten sowie von links nach rechts. Abweichungen sind durch Pfeilspitzen zu kennzeichnen.
Zusammenführung (junction)	
Sprung mit Rückkehr (branch with return)	
Sprung ohne Rückkehr (branch without return)	
Bemerkung (annotation)	Mit diesem Sinnbild kann erläuternder Text jedem anderen Sinnbild dieser Norm zugeordnet werden.

Abb. 8-1: Sinnbilder für Programmablaufpläne.
Auszug aus der Norm DIN 66001

kann im Zusammenhang mit der Programmierung auch von Programmcodierung gesprochen werden.

In der Bestimmung für den Begriff der Anweisung (vgl. Abschnitt 6.2) ist die Sprache, in der die Arbeitsvorschrift abgefaßt wird, nicht näher spezifiziert; es kann also eine beliebige Sprache, insbesondere auch eine natürliche Sprache, zugrundegelegt werden. Handelt es sich dagegen um eine Sprache, die für den Zweck geschaffen wurde, in ihr Programme abzufassen, so spricht man von einer Programmiersprache (vgl. Abschnitt 6.2).

Inzwischen gibt es mehrere hundert Programmiersprachen, die sich im Hinblick auf ihre Orientierung an bestimmten Anwendungsbereichen und/oder an bestimmten ADV-Systemen voneinander unterscheiden.

8.2 Die verschiedenen Klassen von Programmiersprachen

In Abschnitt 6.2 ist dargestellt worden, daß ein Datenverarbeitungs-Programm auf der untersten Stufe aus Befehlen besteht. Diese Befehle enthalten zwei Komponenten: Den Operationsteil, der festlegt, welche Operation ausgeführt wird, und den Operandenteil, in dem die an der Operation beteiligten Operanden definiert sind. Struktur, Anzahl und Mächtigkeit der Befehle sowie verschiedenartige Ausprägungen von Operations- und Operandenteilen sind Kriterien, hinsichtlich derer sich konkrete Programmiersprachen unterscheiden.

8.2.1 Die historische Entwicklung der Programmiersprachen

Im Hinblick auf die historische Entwicklung lassen sich drei Sprachebenen feststellen:

- die Maschinensprachen,
- die maschinenorientierten Symbolsprachen,
- die problemorientierten Programmiersprachen.

In Abschnitt 6.1 ist ausgeführt worden, daß für die interne Verarbeitung beliebiger "Rechenprozesse" lediglich wenige, sehr einfache mathematische Grundfunktionen realisiert sein müssen. Aus Gründen der einfacheren Handhabbarkeit werden bei modernen Anlagen jedoch sehr viel mehr Operationstypen im Basisbefehlsvorrat der Anlage verwirklicht. Die Gesamtheit dieser Operationstypen bildet das Maschinenbefehlsrepertoire einer ADV-Anlage, die Maschinensprache:

> *Maschinensprache (DIN)*: Eine maschinenorientierte Programmiersprache, die zum Abfassen von Arbeitsvorschriften nur Befehle zuläßt, und zwar solche, die Befehlswörter einer bestimmten digitalen Rechenanlage sind.
> (machine language, computer language)

Die Benutzung der Maschinensprache bei der Codierung eines Programms erfordert u.a. die Erledigung der folgenden Teilaufgaben:

- Zerlegung der Arbeitsvorschrift in solche logische Einheiten, die unmittelbar durch je einen Befehl der Maschinensprache repräsentiert werden,
- Zuordnung der einzelnen Maschinenbefehle zu den Speicherzellen des Zentralspeichers,
- Zuordnung der zu verarbeitenden Daten zu den Speicherzellen des Zentralspeichers.

Bei diesen drei Teilaufgaben handelt es sich um zeitaufwendige Routinetätigkeiten, die, wenn sie von Menschen durchgeführt werden, sehr häufig Fehler induzieren (z.B. Wahl falscher Operationscodes, Zuordnung falscher Speicherzellen). Als Konsequenz werden auch die anschließenden Programmprüfungen ungebührlich zeitaufwendig.

Für die Programmierung der ersten, automatisch arbeitenden Anlagen standen ausschließlich die jeweiligen Maschinensprachen zur Verfügung. Der Programmierungsaufwand war entsprechend hoch und die Programmierung selbst eintönig.

Die Schwierigkeiten, die mit der Programmierung in der Maschinensprache verbunden waren, sowie die Tatsache, daß viele der oben genannten Tätigkeiten der Programmerstellung nach rein formalen Regeln, d.h. letzten Endes auch automatisch abgewickelt werden können (z.B. die Buchführung über die Speicherbelegung), hat sehr bald zu Programmiersprachen auf einer "höheren Ebene" geführt, die eine wesentliche Leistungssteigerung in der Programmierung bewirkten. Dem Programmierer steht seither eine für ihn einfach zu handhabende Sprache - die Quellsprache - zur Verfügung. Das vom Programmierer in einer solchen Sprache abgefaßte Programm - das Quellprogramm - muß dann allerdings nach seiner Fertigstellung mit Hilfe eines Übersetzers in ein Zielprogramm in der Maschinensprache übersetzt werden. Die Quellsprache ist dabei so gestaltet, daß der Übersetzungsvorgang automatisch - von der ADV-Anlage selbst - vorgenommen werden kann (Abbildung 8-2). Der Übersetzer ist hierbei wie folgt definiert:

> *Übersetzer (DIN)*: Ein Programm, das in einer Programmiersprache A (Quellsprache) abgefaßte Anweisungen ohne Veränderung der Arbeitsvorschriften in Anweisungen einer Programmierspra-

che B (Zielsprache) umwandelt (übersetzt).

Die in der Quellsprache abgefaßte Anweisung wird Quellanweisung oder Quellprogramm, die in der Zielsprache entstandene Anweisung wird Zielanweisung bzw. Zielprogramm genannt. (translator)

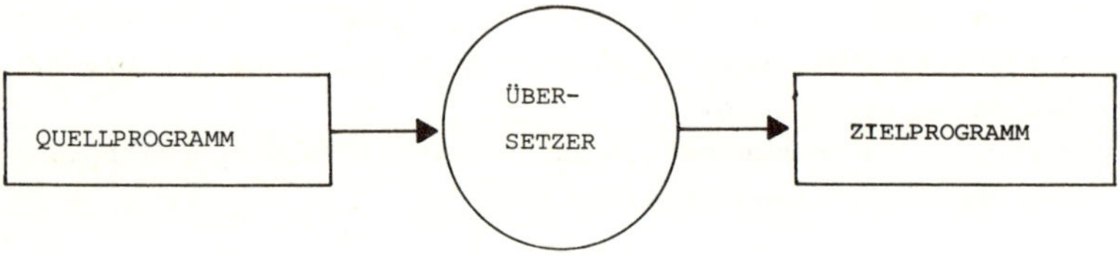

Abb. 8-2: Automatische Programmübersetzung

Das erzeugte Zielprogramm kann ein Programm in der Maschinensprache sein, es kann aber auch in einer Zwischensprache abgefaßt sein, aus der es zu einem späteren Zeitpunkt - in einem weiteren Übersetzungslauf - in die Maschinensprache übersetzt wird [2].

Für die Festlegung einer Quellsprache gibt es eine Vielzahl von zum Teil miteinander konkurrierenden Zielsetzungen [3]. Die wichtigsten Zielsetzungen sind die folgenden:

- Reduzierung der zeitaufwendigen und fehleranfälligen Tätigkeiten bei der Codierung einer Aufgabe und damit auch Reduzierung des Testaufwandes;
- Ausnutzung der Leistungsfähigkeit der Komponenten des ADV-Systems, auf dem die aus der Übersetzung hervorgegangenen Zielprogramme zum Ablauf gebracht werden;
- Anpassung der Sprache an die Terminologie des Problembereiches, aus dem die zu programmierende Datenverarbeitungs-Aufgabe stammt;
- Verwendbarkeit der erstellten Quellprogramme für möglichst viele unterschiedliche ADV-Systeme zur Reduzierung des Umstellungsaufwandes auf ein neues System.

Entsprechend der Vielzahl unterschiedlicher Zielsetzungen und entsprechend den unterschiedlichen Gewichten, die der Sprach-

---

[2] Zur Begründung der Einschaltung einer Zwischensprache vgl. Abschnitt 9.1 und 9.2.

[3] Vgl. hierzu Abschnitt 8.2.3.

schöpfer den Einzelzielen beimißt, gibt es eine Vielzahl unterschiedlicher Sprachen.

Die Betonung der beiden ersten Forderungen - Reduzierung des Codierungs- und Testaufwandes sowie optimale Nutzung der Komponenten des ADV-Systems - führte zu den sogenannten maschinenorientierten Programmiersprachen:

> *Maschinenorientierte Programmiersprache (DIN)*: Eine Programmiersprache, deren Anweisungen die gleiche oder eine ähnliche Struktur wie die Befehle einer bestimmten digitalen Rechenanlage haben.
> (computer oriented language)

Für jede ADV-Anlage existiert eine solche vom Hersteller der Anlage entwickelte maschinenorientierte Programmiersprache. Dabei ist im allgemeinen jedem Befehl der Maschinensprache ein Befehl in der maschinenorientierten Programmiersprache zugeordnet. Im Gegensatz zur Maschinensprache besteht hier der Operationsteil aus einem mnemotechnisch orientierten Code. Außerdem können bei der maschinenorientierten Programmiersprache für die Befehlsadressen und die Operandenteile symbolische Namen verwendet werden [4].

Zur Erläuterung des bisher gesagten wird für das in Abbildung 2-2 als Algorithmenplan (hier: Programmablaufplan) dargestellte Teilstück aus einer Rechnungsschreibung die Programmcodierung in Maschinensprache und in der entsprechenden maschinenorientierten Programmiersprache vorgestellt. Zunächst zeigt Abbildung 8-3 einen Auszug aus der Befehlsliste der Maschinensprache und der maschinenorientierten Programmiersprache für eine fiktive Maschine [5]. In Abbildung 8-4 sind die codierten Programme in der Maschinensprache und in der maschinenorientierten Programmiersprache für diese fiktive Anlage einander gegenübergestellt. Der Vergleich der beiden Programme zeigt - ohne daß auf die Einzelheiten eingegangen werden müßte - die Überlegenheit der maschinenorientierten Programmiersprache gegenüber der Maschinensprache. Diese Überlegenheit findet ihren Niederschlag einerseits in einer erheblichen Reduzierung des Programmieraufwandes (z.B. brauchen keine Speicherbelegungspläne erstellt zu

---

[4] Neben denjenigen maschinenorientierten Programmiersprachen, die ausschließlich oder überwiegend Befehle mit gleicher Struktur wie einer digitalen Rechenanlage verwenden, werden für moderne Anlagen zunehmend auch solche maschinenorientierten Programmiersprachen entwickelt, die mächtigere Anweisungen (Makro-Befehle) beinhalten; diese Sprachen heißen Makro-Sprachen.

[5] Zur Vereinfachung wurde hier keine real existierende Maschine zugrunde gelegt.

Adreßraum: 1000 Worte mit den Adressen 000 bis 999
Speicherworte: 6 Stellen zu je 4 Bits
Zahlwort: 6-stellig rechtsbündig einschl. Vorzeichen
Vorzeichen V in höchster Stelle,
V = 0: positiv, 1: negativ
Befehle: 1-Operanden-(1-Adreß-)Befehle
Befehlswort der Maschinensprache: 6-stellig
Operationsteil α: 3-stellig
Operanden-(Adreß)Teil m: 3-stellig
Befehlswort der maschinenorientierten Programmiersprache: 9-stellig
Operationsteil α: 3-stellig
Operandenteil m: 6-stellig
Akkumulator AC: 6-stellig
Befehlszähler BZ: 3-stellig

Befehlsliste (Auszug):

Operationsteil		Erläuterung *)
Maschinensprache	masch.orient. Progr.Sprache	
001	LAD	Laden Akkumulator mit Inhalt von m: (m) → AC
002	SP	Speichern Akkumulatorinhalt nach m: (AC) → m
⋮		
101	ADD	Addieren: (AC) + (m) → AC
102	SUB	Subtrahieren: (AC) − (m) → AC
103	MUL	Multiplizieren: (AC) · (m) → AC
104	DIV	Dividieren: (AC) : (m) → AC
⋮		
201	VR	Verschieben Akk.inhalt um m Stellen nach rechts
⋮		
301	SPU	Sprung unbedingt: m → BZ
302	SKN	Sprung, falls (AC) < 0 : m → BZ
⋮		

*) Verwendete Abkürzungen: (X) = Inhalt der Zelle X, z.B. (m), (AC).

Abb. 8-3: Maschinensprache und maschinenorientierte Programmiersprache einer fiktiven Anlage (Auszug)

werden) und andererseits in größerer Übersichtlichkeit sowie verringertem Testaufwand.

Obwohl die maschinenorientierten Programmiersprachen für die Anwendung bereits eine erhebliche Erleichterung gegenüber den Maschinensprachen mit sich brachten, haftete ihnen der Nachteil an, daß sie nur wenig oder überhaupt nicht an die Terminologie eines Problembereiches, für den sie eingesetzt werden sollten, angepaßt waren und daß die in ihnen erstellten Programme nur auf dem zugrundeliegenden ADV-System zum Ablauf gebracht werden konnten.

Maschinensprache *)			Masch.orient. Progr.Sprache o)		Erläuterung	(AC) nach Durchführung der Operation
Befehls-adresse	α	m	Befehls-adresse	α, m		
001	001	101	BEGINN	LAD, MENGE	Laden, MENGE → AC	MENGE
2	103	111		MUL, EPREIS	Multiplizieren mit EPREIS	BRUTTO
3	002	102		SP, BRUTTO	Speichern auf BRUTTO	"
4	102	106		SUB, HDRT	Subtraktion 100	BRUTTO – 100
5	302	012		SKN, NEIN	Sprung nach NEIN falls (AC) < 0	"
6	001	102	JA	LAD, BRUTTO	Laden BRUTTO	BRUTTO
7	103	107		MUL, FAKTOR	Multiplizieren mit 0.03	RABATT
8	101	108		ADD, RUNDG	Addieren 000050	RABATT + 000050
9	201	002		VR, 2	Verschieben um 2 Stellen rechts	Shift 2 →
010	002	103		SP, RABATT	Speichern auf RABATT	"
1	301	014		SPU, KON	Sprung nach KON	"
2	001	109	NEIN	LAD, NULL	Löschen AC	0
3	002	103		SP, RABATT	Speichern auf RABATT	"
4	001	102	KON	LAD, BRUTTO	Laden BRUTTO	BRUTTO
5	102	103		SUB, RABATT	Subtrahieren RABATT	REBETR
6	002	104		SP, REBETR	Speichern auf REBETR	"

Aufgabe: Teilstück aus der Rechnungsschreibung (vgl. Algorithmenplan in Abschnitt: 2.1
Zugrunde liegt eine fiktive Maschine (Befehlsliste siehe Abbildung 8-3)

*) Für die Programmcodierung in Maschinensprache wurde der in Abbildung 8-5 wiedergegebene Speicherbelegungsplan unterstellt.

o) Für die Programmcodierung in der maschinenorientierten Programmiersprache wurden die Datenformate entsprechend Abbildung 8-3 unterstellt.

Abb. 8-4: Programm in Maschinensprache und in maschinenorientierter Programmiersprache

Benennung	Sp. Platz	Format
MENGE	101	0XXXXX
BRUTTO	102	0XXXXX
RABATT	103	0XXXXX
REBETR	104	0XXXXX
EPREIS	105	0XXXXX
HORT	106	010000
FAKTOR	107	000003
RUNDG	108	000050
NULL	109	000000

Im Format bedeutet das Zeichen ▲ den gedachten Radixpunkt der dargestellten Zahl

Abb. 8-5: Speicherbelegungsplan und Datenformate für die Programmcodierungen entsprechend Abbildung 8-4

Dem ersten Nachteil, der mangelnden Problemnähe der maschinenorientierten Programmiersprachen, wurde durch die Schaffung von problemorientierten Programmiersprachen, deren Sprachrepertoire sich an die Terminologie eines bestimmten Problembereiches anlehnte, begegnet:

> *Problemorientierte Programmiersprache*: Eine Programmiersprache, die dazu dient, Programme aus einem bestimmten Anwendungsbereich abzufassen, und die diesem Anwendungsbereich besonders angemessen ist.
> (problem oriented language)

Der Einsatz dieser problemorientierten Programmiersprachen bringt gegenüber der Verwendung von maschinenorientierten Programmiersprachen eine weitere wesentliche Leistungssteigerung für die Programmierung. Allerdings bedeutet dieser Vorzug einen Verlust an Effektivität dadurch, daß im allgemeinen die Leistung der Komponenten des ADV-Systems, auf dem die aus der Übersetzung hervorgegangenen Zielprogramme zum Ablauf gebracht werden, nicht voll ausgeschöpft werden kann. Dieser Nachteil wird jedoch - wie sich später zeigen wird - durch die Leistungssteigerung in der Programmerstellung weitgehend ausgeglichen, wenn nicht überkompensiert.

Bei Verwendung von problemorientierten Programmiersprachen kann die oben genannte vierte Zielsetzung, nämlich die Möglichkeit der Verwendung der erstellten Quellprogramme für verschiedene ADV-Systeme, im allgemeinen nicht realisiert werden. Dies hat zur Folge, daß die Programme bei Umstellung auf ein neues ADV-System (womit oft in Abständen von nur wenigen Jahren zu rechnen ist, wenn man den systemtechnischen Fortschritt nutzen möchte) ebenfalls umgestellt werden müssen. Dies kann bei einer Organisation, die viele tausend Programme anwendet, einen Umstellungsaufwand von mehreren hundert Mann-Jahren bedeuten. Abgesehen von den damit verbundenen Kosten ist der erforderliche Zeitaufwand i.a. nicht zu vertreten, da man nach Installation eines neuen ADV-Systems das alte System nicht parallel so lange weiterbetreiben und finanzieren möchte, bis die Programmumstellung auf das neue System vollzogen ist.

Aus diesen Gründen war es naheliegend, die wichtigsten Programmiersprachen durch die maßgebenden nationalen und internationalen Normungsinstitutionen normen zu lassen. Zu den genormten Sprachen gehören unter anderem

- FORTRAN = FORMULA TRANSLATOR, die als erste problemorientierte Progammiersprache gilt und die für den Bereich der technischen Anwendungen konzipiert wurde,
- ALGOL = ALGORITHMIC LANGUAGE, die in erster Linie für mathematische Problemstellungen geschaffen wurde und
- COBOL = COMMON BUSINESS ORIENTED LANGUAGE, deren Einsatzbereich die kommerzielle Datenverarbeitung ist.

Alle drei Sprachen wurden Ende der 50er Jahre geschaffen.

Heute stellen alle Hersteller universeller ADV Anlagen Übersetzer für diese Sprachen zur Verfügung.

Die Verwendung dieser Sprachen sollte die Sicherheit geben, daß in ihnen geschriebene Quellprogramme auf allen Anlagen, für die entsprechende Übersetzer vorhanden sind, übersetzt und zum Ablauf gebracht werden können [6].

Zur Veranschaulichung ist in Abbildung 8-6 für das zuvor in der Maschinensprache (vgl. Abbildung 8-4) und in der maschinenorientierten Programmiersprache einer fiktiven Anlage darge-

---

[6] Daß dies in der Praxis vielfach nicht möglich ist, hat vielerlei Gründe, auf die in den Abschnitten 8.2.3 sowie 8.3.2 näher eingegangen wird.

stellte Programm eine ALGOL-Version wiedergegeben. Der Vergleich dieses Programms mit den entsprechenden Programmen in Maschinensprache bzw. in maschinenorientierter Programmiersprache zeigt dessen Überlegenheit in Bezug auf Übersichtlichkeit, Verständlichkeit und Kürze. Es ist einleuchtend, daß Programme in einer problemorientierten Programmiersprache sehr viel weniger Erstellungsaufwand benötigen [7] und darüber hinaus auch weitere positive Eigenschaften besitzen.

Aufgabe: Teilstück aus der Rechnungsschreibung
(vgl. Algorithmenplan in Abschnitt 2.1)

```
begin BRUTTO := MENGE * EPREIS;
      if BRUTTO ≥ 100
        then RABATT := BRUTTO * 0.03
        else RABATT := 0;
      REBETR := BRUTTO - RABATT;
end
```

Abb. 8-6: Programm in der problemorientierten Programmiersprache ALGOL

Neben diesen Entwicklungstendenzen bei den Programmiersprachen, deren Ansätze bereits sehr früh festzustellen sind, zeigt sich in jüngster Zeit das Bemühen, den engeren Einsatzbereich der Programmierung, nämlich die Transformation eines Algorithmus in eine für eine ADV-Anlage verständliche Sprache auszudehnen und auch die Erstellung des Algorithmus bzw. der Algorithmen für ein Problem zu automatisieren. Hierzu werden formale Sprachen, in denen lediglich die Beschreibung des Problems vorgenommen wird, verwendet. Aus dieser Beschreibung wird dann automatisch - wiederum mit Hilfe des ADV-Systems selbst - aus einem Vorrat von Methoden auch der Lösungsalgorithmus und dann schließlich das fertige, ablauffähige Programm generiert. Solche Bemühungen stecken zwar noch in den Anfängen, der Zwang zur Rationalisierung im Bereich der Programmierung schreibt diese Zielrichtung aber vor.

---

[7] Der Programmieraufwand reduziert sich bei Verwendung einer problemorientierten Programmiersprache gegenüber der maschinenorientierten Sprache häufig um ein Vielfaches.

8.2.2 Kategorien von Programmiersprachen

Die verschiedenen Programmiersprachen lassen sich mit Hilfe der folgenden vier Dimensionen beschreiben:

- Die Maschinenorientierung mit den Ausprägungen Maschinenabhängigkeit und Maschinenunabhängigkeit,
- die Weite des Problembereiches, der mit Hilfe der Programmiersprache abgedeckt wird: Hier kommt ein ganzes Spektrum von Ausprägungen in Betracht, nämlich von Programmiersprachen mit sehr weitem Problembereich bis zu solchen mit sehr engem Problembereich;
- die Problemnähe: Gemeint ist hier die Eigenschaft der Sprache, mit ihrer Hilfe eine Problembeschreibung vorzunehmen und daraus dann die Problemlösung als automatisches Programm zu generieren bzw. - gewissermaßen als Gegenspiel - der Zwang, die Problemlösung als Algorithmus zunächst selbst zu erstellen und dann diesen Algorithmus in der Programmiersprache zu formulieren (prozedurorientierte Sprachen);
- der Grad der Normung: Hier gibt es die beiden Ausprägungen genormt oder nicht genormt.

Damit sind insgesamt - wenn man nur die Pole bei den verschiedenen Dimensionen betrachtet -

$$2 \cdot 2 \cdot 2 \cdot 2 = 16$$

Kategorien von Programmiersprachen gegeben; die tatsächliche Anzahl ist natürlich größer, da eine Reihe von Dimensionen mehr als nur 2 Merkmalsausprägungen zulassen.

Die verschiedenen Ausprägungen seien an einigen Beispielen erläutert:

- Bei den Maschinensprachen und den maschinenorientierten (symbolischen) Programmiersprachen handelt es sich um maschinenabhängige Sprachen für einen sehr weiten Problembereich; sie sind prozedurorientiert und nicht genormt.
- Die Programiersprachen COBOL, ALGOL, FORTRAN sind maschinenunabhängige Programmiersprachen mit weitem Problembereich, sie sind prozedurorientiert und genormt.
- PROSYS-SIRE ist eine Sprache zur Beschreibung von Reihenfolgeproblemen, deren Lösung mit Hilfe der Simulation erfolgt; aus der Beschreibung des Problems wird automatisch ein Simulationsprogramm generiert, das anschließend auf einer ADVA

zum Ablauf gebracht werden kann [8]. Die Sprache ist einzuordnen als maschinenunabhängige Problembeschreibungssprache mit sehr engem Problembereich; PROSYS-SIRE ist nicht genormt.

8.2.3 Forderungen an eine Programmiersprache

In Abschnitt 8.2.1 ist eine Reihe von wichtigen Zielsetzungen für die Entwicklung einer Programmiersprache genannt worden. Aus der Sicht des Anwenders einer Programmiersprache können diese Forderungen individuell präzisiert werden. Hierzu wird das folgende Stufensystem für eine Programmiersprache betrachtet (siehe Abbildung 8-7). Auf der obersten Stufe steht die Sprachdefinition. Für die definierte Sprache wird auf der nächsten Stufe eine Implementierung vorgenommen, und auf der untersten Stufe gelangt die implementierte Sprache dann zur Anwendung.

- Stufen

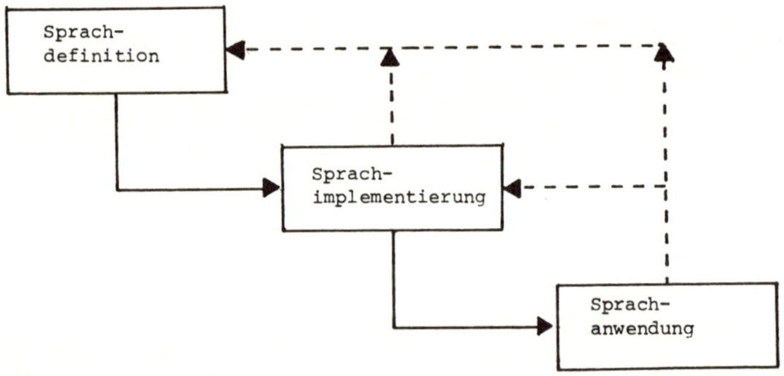

⟶ verschiedene Forderungen

- Eindeutigkeit der Formulierungen
- Kommunikationsfreundlichkeit
- Verträglichkeit
- Erweiterbarkeit
- Modularität
- Erlernbarkeit
- Implementierungsfreundlichkeit

Abb. 8-7: Forderungen an eine Programmiersprache

Aus diesem Diagramm lassen sich verschiedene Forderungen an die Sprachdefinition bzw. an die Sprachimplementierung ableiten:

---

[8] Vgl. Ellinger, Th.; Schmitz, P.; Bons, H.; Hasenkamp, U.; Linnartz, W.: Ein Generatorsystem für die Simulation von Reihenfolgeproblemen, Angewandte Informatik 10/77, S. 422 - 430.

Zunächst aus der Sprachimplementierung an die Sprachdefinition, dann aus der Sprachanwendung an die Sprachdefinition und an die Sprachimplementierung. In diesem Abschnitt sind die Forderungen zu spezifizieren, die der Sprachanwender bzw. der Sprachimplementierer an die Sprachdefinition zu stellen hat. Die wichtigsten dieser Forderungen, die heute noch keineswegs bei allen vorhandenen Programmiersprachen ausreichend erfüllt sind, sind die folgenden:

- Eindeutigkeit der Formulierungen in einer Programmiersprache.

  Eine in einer Programmiersprache formulierte Anweisung muß eindeutig sein in dem Sinne, daß bei Verwendung der durch die Anweisung definierten Arbeitsvorschrift aus einem Satz von Eingabedaten eindeutig ein Satz von Ausgabedaten resultiert.

  Anweisungen und Vereinbarungen als die Elemente eines Programms sind aus den Zeichen eines für die verwendete Programmiersprache zugelassenen Zeichensatzes zusammengesetzt. Die Syntax der Sprache legt die Regel - die Grammatik - fest, nach denen aus den Zeichen die höheren Elemente aufgebaut werden können. Hierbei handelt es sich um formale Regeln, die keine Rücksicht auf die Bedeutung der Elemente eines Programms [9)] nehmen.

  Die Forderung nach Eindeutigkeit der Formulierungen in einer Programmiersprache stellt eine Forderung an die Syntax der Sprache dar. Ist die Syntax eindeutig und widerspruchsfrei, so folgt daraus, daß auch die vom Benutzer gewählten Formulierungen eindeutig sind, sofern er die syntaktischen Vorschriften der Sprache beachtet. Die Entwicklung einiger Sprachen zeigt, daß es mehrerer Entwicklungsstufen bedarf, ehe diese Forderung zufriedenstellend erfüllt wird.

- Redundanz und Kommunikationsfreundlichkeit.

  Die Redundanz einer Programmiersprache betrifft den Grad der 'Weitschweifigkeit' sprachlicher Ausdrücke. Die Kommunikationsfreundlichkeit bezieht sich auf die zwischenmenschliche Verständigung über Problemlösungen, die in der Sprache formuliert worden sind. Beide Komponenten stehen - wie im folgenden gezeigt wird - in sehr enger Beziehung zueinander.

  Bezüglich der Redundanz sind zwei Ausprägungen zu unterscheiden: Die Anzahl der Zeichen, die zur Formulierung einer Anweisung oder Vereinbarung angeschrieben werden müssen und die Anzahl unterschiedlicher syntaktischer Elemente, die zur Definition einer Arbeitsvorschrift herangezogen werden können.

---

9) Aussagen über die Bedeutung der Elemente eines Programms macht die Semantik.

Je größer die erforderliche Zeichenzahl für eine Anweisung ist, um so höher ist der Codieraufwand und um so größer auch die Fehlergefahr. Im Hinblick hierauf ist also eine geringe Redundanz zu fordern. Umgekehrt wird von dieser Ausprägung der Redundanz die Kommunikationsfreundlichkeit beeinflußt: Je höher die Zeichenzahl in einer Anweisung ist, um so größer ist im allgemeinen die Kommunikationsfreundlichkeit.

Im Hinblick auf die Anzahl unterschiedlicher syntaktischer Elemente, die wahlweise zur Verfügung stehen, ist festzustellen, daß die größere Vielfalt der Elemente die Codierung erleichtern kann, andererseits kann hierdurch aber die Kommunikationsfreundlichkeit negativ beeinflußt werden. Diese Abhängigkeit der beiden Spracheigenschaften ist bei der Sprachentwicklung zu berücksichtigen.

Unabhängig von der Redundanz wird die Kommunikationsfreundlichkeit durch zwei weitere Aspekte der Sprache beeinflußt: Durch die Strenge der Gliederungsvorschriften für ein Programm und durch die Anpassung der Sprachelemente an eine Fachsprache. Die Kommunikationsfreundlichkeit ist um so größer, je strenger die formalen Vorschriften zur Programmgliederung sind [10). Auf die Kommunikationsfreundlichkeit wirkt es sich ebenfalls positiv aus, wenn die verwendeten Sprachelemente dem Fachgebiet, für das die Sprache zur Programmformulierung eingesetzt wird, weitgehend angepaßt sind [11).

- Verträglichkeit.

Die Komponente Verträglichkeit tritt in zwei unterschiedlichen Formen auf. Einerseits besteht die Forderung an die Sprachentwickler, Verträglichkeit zwischen funktional verschiedenartigen Untermengen einer Programmiersprache zu schaffen, andererseits ist auch für die Verträglichkeit zwischen denjenigen Sprachumfängen zu sorgen, die als zeitabhängige Entwicklungsstufen der Sprache anzusehen sind. Verträglichkeit ist in beiden Fällen meist nur in Form der 'Aufwärtskompatibilität' realisierbar, d.h. es gibt jeweils einen Sprachumfang, z.B. die zuletzt geschaffene Entwicklungsstufe, der die vorher entwickelten Versionen als Untermengen einschließt. Die Verträglichkeit wird selbstverständlich durch eine frühzeitige Standardisierung der Sprache unterstützt.

---

10) Positiv in diesem Sinne sind z.B. die klare Trennung zwischen Datendefinitions- und Prozedurteil in COBOL oder die übersichtliche Blockstruktur in ALGOL.

11) Dies bezieht sich in erster Linie auf die Kommunikation mit einer Person aus dem Fachbereich, für den die Programme erstellt wurden.

- Implementierungsfreundlichkeit.

  Die Implementierungsfreundlichkeit kann gemessen werden durch den Aufwand, der bei der Implementierung einer Programmiersprache auf einem ADV-System entsteht, und durch den von den Sprachentwicklern für den Implementator vorgesehenen Entscheidungsspielraum. Die Implementierungsfreundlichkeit ist um so größer, je geringer der Implementierungsaufwand und je größer der dem Implementator gegebene Spielraum ist. Im Hinblick auf den Spielraum für den Implementator muß gefordert werden, daß die vom Sprachentwickler freigelassenen Gestaltungsalternativen, bestimmte Sachverhalte mit Hilfe der Sprache auszudrücken, immer zu den gleichen Ergebnissen führen. Nur auf diese Weise ist es möglich, daß ein großer Spielraum für den Implementator nicht zu einem Verlust an Verträglichkeit zwischen den verschiedenen Implementationen einer Programmiersprache führt. Diese Forderung wird von den Sprachentwicklern nicht immer beachtet [12].

- Erweiterbarkeit

  Eine Programmiersprache ist dann erweiterbar, wenn sie es dem Benutzer gestattet, im gegebenen Sprachzusammenhang zusätzliche syntaktische Elemente einzuführen. Diese wünschenswerte Eigenschaft einer Programmiersprache gestattet die Ausdehnung des Anwendungsgebietes über den ursprünglich vorgesehenen Rahmen hinaus und ermöglicht damit die Anpassung an individuelle Benutzerbedürfnisse [13].

- Erlernbarkeit.

  Die Erlernbarkeit einer Programmiersprache ist eine Eigenschaft, die von vielen Sprachkomponenten beeinflußt wird bzw. aus ihnen resultiert. Am deutlichsten wird dies bei der Betrachtung des durch die Summe der Sprachelemente gegebenen Sprachumfangs und durch die Anwendungsbreite der Sprache: Je größer der Sprachumfang und je umfassender der Bereich der Problemlösungen, für die die Sprache geschrieben wurde, um so größer ist der (zeitliche) Aufwand zum Erlernen der Sprache. Entsprechendes gilt für die Komponente 'Erweiterbarkeit'.

  Die Erlernbarkeit einer Sprache erlangt für den Benutzer im

---

12) Beispiele für Spielräume, die zu einem Verlust an Verträglichkeit zwischen verschiedenen Implementierungen einer Sprache führen, sind fehlende Rundungsvorschriften und fehlende Feldlängen-Definitionen für Daten.

13) Praktische Bedeutung gewinnt diese Komponente i.a. erst in der Phase der Sprachimplementierung, weil dort bestimmte technische Hilfsmittel entwickelt werden müssen, die die Erweiterungen möglich machen.

allgemeinen erst dann Bedeutung, wenn die Sprache auf einer konkreten Anlage, die der Benutzer einsetzen will, implementiert worden ist [14].

- Modularität.

  Modularität bedeutet die Zusammensetzung der Sprache aus verschiedenen Sprachmoduln mit definierten Schnittstellen. Die verschiedenen Moduln definieren Komponenten für verschiedene Aufgabenbereiche, die mit Hilfe der Sprache programmiert werden sollen, und andererseits verschiedene durch die Sprache zu berücksichtigende Methoden. Neben diesen primären Zielen eines modularen Aufbaus erleichtert die Modularität einer Sprache deren Implementierung, ihre Anpassung an ADV-Systeme verschiedener Leistungsfähigkeit und selbstverständlich die Erlernbarkeit der Sprache [15].

8.3 Die Übersetzer von Programmiersprachen

8.3.1 Grundtypen von Übersetzern von Programmiersprachen

Je nach Quellsprache und Zielsprache unterscheidet man verschiedene Typen von Übersetzern.

Handelt es sich bei der Quellsprache um die maschinenorientierte Programmiersprache einer Anlage und bei der Zielsprache um die Maschinensprache der gleichen Anlage, so spricht man von einem Assemblierer:

> *Assemblierer (DIN)*: Ein Übersetzer, der in einer maschinenorientierten Programmiersprache abgefaßte Quellanweisungen in Zielanweisungen der zugehörigen Maschinensprache umwandelt (assembliert).
> (assembler)

Bei dem Übersetzungsvorgang wird im allgemeinen [16] für jeden Befehl in der Quellsprache genau ein Befehl in der Zielsprache

---

14) Die Erfahrung zeigt, daß bei der Implementierung einer Sprache für ein konkretes ADV-System selbst dann, wenn eine standardisierte Sprachdefinition zugrundeliegt, u.U. erhebliche Sprachmodifikationen vorgenommen werden. Der Benutzer wird i.a. immer erst die implementierte Sprachversion erlernen.

15) Besonders ausgeprägt ist der modulare Aufbau bei der Programmiersprache COBOL seit der Version von 1968.

16) Ausnahmen sind sogenannte Makro-Instruktionen, bei denen je Instruktion mehrere Maschinenbefehle entstehen.

erzeugt; man nennt daher diesen Übersetzungsvorgang auch eine 1:1-Übersetzung. Die symbolischen Befehlscodes des Quellprogramms werden dabei mit Hilfe einer Codetabelle in den Maschinencode übersetzt. Den symbolischen Adressen bzw. symbolischen Operandennamen werden die entsprechenden Maschinenadressen zugeordnet.

Kennzeichnend für den Übersetzungsprozeß ist weiterhin, daß erst das gesamte Programm übersetzt werden muß, ehe es zum Ablauf gebracht werden kann.

Ist die Quellsprache eine problemorientierte Programmiersprache und die Zielsprache eine maschinenorientierte Programmiersprache oder eine Maschinensprache, so bezeichnet man den Übersetzer als Kompilierer:

> *Kompilierer (in Anlehnung an DIN)*: Ein Übersetzer, der in einer problemorientierten Programmiersprache abgefaßte Quellanweisungen in Zielanweisungen einer maschinenorientierten Programmiersprache oder einer Maschinensprache umwandelt (kompiliert) [17].
> (compiler)

Im Gegensatz zum Assemblierer wird hier jedem Befehl im Quellprogramm eine variable Anzahl von Befehlen in der Zielsprache entsprechend der Bedeutung und dem Umfang des Befehls im Quellprogramm zugeordnet [18].

Wie beim Assemblierer kann ein Programm auch hier erst dann zum Ablauf gebracht werden, wenn der Übersetzungsprozeß für das gesamte Programm abgeschlossen ist.

Werden die Anweisungen des Quellprogramms auf dieser Anlage einzeln zur Ausführung gebracht, so spricht man vom Interpretierer:

> *Interpretierer (in Anlehnung an DIN)*: Eine Funktionseinheit in einem digitalen Rechensystem, die eine Anweisung analysiert und deren Ausführung auslöst, bevor sie die nächstfolgende Anweisung behandelt (interpretiert).
> (interpreter)

Wichtig ist hierbei, daß das Programm - im Gegensatz zu einem durch einen Assemblierer oder Kompilierer erzeugten Programm - vor der Programmausführung nicht erst insgesamt übersetzt wer-

---

17) In DIN 44 300 fehlt der Zusatz 'oder einer Maschinensprache'.

18) Aus einem unbedingten Sprungbefehl entstehen weniger Befehle in der Zielsprache als aus einem komplexen arithmetischen Befehl mit einer Vielzahl von Operanden.

den muß, sondern jede Anweisung für sich übersetzt und dann sofort ausgeführt wird. Selbstverständlich setzt dies voraus, daß bei keiner der isoliert auszuführenden Anweisungen ein Vorgriff auf zeitlich später folgende Anweisungen notwendig werden darf.

In dem Sonderfall, daß das Quellprogramm in einer maschinenorientierten Programmiersprache einer anderen Anlage als der, auf der der Programmablauf erfolgt, geschrieben ist, spricht man vom Simulierer:

Simulierer (DIN): Ein Interpretierer, bei dem das zu interpretierende Programm in einer maschienorientierten Programmiersprache abgefaßt ist.
(simulator program)

Bei den bisher betrachteten Übersetzern handelt es sich um gespeicherte Programme. Für den Übersetzungsprozeß sind in diesen Fällen, sofern gerätemäßig bestimmte Mindestausstattungen realisiert sind [19], keine zusätzlichen Geräte erforderlich. Es gibt jedoch auch Übersetzungsprobleme, bei denen es wirtschaftlicher oder einfacher ist, außer gespeicherten Übersetzungsprogrammen zusätzlich auch bestimmte, nur für diesen Zweck geschaffene Geräteteile (quasi festgeschaltete Programme) einzubeziehen. Fälle dieser Art sind gegeben, wenn Programme einer Rechenanlage A auf einer Anlage B so zum Ablauf gebracht werden sollen, daß auch die Daten in der Form, wie sie für A codiert waren, von der Anlage B akzeptiert werden. Die Einheit, die diesen Prozeß realisiert, heißt Emulator [20]:

Emulator (DIN): Eine Funktionseinheit, realisiert durch Programmbausteine und Baueinheiten, die Eigenschaften einer Rechenanlage A auf einer Rechenanlage B derart nachbildet, daß Programme für A auf B laufen (emuliert werden) können, wobei die Daten für A von B akzeptiert werden und die gleichen Ergebnisse wie auf A erzielt werden.
(emulator)

8.3.2 Forderungen an die Übersetzer von Programmiersprachen

Eine Programmiersprache ist für den Anwender eines ADV-Systems

---

19) Vielfach wird bei Übersetzern eine bestimmte Mindestausstattung für den zentralen und für periphere Speicher vorgeschrieben.

20) Insbesondere für Rechenanlagen der sogenannten 'Dritten Generation' hat es solche Emulatoren gegeben, die Programme von Anlagen der 'Zweiten Generation' abzuwickeln gestatten.

erst dann zur Lösung von Datenverarbeitungsaufgaben einsetzbar, wenn die Sprache für sein System implementiert wurde und ein entsprechender Übersetzer zur Verfügung steht. Implementierung bedeutet hier erstens das Zuschneiden der Sprache auf die spezifischen Bedingungen des jeweiligen ADV-Systems und zweitens die Entwicklung eines entsprechenden Übersetzers.

Aus der Sicht des Anwenders sind an die implementierte Sprache und deren Übersetzer eine Reihe von Forderungen zu stellen, deren wichtigste im folgenden vorgestellt werden [21]; hierbei liegt die Betonung auf den problemorientierten Programmiersprachen mit großem Anwendungsbereich:

- Verträglichkeit der implementierten Sprache mit dem Sprachstandard.

  Bei der Implementierung einer Programmiersprache wird der vorhandene Sprachstandard - sofern ein solcher existiert - vielfach nicht unverändert übernommen. Es werden Modifikationen vorgenommen. Diese Modifikationen können darin bestehen, daß Sprachelemente des Standards weggelassen, geändert oder neue Sprachelemente hinzugefügt werden. Die wichtigsten Gründe bzw. Randbedingungen für solche Modifikationen sind die folgenden:

  · Bessere Anpassung an das ADV-System,
  · verfügbare Ressourcen zur Implementierung.

  Änderungen zur besseren Anpassung an das ADV-System sind u.a. bedingt durch die Speicherstruktur (Wort- oder Zeichenorientierung), durch die Kapazität des Zentralspeichers, durch die Art und die Kapazität der peripheren Speicher, durch Eigenschaften der übrigen Programmsysteme für die Anlage [22].

  Die zur Implementierung verfügbaren Ressourcen sind im wesentlichen gegeben durch die finanziellen Mittel und durch die Personalkapazität.

  Ein einfaches Maß für die Verträglichkeit einer implementierten Sprache mit dem Sprachstandard ist die Anzahl der über-

---

21) Auf eine Wiederholung derjenigen Forderungen, die bereits zuvor als Forderungen an eine Programmiersprache (vgl. Abschnitt 8.2.3) genannt wurden und die hier auch zu gelten haben, wird an dieser Stelle verzichtet, sofern keine zusätzlichen Gesichtspunkte anzuführen sind.

22) Hier sind vor allen Dingen Fähigkeiten des Betriebssystems gemeint.

einstimmenden Schlüsselwörter [23]. Als ein Beispiel für das Maß an Verträglichkeit zwischen implementierten Programmiersprachen sei das Ergebnis einer empirischen Untersuchung von Implementierungen der Programmiersprache COBOL-65 für 11 verschiedene ADV-Systeme genannt: Nur 42 % der reservierten Wörter des Sprachstandards waren in allen Versionen der implementierten Sprache enthalten [24].

Die Konsequenz einer mangelnden Verträglichkeit zwischen einer implementierten Sprache und dem zugrundeliegenden Sprachstandard ist ein vergrößerter Aufwand bei der Umstellung eines Programmpaketes auf ein neues ADV-System. Eine Möglichkeit, den Umstellungsaufwand gering zu halten und gleichzeitig eine Anpassung des Sprachumfangs an die Möglichkeiten des ADV-Systems vorzunehmen, besteht in einer modularen Segmentierung des Sprachstandards: Eine bestimmte Sprachimplementierung entspricht dabei einer bestimmten Kombination standardisierter Sprachmoduln.

- Verträglichkeit verschiedener Sprachimplementierungen.

Unabhängig davon, ob für eine Programmiersprache ein Standard existiert, unterscheiden sich die Spezifikationen verschiedener Implementierungen ein und derselben Sprache auf verschiedenen ADV-Systemen ein und desselben Herstellers voneinander, weil Anpassungsprozesse an die individuellen Zielvorstellungen der Implementatoren und an die Strukturen der konkreten ADV-Systeme notwendig oder wünschenswert sind. Selbstverständlich wird auch hierdurch die Übertragung von Programmen auf ein anderes ADV-System erschwert. Um aber auch den technischen Fortschritt und die Erfahrungen der Implementatoren zu nutzen, ist bezüglich der Verträglichkeit verschiedener Sprachimplementierungen zumindest 'Aufwärtskompatibilität' zu fordern. Hierbei handelt es sich um die Verträglichkeit von Versionen einer Programmiersprache, die in ein Verhältnis von Über- oder Untermengen gebracht werden können: Die Version mit dem jeweils kleineren Sprachumfang kann ohne Umstellungsaufwand auch im Rahmen der umfangreicheren Sprachversion verwendet werden.

---

23) Selbstverständlich gibt die Anzahl der übereinstimmenden Schlüsselwörter, die sich relativ leicht festellen läßt, allein keine ausreichende Auskunft über die Verträglichkeit; es kommt außerdem auf die Funktion der einzelnen Sprachelemente an.

24) Vgl. hierzu: Strunz, H.: COBOL, Untersuchungsergebnis zur Entwicklung, Standardisierung und Implementierung. In: Studienkreis Paul Schmitz: Die Wirksamkeit von Programmiersprachen. Wiesbaden 1972.

Der Nachteil nicht vorhandener oder nur geringer Verträglichkeit zwischen Sprachimplementierungen für verschiedene ADV-Systeme, der sich bei Umstellungen voll auswirkt, wird gemildert, wenn beim Wechsel Simulierer oder Emulatoren zur Verfügung stehen. Diese Möglichkeit sollte allerdings nur kurzfristig genutzt werden, weil sich andernfalls aufgrund des hohen Speicherbedarfs von Simulierern und Emulatoren Nachteile für die wirtschaftliche Nutzung des ADV-Systems ergeben können.

- Wirtschaftliche Nutzung des ADV-Systems.

  Die wirtschaftliche Nutzung eines ADV-Systems wird durch die Fähigkeiten der eingesetzten Sprachübersetzer wesentlich beeinflußt. Ausprägungen der Fähigkeiten eines Übersetzers sind im Hinblick hierauf im wesentlichen die folgenden Größen:

  · Speicherbedarf des Übersetzers,
  · Zeitbedarf für das Übersetzen,
  · Diagnostik-Fähigkeiten des Übersetzers,
  · Speicherbedarf der erzeugten Zielprogramme,
  · Laufzeitbedarf der erzeugten Zielprogramme,
  · Nutzung der Komponenten des ADV-Systems durch die Zielprogramme.

Bei der Schaffung eines Übersetzers besteht im allgemeinen die Forderung, mindestens eine dieser Größen zu optimieren, zum Beispiel Minimierung des Speicherbedarfs für den Übersetzer, Minimierung des Speicherbedarfs für die Zielprogramme, optimale Diagnostikfähigkeiten des Übersetzers. Im allgemeinen konkurrieren die möglichen Zielsetzungen miteinander: Ein im Hinblick auf den Speicher- oder den Zeitbedarf optimales (minimales) Zielprogramm erfordert i.a. einen höheren (Speicher- und Zeit-)Aufwand bei der Übersetzung; je kleiner die für die Übersetzung zur Verfügung stehende Speicherkapazität ist, um so mehr Zeit wird eine Übersetzung in Anspruch nehmen. Welche Zielsetzung für den Übersetzer die richtige ist, hängt vom jeweiligen Einsatzgebiet ab: Ist die Anzahl der Testläufe hoch und werden die erzeugten Zielprogramme nur wenige Male zum Ablauf gebracht, so wird man größeren Wert auf schnelle Übersetzer und auf gute Diagnostikfähigkeiten des Übersetzers legen und eventuell auf optimale Laufzeiten bzw. minimalen Speicherbedarf der Zielprogramme verzichten. Sollen dagegen die erzeugten Zielprogramme sehr oft zum Ablauf gebracht werden, so wird die Forderung nach optimalen, d.h. Laufzeit- und/oder speicherminimalen Zielprogrammen im Vordergrund stehen. Ein Kompromiß zwischen beiden Vorstellungen wird erreicht, wenn für die Phasen der Übersetzung (einschl. Diagnose) und des Testens zeitoptimale Übersetzer eingesetzt und nach der Erstellung eines fehlerfreien Programms eine erneute Übersetzung mit Hilfe eines zweiten Übersetzers, der ein optimales Zielprogramm erzeugt, vorgenommen wird [25].

---

[25] Diese Praxis wird vielfach im Hochschulbereich mit einer sehr großen Anzahl von Übersetzungs- und Testarbeiten angewendet.

9 Dritte Detaillierung des Konzeptes eines ADV-Systems

9.1 Grundsätzliche interne Betriebsformen

In diesem Abschnitt werden autonome ADV-Systeme, d.h. solche Systeme betrachtet, die isoliert arbeiten. In Abschnitt 9.6 werden dann die besonderen Aspekte von im Verbund arbeitenden ADV-Systemen untersucht.

Unter einer internen Betriebsform eines ADV-Systems soll die Art und Weise verstanden werden, wie die Funktionseinheiten des ADV-Systems die anfallenden Datenverarbeitungsaufgaben im Zeitablauf abwickeln.

Für das Verständnis dieser Betriebsformen können Analogien zum Ablauf in einem Fertigungsbetrieb herangezogen werden: Ein Fertigungsbetrieb besteht im allgemeinen aus mehreren Betriebseinheiten (Maschinengruppen, Montagegruppen usw.), durch die einzelne Aufträge geführt werden. Um eine möglichst gleichmäßige Auslastung der verschiedenen Betriebseinheiten sicherzustellen oder um andere geeignete technische oder wirtschaftliche Zielsetzungen zu erfüllen, wird der konkrete Fertigungsablauf den jeweiligen aktuellen Betriebsbedingungen angepaßt: So werden z.B. die Aufträge in geeignete Fertigungslose zerlegt oder in Losen zusammengefaßt; die Bearbeitung der Lose erfolgt in verschiedenen Gruppen zeitlich parallel; auf bestimmten Maschinengruppen werden bestimmte Lose unterschiedlicher Aufträge zeitverzahnt abgewickelt usw.

Ähnlich wird der Ablauf der Datenverarbeitungsaufgaben auf einem ADV-System gesteuert. Auch hier nehmen die verschiedenen Datenverarbeitungsaufgaben, die abzuwickeln sind, der Reihe nach einzelne Funktionseinheiten des Systems in unterschiedlichen Zeitabschnitten und mit unterschiedlicher Dauer in Anspruch. In ähnlicher Weise wie bei einem Fertigungsbetrieb ist daher auch hier der Ablauf so zu steuern, daß z.B. eine optimale Auslastung des ADV-Systems erreicht wird, daß ein möglichst schneller Durchsatz der abzuwickelnden Aufgaben gewährleistet wird oder daß andere geeignete Zielforderungen erfüllt werden.

Im Hinblick auf den zeitlichen Ablauf der Aufgaben in einem ADV-System werden die folgenden grundsätzlichen Betriebsformen unterschieden:

- Der serielle Betrieb,
- der Multiplex-Betrieb,
- der Parallel-Betrieb.

Der serielle Betrieb ist die einfachste Betriebsform. Er bezieht sich immer auf eine einzelne Funktionseinheit. Es wird hierbei jeweils eine Aufgabe vollständig abgewickelt, bevor eine neue Aufgabe in Angriff genommen wird:

> *Serieller Betrieb (DIN)*: Eine Funktionseinheit bearbeitet mehrere Aufgaben, eine nach der anderen.
> (serial mode)

Üblicherweise werden die Eingabe-/Ausgabegeräte einer ADV-Anlage seriell genutzt: Über einen Lochkartenleser werden alle Eingabedatensätze einer Aufgabe eingelesen, ehe der Leser zur Eingabe der Datensätze einer weiteren Aufgabe eingesetzt werden kann. Über einen Zeilendrucker wird die komplette Druckausgabe für eine Aufgabe (etwa die Rechnungsschreibung) erstellt, ehe der Drucker zur Ausgabe der Daten einer weiteren Aufgabe eingesetzt wird.

Für viele Eingabe- und Ausgabeeinheiten ist der serielle Betrieb naheliegend oder sogar zwangsläufig, bei der Zentraleinheit dagegen nicht. Selbst wenn der Austausch von Daten zwischen der Zentraleinheit und den peripheren Einheiten relativ schnell erfolgt (etwa über schnelle periphere Speicher), so werden für die Zentraleinheit doch immer wieder Wartezeiten entstehen, da normalerweise die in der Zentraleinheit insgesamt an einem Datensatz auszuführenden Operationen - wenn von rechenintensiven Programmen abgesehen wird - weniger Zeit in Anspruch nehmen als die Übertragungen der entsprechenden Daten. In erster Linie ist es für die Zentraleinheit daher erwünscht, wenn die Möglichkeit gegeben ist, in ihr mehrere Aufgaben nicht seriell, sondern zeitlich verzahnt auszuführen. Aber auch für andere Funktionseinheiten, zum Beispiel für die Eingabe-, die Ausgabe- und die EA-Werke ist eine solche Arbeitsweise erwünscht. Im Gegensatz zum seriellen Betrieb nennt man diese Betriebsart den Multiplexbetrieb.

> *Multiplexbetrieb (DIN)*: Eine Funktionseinheit bearbeitet mehrere Aufgaben, abwechselnd in Zeitabschnitten verzahnt [1)].

Ein Beispiel für den Multiplexbetrieb ist die Arbeitsweise eines Ausgabewerkes, über das zeitverzahnt mehrere Ausgabegeräte,

---

1) Die Steuerung des Ablaufes der verschiedenen Teilaufgaben oder Aufgaben innerhalb einer Funktionseinheit ist eine der wesentlichen Funktionen des Betriebssystems (vgl. hierzu Abschnitt 9.4.2).

etwa ein Zeilendrucker und mehrere Bildschirmgeräte, bedient werden: Während eines Zeitabschnittes können die Zeichen einer Druckzeile zu dem angeschlossenen Drucker übertragen werden, "gleichzeitig", d.h. zeitverzahnt, aber auch einzelne Zeilen auf verschiedene Bildschirme.

Während der serielle und der Multiplexbetrieb jeweils eine einzelne Funktionseinheit betreffen, bezieht sich eine weitere Betriebsform, der Parallelbetrieb, auf mehrere Funktionseinheiten. Hierbei werden mehrere Aufgaben oder Teilaufgaben gleichzeitig auf verschiedenen Funktionseinheiten abgewickelt:

> *Parallelbetrieb (DIN)*: Mehrere Funktionseinheiten eines Rechensystems arbeiten gleichzeitig an mehreren (unabhängigen) Aufgaben oder an Teilaufgaben derselben Aufgabe.
> (parallel mode)

Bei den ersten ADV-Systemen war ein Parallelbetrieb nicht möglich: Während eines Zeitabschnittes konnte immer nur eine Funktionseinheit arbeiten und alle anderen Funktionseinheiten mußten dann warten. Bei einem modernen ADV-System ist dagegen der Parallelbetrieb selbstverständlich: Während z.B. über den Lochkartenleser eine Lochkarte eingelesen wird, wird gleichzeitig auf dem Zeilendrucker eine Zeile ausgedruckt und in der Zentraleinheit werden - ebenfalls zur gleichen Zeit - mehrere Befehle eines Programms ausgeführt.

Eine besondere Bedeutung in der Datenverarbeitung hat der Multiplexbetrieb in der Zentraleinheit. Er wird auch als Mehrprogrammbetrieb bezeichnet:

> *Mehrprogrammbetrieb*: Multiplexbetrieb der Zentraleinheit(en) zum Zweck der zeitverzahnten Abwicklung mehrerer Programme.
> Anmerkung: Die Steuerung des Mehrprogrammbetriebes ist meist eine wesentliche Aufgabe des Betriebssystems.
> (multiprogramming mode)

Beim Mehrprogrammbetrieb befinden sich zur gleichen Zeit i.a. mehrere ablauffähige Programme im Zentralspeicher. Während eines bestimmten Zeitabschnittes wird ein Ausschnitt aus der Befehlsfolge eines der Programme durchgeführt. Dieses Programm wird dann aus einem konkreten Anlaß zugunsten eines der anderen Programme unterbrochen. Anlässe, die zu einer Unterbrechung des gerade laufenden Programms führen, sind insbesondere "natürliche" Unterbrechungen des Verarbeitungsprozesses aufgrund des Starts von Eingabe- oder Ausgabeprozeduren. Diese treten bei Programmen während des Zeitablaufes im allgemeinen mehrfach, insbesondere dann auf, wenn bei einem Programm eine Vielzahl von Datensätzen, die je für sich im allgemeinen eine Eingabe und Ausgabe erfordern, verarbeitet werden.

Eine besondere Form des Mehrprogrammbetriebes ist der Zeitabschnittsbetrieb. Bei dieser Betriebsform erfolgt die Unterbrechung eines gerade laufenden Programms spätestens nach Ablauf eines bestimmten Zeitabschnittes:

> *Zeitabschnittsbetrieb*: Multiplexbetrieb mit konstanten Zeitabschnitten.
> (time slicing mode)

Ein solcher Zeitabschnittsbetrieb ist z.B. immer dann notwendig, wenn "natürliche" Programmunterbrechungen, wie sie oben beim Multiplexbetrieb geschildert wurden, zu selten auftreten, wenn es sich z.B. um rechenintensive Programme handelt, bei denen - außer am Anfang und am Ende - oft keine weiteren Zugriffe zu externen Einheiten notwendig sind und die auch nicht mit anderen Programmen kommunizieren. Sind ausschließlich Programme dieser Art vorhanden, so erfolgt keine "natürliche" Unterbrechung und jedes Programm läuft "in einem Zug" bis zu seinem Abschluß, ohne daß zwischendurch andere Programme zur Ausführung kommen können. Die Unterbrechung in geeigneten Zeitabständen gewährleistet in einem solchen Fall, daß alle im Zentralspeicher befindlichen Programme zeitlich verzahnt zur Bearbeitung gelangen.

Beim Zeitabschnittsbetrieb ist ein Zeitgeber erforderlich, der die Unterbrechung erzeugt:

> *Zeitgeber (DIN)*: Eine Funktionseinheit, die absolute, relative oder inkrementelle Zeitangaben macht.
> (timer)

Vielfach stehen sich Zeitabschnittsbetrieb und Mehrprogrammbetrieb konkurrierend gegenüber. Üblicherweise erfolgt beim Multiplexbetrieb die Auswahl des nächsten Programms über eine Prioritätenregelung, während beim Zeitabschnittsbetrieb der Programmwechsel meist nicht über die Prioritäten vorgenommen wird; die Programme werden vielmehr in stets gleicher zyklischer Reihenfolge zum Ablauf gebracht.

9.2 Konstruktive Maßnahmen zur Realisierung der internen Betriebsformen

Die zuvor dargestellten internen Betriebsformen werden bei modernen ADV-Systemen üblicherweise durch bestimmte konstruktive Maßnahmen ermöglicht. Neben einigen Maßnahmen, die man heute bereits als traditionell bezeichnen kann, und die bei den meisten Systemen anzutreffen sind, gibt es andere Maßnahmen, die erst in neuerer Zeit verwirklicht werden.

a) Pufferung

Zu den traditionellen Maßnahmen gehört die Pufferung. Die Durchführung der einzelnen Teilschritte einer Aufgabe auf einer ADV-Anlage nimmt auf den verschiedenen Einheiten unterschiedliche Zeitspannen in Anspruch. Bei einer eingabe-/ausgabeintensiven Abrechnungsaufgabe erfordern zum Beispiel die Eingabe und die Ausgabe eines Datensatzes aufgrund der durch die Mechanik begrenzten Geschwindigkeiten der betreffenden Geräte im allgemeinen ein Vielfaches der Zeit, die für die Verarbeitung des einzelnen Datensatzes in der Zentraleinheit benötigt wird [2]. Um diese Zeitdifferenzen auszugleichen, werden zwischen den Funktionseinheiten einer ADV-Anlage sogenannte Puffer eingerichtet:

> *Puffer (DIN)*: Ein Speicher, der Daten vorübergehend aufnimmt, die von einer Funktionseinheit zu einer anderen übertragen werden [3].
> (buffer)

Ähnlich wie beim Prinzip des Zwischenlagers in einem Fertigungsbetrieb arbeiten die verschiedenen Funktionseinheiten innerhalb der ADV-Anlage, indem sie über Puffer miteinander kommunizieren. Die Daten werden von jeder Funktionseinheit mit der ihr eigenen Geschwindigkeit in Puffer übertragen bzw. aus ihnen entnommen. Die einzelnen Funktionseinheiten arbeiten in diesem Falle gleichzeitig an Teilaufgaben derselben Aufgabe. Eine bessere Ausnutzung der Komponenten eines ADV-Systems durch eine einzelne Datenverarbeitungsaufgabe ist auf diese Weise allerdings nur möglich, wenn die Struktur der Aufgabe dies zuläßt. Ein Beispiel hierfür ist ein Abrechnungsverfahren, bei dem nacheinander verschiedene Datensätze eingegeben, je für sich verarbeitet und je für sich in einen Ausgabedatensatz transformiert werden; in diesem Fall ist es denkbar, daß Teilaufgaben gleichzeitig im Parallelbetrieb abgewickelt werden (vgl. Abbildung 9-1):

---

[2] Ist z.B. ein Eingabedatensatz auf einer Lochkarte untergebracht, so erfordert die Eingabe dieses Satzes über den Lochkartenleser bei einer modernen Anlage etwa 50 ms. In dieser Zeit können in der Zentraleinheit bei einer Zykluszeit von 1 sec. bis zu 50 000 Operationen ausgeführt werden.

[3] Konstruktiv kann ein Puffer eine eigene Baueinheit bilden, er kann aber auch in einer anderen Funktionseinheit integriert, z.B. Teil des Zentralspeichers sein.

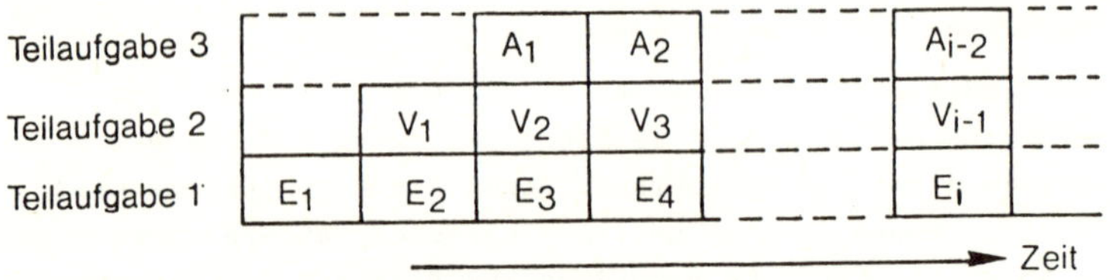

E_i = Eingabe des Datensatzes i
V_i = Interne Verarbeitung des Datensatzes i
A_i = Ausgabe des zum Datensatz i gehörenden Ausgabesatzes

Abb. 9-1: Parallele Abwicklung der Teilaufgaben einer Datenverarbeitungsaufgabe

- Teilaufgabe 1: Übertragung eines Eingabedatensatzes von dem entsprechenden Eingabegerät in den Eingabepuffer (relativ langsam),
- Teilaufgabe 2: Übernahme des vorhergehenden Datensatzes aus dem Eingabepuffer in den Zentralspeicher, interne Verarbeitung des Datensatzes und Übertragung des zugehörigen Ausgabedatensatzes in einen Ausgabepuffer (sehr schnell),
- Teilaufgabe 3: Übertragung des um eine weitere Phase vorher liegenden Datensatzes zur Ausgabe an das entsprechende Ausgabegerät (relativ langsam).

b) Relative Adressierung

Für die Realisierung des Mehrprogrammbetriebs gibt es im Hinblick auf die Anwesenheit der zur Ausführung gelangenden Programme im Zentralspeicher (Speicherresidenz) zwei Grenzfälle:

- Im Zentralspeicher wird immer nur ein einziges - das gerade laufende - Programm bereitgehalten. Bei einer Programmunterbrechung wird dieses Programm bis zu seiner erneuten Wiederaufnahme (zu einem späteren Zeitpunkt) auf einen peripheren Speicher ausgelagert, und anschließend wird das jeweils nächste zur Ausführung gelangende Programm in den Zentralspeicher geladen und gestartet.
- Alle - oder zumindestens einige - der über einen gewissen Zeitraum hinweg verzahnt abzuwickelnden Programme werden bis zu ihrer endgültigen Beendigung ständig im Zentralspeicher bereitgehalten.

Sofern die Zeitabschnitte, die einem einzelnen Programm zur Ausführung zur Verfügung stehen, klein sind und die Programme selbst relativ geringen Umfang haben, wird man eher von der zweiten Möglichkeit Gebrauch machen, also die Programme - auch die gerade 'nicht aktiven' - ständig im Zentralspeicher bereithalten, da hierbei der Zeitaufwand für das Auslagern und Einlagern der Programme zu groß würde. In diesem Fall befinden sich ständig mehrere Programme mit ihren Daten im Zentralspeicher, von denen jeweils nur eines aktiv ist, während die anderen inaktiv sind.

Im Hinblick auf die Lage der einzelnen Programme im Zentralspeicher tritt das folgende Problem auf: Sofern die Programmbündel, die auf der Anlage im Mehrprogrammbetrieb laufen, in ihrer Zusammensetzung wechseln, wird es notwendig, jedes einzelne Programm bei jedem Ablauf auf der ADV-Anlage entsprechend den Erfordernissen und Möglichkeiten, die sich aus der jeweiligen Bündelung mit anderen Programmen ergeben, in jeweils verschiedenen Bereichen des Zentralspeichers unterzubringen. In diesem Fall haben die Programme bei jedem Ablauf andere Adressen, und die Zuordnung der Befehle und der Daten eines Programms zu konkreten Speicherzellen erfolgt erst beim Einbringen des Programms in den Zentralspeicher (Laden). Bis zu diesem Zeitpunkt sind die Adressen eines Programms offen, sie sind lediglich relativ zu einem Bezugspunkt fixiert. Man bezeichnet diese Adressen als relative Adressen:

Relative Adresse: Eine Adresse, die die Lage eines Maschinenwortes relativ zu einem Bezugspunkt festlegt.

Nimmt zum Beispiel jede Speicherzelle ein Befehlswort auf und legt man als Bezugspunkt die Adresse des ersten Programmbefehls fest, so ist i-1 die relative Adresse des i-ten Befehls; steht zum Ablauf des Programms der Speicherbereich ab der Speicherzelle mit der Adresse K zur Verfügung, so erhält man die Maschinenadresse jedes Befehls durch Addition seiner relativen Adresse zur Adresse K: K+i-1 (vgl. Abbildung 9.3).

Zur Sicherstellung dieser Flexibilität im Hinblick auf den Mehrprogrammbetrieb werden bei der Übersetzung von Quellprogrammen in der Regel Zielprogramme mit relativen Adressen erzeugt. Die zum Zwecke der Programmausführung notwendige Zuordnung der relativen Adressen zu den absoluten Adressen wird dann beim Laden des Zielprogramms in den Zentralspeicher vom Betriebssystem übernommen.

relative Adresse	Maschinen Adresse	Programmbefehl
0	K	Befehl 1
1	K + 1	Befehl 2
⋮	⋮	⋮
i − 1	K + i − 1	Befehl i
⋮	⋮	⋮
n − 1	K + n − 1	Befehl n

Abb. 9-2: Relative und absolute (Maschinen-)Adressen der Befehle eines Programms

c) Virtuelle Speicherung

Der ständigen Zentralspeicherresidenz aller Programme, die einem während einer Zeitspanne im Mehrprogrammbetrieb ablaufenden Programmbündel zugehören, ist durch die Größe des Zentralspeichers eine Grenze gesetzt. Je größer die Anzahl der im Mehrprogrammbetrieb laufenden Programme und je größer der Speicherbedarf der Einzelprogramme ist, um so größer ist auch der gesamte erforderliche Zentralspeicherbedarf, oder anders ausgedrückt: Wenn die Zentralspeichergröße und die Größe der Programme gegeben sind, liegt die Anzahl der Programme, die im Mehrprogrammbetrieb durchgeführt werden können, fest. Aufgrund der Gegebenheiten in realen Systemen ist diese Anzahl oft nicht sehr groß: Die vorhandene Zentralspeichergröße und der Speicherbedarf der Einzelprogramme lassen vielfach nur die Residenz eines einzigen Programms oder nur weniger Programme im Zentralspeicher zu. Da andererseits beim Mehrprogrammbetrieb jedes einzelne Programm in isolierten Zeitabschnitten ausgeführt wird, braucht für den jeweiligen Zeitabschnitt eigentlich immer nur der gerade benötigte Programmteil resident zu sein, und dieser Programmteil ist im allgemeinen wieder nur eine Teilmenge des gesamten Programms. Diese Überlegung führt dazu, die Einzelprogramme in Teilabschnitte zu zerlegen und nur jeweils die beim Programmablauf benötigten Teilabschnitte im Zentralspeicher resident zu halten. Wählt man die Teilabschnitte aller Programme gleich groß, so hält sich der Steuerungsaufwand für die Ein- und Auslagerung der Teilabschnitte in Grenzen. Man bezeichnet in diesem Fall die Teilabschnitte als Speicherseiten:

> *Speicherseite*: Gruppe von Speicherzellen mit aufeinanderfolgenden Adressen. Jede Seite nimmt jeweils nur ein Programm oder den Teil eines Programms auf. Die Anzahl der Speicherzellen ist für alle Seiten des Zentralspeichers gleich groß [4].
> (page)

Bei gegebener Seitengröße und gegebener Zentralspeicherkapazität liegt die Anzahl der Seiten, die zu einem bestimmten Zeitpunkt im Zentralspeicher untergebracht werden kann, fest. Jedes Programm ist hierbei in eine Reihe von Seiten aufgeteilt und die Adresse jedes Programmbefehls, die man virtuelle Adresse nennt, kann als aus zwei Komponenten zusammengesetzt angesehen werden, der (fortlaufenden) Seitennummer S und der relativen Adresse R innerhalb der Seite:

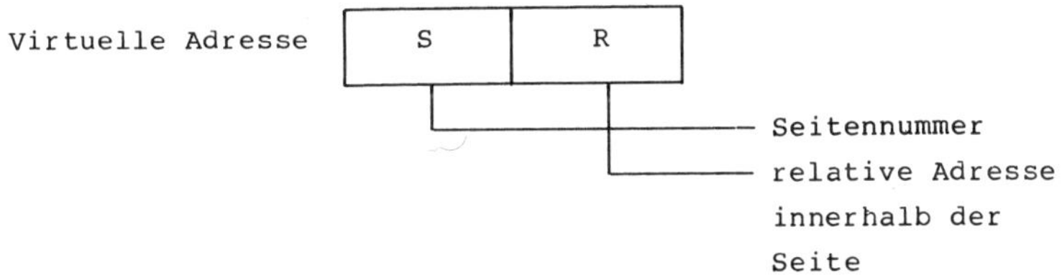

Die Stellenzahl, die für die Adreßkomponente S zur Verfügung gestellt wird, ist nicht an die Anzahl der Seiten im Zentralspeicher gebunden. Man kann vielmehr über die Seitenzahl des Zentralspeichers hinausgehen und so den Adreßraum für ein Programm beliebig vergrößern [5]. Die Stellenzahl R der zweiten Adreßkomponente ist dagegen durch die Größe einer Seite im Zentralspeicher gegeben. Der durch die virtuellen Adressen gegebene Adreßraum wird als virtueller Speicher bezeichnet:

---

4) In realen ADV-Anlagen umfaßt die Speicherseite vielfach 256, 512, 1024 oder 2048 Bytes oder Worte.

5) Für den Benutzer entfallen damit die sonst - ohne das virtuelle Speicherkonzept - üblicherweise vorhandenen Restriktionen bezüglich des für ein Programm zur Verfügung stehenden Speicherplatzes.

Virtueller Speicher : Gedachter - im Gegensatz zum realen - Programmspeicher, dessen Adreßraum durch das Produkt aus Gesamtzahl der Speicherseiten und Größe einer Speicherseite (gemessen in Zeichen oder Bytes) bestimmt wird.

Die zur Ausführung anstehenden Programme sind bei diesem Konzept des virtuellen Speichers in einem peripheren Speicher großer Kapazität untergebracht. Für den eigentlichen Programmablauf werden immer nur diejenigen Programmseiten, die in dem dem Programm zugeteilten Zeitabschnitt innerhalb des Mehrprogrammbetriebs benötigt werden, in den Zentralspeicher geladen, sofern sie nicht aus einer früheren Zeitabschnittszuteilung bereits dort residieren. Befinden sich zum Beispiel drei Programme P_1, P_2 und P_3 in der Ausführung, so könnte eine Momentaufnahme des Zentralspeichers, wie in Abbildung 9-3 dargestellt, aussehen.

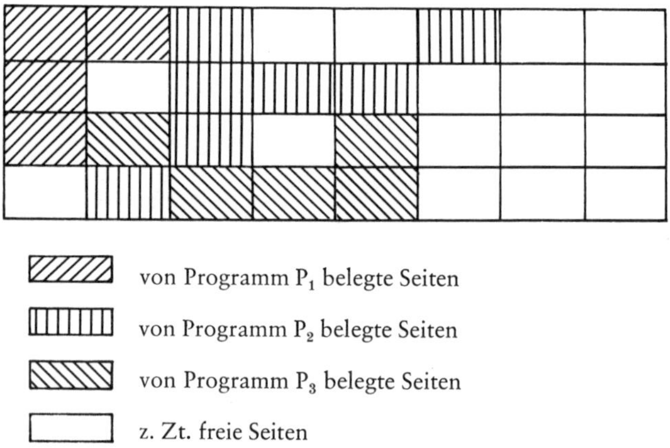

Abb. 9-3: Momentaufnahme eines mit drei Programmen belegten Zentralspeichers von 32 Seiten

Findet beim Ablauf des Programms ein Wechsel auf eine nicht im Zentralspeicher befindliche Seite des betreffenden Programms statt, so wird - sofern im Zentralspeicher noch Platz vorhanden ist - die erforderliche Seite aus dem peripheren Speicher übernommen und das Programm fortgesetzt [6].

---

[6] Hier erkennt man die Grenzen des Konzeptes des virtuellen Speichers: Wenn bei den Programmen sehr viele Sprünge in andere Speicherseiten auftreten, wird ein erheblicher Zeitaufwand für den Programmwechsel notwendig.

Die Umsetzung der virtuellen Adressen eines Programms in die realen Adressen des Zentralspeichers erfolgt zum Teil gerätetechnisch, zum Teil durch das Betriebssystem.

Das Verfahren der virtuellen Speicherung gelangt in bestimmten Anwendungssituationen an seine Grenzen. Es ist nicht vorteilhaft, wenn die Zahl der Ein-/Auslagerungen von Speicherseiten pro Zeiteinheit, die sogenannte "Paging-Rate", einen bestimmten Grenzwert überschreitet, weil dann das ADV-System überwiegend mit "Paging", nicht aber mit der Abwicklung von Anwendungsprogrammen beschäftigt ist. In solchen Fällen hilft eine Vergrößerung des Realspeichers oder eine Umorganisation der Programme.

d) Unterbrechungssignalsystem

Der Grund für den Multiplexbetrieb einer Funktionseinheit besteht darin, die 'Leerzeiten' zu verringern, die für die Funktionseinheit dadurch entstehen, daß ein Programm für eine Zeitspanne unterbrochen werden muß, weil es auf die Ausführung einer Teilaufgabe auf einer anderen Funktionseinheit warten muß oder weil vor der Weiterarbeit an dem Programm ein bestimmter Zustand hergestellt werden muß. Die wichtigsten Gründe für Unterbrechungen sind die folgenden:

- Das Warten auf die Eingabe oder Ausgabe eines Datensatzes von oder zu einem peripheren Gerät oder peripheren Speicher; die Wartezeit besteht dabei aus zwei Komponenten: Der Zeit bis zur Betriebsbereitschaft der an dem Eingabe- bzw. Ausgabevorgang beteiligten Funktionseinheiten (Puffer, EA-Werk, Eingabe- oder Ausgabeeinheit bzw. periphere Speichereinheit) und der Zeit zur Übertragung der Daten über die beteiligten Einheiten.

- Das Warten auf die Herstellung eines bestimmten Zustandes durch ein anderes Programm; ein Beispiel hierfür ist der Fall, daß in dem anderen Programm Daten errechnet werden, die an das wartende Programm abzugeben sind.

- Das Warten auf die Beseitigung eines Fehlerzustandes. Hier kommen nur solche Fehler in Betracht, deren Beseitigung kurzfristig und mit formalen Regeln möglich ist. Beispiele sind gewisse Störungen an peripheren Geräten, bestimmte Codefehler auf externen Datenträgern und bestimmte Programmfehler. Andere Störungen, deren Beseitigung zu zeitaufwendig oder nur durch den Ersteller des Programms möglich sind, führen zum endgültigen Abbruch des betreffenden Programms.

- Das Warten auf eine Anforderung von einem Prozeß außerhalb der ADV-Anlage. Beispiele hierfür sind die Eingabe- bzw. Ausgabeanforderungen von Meß- bzw. Steuerungsdaten bei einem technischen Prozeß, der von der ADV-Anlage gesteuert wird, oder entsprechende Anforderungen eines Benutzers, der mit der Anlage im Dialog verkehrt.

Die Realisierung des Multiplexbetriebes einer Funktionseinheit setzt konstruktiv das Vorhandensein eines Systems voraus, das Signale abgibt, durch die Programmunterbrechungen herbeigeführt und die Behandlung des Unterbrechungszustandes eingeleitet werden. Ein solches Signal heißt Unterbrechungssignal:

Unterbrechungssignal: Signal, das aufgrund des Zustandes einer Komponente des ADV-Systems an das Leitwerk gegeben wird und dadurch die Unterbrechung des gerade laufenden Programms veranlaßt, das diesen Zustand anzeigt und so die Möglichkeit der Einleitung eines diesen Zustand behandelnden Prozesses ermöglicht.

Nachdem durch ein Unterbrechungssignal das gerade laufende Programm abgebrochen wurde, erfolgen die Einleitung der Maßnahmen zur Behandlung dieser Unterbrechung und die Übertragung der Steuerung an ein anderes Programm. Die Wirkungsweise des Unterbrechungssignalsystems ist ein wesentliches Kennzeichen der Leistungsfähigkeit eines modernen ADV-Systems.

e) Pipelining

Die bisher geschilderten konstruktiven Maßnahmen sind bei den meisten modernen ADV-Systemen selbstverständliche Einrichtungen. Darüberhinaus sind in neuerer Zeit eine Reihe weiterer konstruktiver Maßnahmen realisiert, die eine zusätzliche Leistungssteigerung durch Verbesserung der zeitparallelen Arbeitsweise in einem ADV-System bewirken. Eine dieser Maßnahmen ist das sogenannte Pipelining. Hierbei werden solche Aktivitäten, die sich im Normalfall in zeitlich aufeinanderfolgende Teilschritte zerlegen lassen, in verschiedenen Funktionseinheiten abgewickelt, derart, daß aufeinanderfolgende Aktivitäten diesen Typs in ihren Teilschritten zeitparallel durchgeführt werden. Die Zerlegung der Aktivitäten in Teilschritte erfolgt dabei automatisch:

Pipelining: Automatische Zerlegung von Aktivitäten in Teilschritte und zeitlich parallele Durchführung entsprechender Teilschritte von aufeinanderfolgenden Aktivitäten in verschiedenen Funktionseinheiten.
(pipelining)

Die wichtigste Form des Pipelining ist die auf der Ebene der Maschinenbefehle: Jeder Befehl wird dabei in eine Folge von Teilbefehlen zerlegt, z.B. in die vier Schritte:

- Befehlsübertragung (aus dem Zentralspeicher in das Leitwerk) = Instruction Fetch,
- Befehlsinterpretation (im Leitwerk) = Instruction Decomposition,
- Operandenübertragung (aus dem Zentralspeicher in das Rechenwerk) = Operand Fetch,
- Befehlsausführung (im Rechenwerk) = Execution.

Zur Veranschaulichung sind in Abbildung 9-4 für dieses Beispiel die Ausführungsformen ohne und mit Pipelining dargestellt.

a) Ohne Pipelining

b) Mit Pipelining

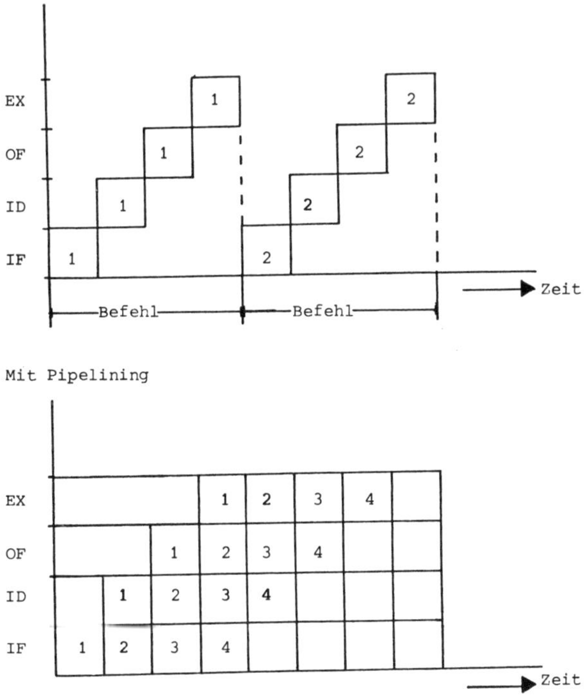

IF = Information Fetch
ID = Information Decomposition
OF = Operand Fetch
EX = Execution

Abb. 9-4: Zur Erläuterung des Pipelining

Die oben erläuterte Form des Pipelining auf Befehlsebene ist nur eine Form dieser modernen Parallelisierungstechnik. Daneben kann dieses Prinzip auch auf der Anweisungsebene und auf der Programmebene realisiert werden.

f) Mehrprozessorsystem

Eine weitere konstruktive Maßnahme, die eine wesentliche zusätzliche Leistungssteigerung eines ADV-Systems bringt, ist die Parallelisierung durch mehrere autonome Prozessoren: Während der Multiplexbetrieb der Zentraleinheit diese bereits wesentlich besser auslastet als dies bei seriellem Betrieb der Zentraleinheit möglich ist, zeigt sich doch, daß hier noch wesentliche Leistungsreserven gegeben sind. Wird der Mehrprogrammbetrieb im Hinblick auf die Auslastung der einzelnen Komponenten der Zentraleinheit untersucht, so ergibt sich, daß Leitwerk und Rechenwerk - soweit nach jeder Programmunterbrechung ein anderes Programm aktiviert werden kann - beim Mehrprogrammbetrieb ständig aktiv sind. Beide Werke sind also über die Zeit voll ausgelastet. Anders ist dies beim Zentralspeicher: Hier beschränkt sich die Auslastung - etwa gemessen durch die Anzahl der je Zeiteinheit durchgeführten Übertragungsoperationen - auf einen Bereich des Speichers, nämlich denjenigen, in dem sich das gerade aktive Programm befindet. Die übrigen Speicherbereiche, die mit inaktiven Programmen belegt sind, befinden sich gewissermaßen im Wartezustand. Will man zu einer besseren Auslastung des Zentralspeichers gelangen, so kann dies erreicht werden, indem man mehrere Einheiten aus Rechenwerk und Leitwerk gleichzeitig auf den Zentralspeicher arbeiten läßt. Dieses Konzept ist bei dem sogenannten Mehrprozessorsystem realisiert. Der Prozessor ist hierbei wie folgt definiert:

Prozessor (DIN): Eine Funktionseinheit innerhalb eines digitalen Rechensystems, die Rechenwerk und Leitwerk umfaßt.

Anmerkung: Ein Prozessor kann also mehr als ein Rechenwerk und Leitwerk enthalten. In diesem Fall ist es notwendig, die anderen Bestandteile zu nennen.
(processor)

Das Mehrprozessorsystem ist dann:

Mehrprozessorsystem (DIN): Ein digitales Rechensystem, bei dem ein Zentralspeicher ganz oder teilweise von zwei oder mehr Prozessoren gemeinsam benutzt wird, von denen jeder über mindestens ein Rechenwerk und ein Leitwerk allein verfügt.
(multiprocessor)

Der Begiff des Prozessors läßt verschiedene Arten von Prozessoren zu. Die wichtigsten sind der Zentralprozessor und der EA-Prozessor:

Zentralprozessor: Ein Prozessor der Zentraleinheit.

EA-Prozessor (DIN): Ein Prozessor, der als E/A-Werk dient [7].

Bei dem Konzept des Mehrprozessorsystems können zur gleichen Zeit mehrere Übertragungen zum Zentralspeicher einerseits und den Prozessoren andererseits stattfinden. Um Konfliktsituationen auszuschließen, ist dafür zu sorgen, daß nicht zur gleichen Zeit auf ein und dieselbe Speicherzelle bzw. ein und denselben Speicherbereich zugegriffen wird. Hierzu wird der Zentralspeicher üblicherweise in geeignete Moduln aufgeteilt. Ihre Inhalte sind dann automatisch so gegeneinander abgesichert, daß während eines Speicherzyklus immer nur die Übertragung von Daten zwischen einem Speichermodul und einem einzigen Prozessor möglich ist [8].

Abbildung 9-5 zeigt den Aufbau eines Mehrprozessorsystems.

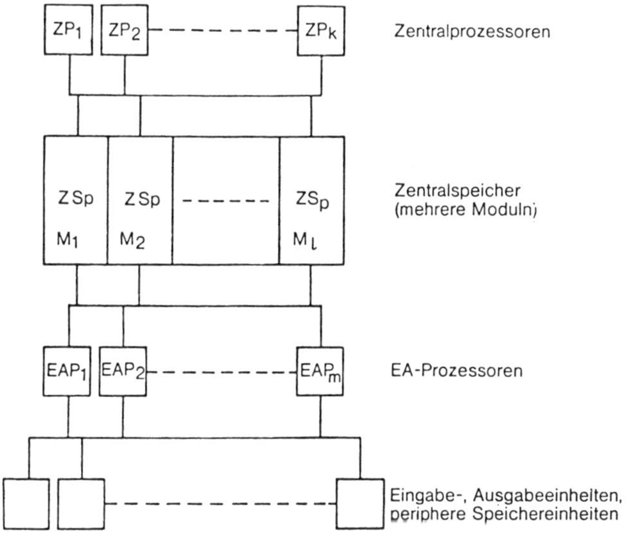

Abb. 9-5: Mehrprozessorsystem

g) Feldrechnersystem

Neben dem Konzept des Rechensystems mit mehreren autonomen Prozessoren gibt es auch verschiedene Formen von Systemen mit meh-

---

7) Der Begriff EA-Prozessor ist ein DIN-Bestandteil des Begriffs EA-Werk.

8) Beim virtuellen Speicher bietet sich als Speichermodul die Speicherseite an.

reren abhängigen Prozessoren. Das bekannteste Beispiel ist hier der Feldrechner zur Durchführung von Feldoperationen (Operationen an Vektoren, Matrizen); bei einem solchen Rechner sind mehrere Prozessoren vorhanden, die jeweils zeitlich parallel zueinander die gleichen Operationen an den verschiedenen Elementen eines Feldes ausführen:

Feldrechner: Rechensystem mit mehreren gleich strukturierten Prozessoren, die zeitlich parallel gleiche Operationsfolgen an verschiedenen Datenelementen durchführen.
(array computer)

Als ein Beispiel für die Arbeitsweise eines Feldrechners sei die Addition von 2 Vektoren erläutert: die zwei Vektoren $\mathfrak{a}$ und $\mathfrak{b}$ mit jeweils n Komponenten werden addiert, indem man die entsprechenden Komponenten der beiden Vektoren addiert:

$$\mathfrak{a} = (a_1, a_2, \ldots, a_n),$$
$$\mathfrak{b} = (b_1, b_2, \ldots, b_n),$$
$$\mathfrak{c} = \mathfrak{a} + \mathfrak{b} = (c_1, c_2, \ldots, c_n).$$
$$= (a_1+b_1, a_2+b_2, \ldots, a_n+b_n).$$

Bei einem Rechensystem mit einem einzigen Prozessor wird diese Vektoraddition als Iteration ausgeführt; die dabei benötigte Zeit ist gleich dem n-fachen der Basisadditionszeit. Bei Durchführung dieser Addition in einem Feldrechner mit n Prozessoren $P_1, P_2, \ldots, P_n$ werden die n Operationen an den Komponenten zeitlich parallel ausgeführt, so daß die gesamte Operationszeit hier nur den n-ten Teil der Operationszeit beim Einprozessorsystem beträgt (siehe Abbildung 9-6).

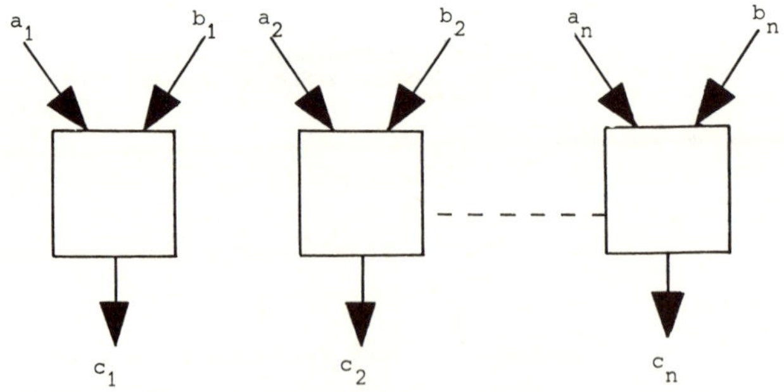

Abb. 9-6: Zur Erläuterung der Vektoraddition in einem Feldrechner mit n Prozessoren

9.3 Nutzungsformen von ADV-Systemen

In Abschnitt 9.1 wurden die grundsätzlichen internen Betriebsformen eines ADV-Systems dargestellt. Diese Betriebsformen definieren die Art und Weise, wie eine dem System zur Ausführung übertragene Aufgabe im Zeitablauf und in Konkurrenz mit anderen Aufgaben abgewickelt wird.

Der Benutzer eines ADV-Systems wird sich dieser unterschiedlichen internen Betriebsformen im allgemeinen nicht bewußt. Vielfach ist er auch gar nicht in der Lage, die konkrete Betriebsform - sofern er nicht über entsprechende Systemkenntnisse verfügt - festzustellen. Sie braucht ihn auch gar nicht zu interessieren. Dem Benutzer kann es gleichgültig sein, ob seine Aufgabe z.B. im Zeitabschnittsbetrieb, im seriellen Betrieb usw. durchgeführt wird. Ihn interessiert, daß die zu erfüllende Aufgabe ordnungsgemäß, kostengünstig und zeitgerecht erledigt wird.

Anderes gilt im Hinblick auf die Nutzungsform. Hierunter soll die Art und Weise verstanden werden, wie und von wo aus der Benutzer seine Programme zur Abwicklung bereitzustellen hat, wie er an der Abwicklung beteiligt wird usw. Entsprechend zu den internen Betriebsformen könnte man daher hier von den "äußeren" Nutzungsformen sprechen.

Die verschiedenen Nutzungskategorien können jeweils durch die entsprechenden Ausprägungen in den folgenden Grunddimensionen beschrieben werden:

- Grundformen, die die örtliche Aufstellung der Komponenten der Anlage betreffen,
- Grundfunktionen, die über bestimmte Komponenten abgewickelt werden,
- Grundformen, die die zeitliche äußere Abwicklung einer Aufgabe betreffen,
- Grundformen im Hinblick auf den Informationsaustausch zwischen dem Benutzer und dem zentralen Rechensystem,
- Grundformen, die die Abhängigkeit der verschiedenen Aufgaben kennzeichnen.

Zu den Grundformen, die die örtliche Aufstellung der Komponenten der Anlage betreffen, ist folgendes festzustellen: Früher wurden - und vielfach werden auch heute noch - die einzelnen Komponenten einer ADV-Anlage in einem örtlich begrenzten Bereich - meist in einem einzigen Raum - konzentriert. Dieser Raum wird - auch heute noch - üblicherweise als das "Rechenzentrum" bezeichnet. Die Nutzung der Anlage machte in diesen Fällen den unmittelbaren physikalischen Kontakt des Benutzers mit der zentral aufgestellten Anlage erforderlich. Demgegenüber bietet sich heute meist die Möglichkeit, ADV-Anlagen oder Anlageteile an räumlich verschiedenen Orten aufzustellen. Im Hinblick auf die Aufstellung sind die folgenden beiden Ausprägungen gegeben:

- Zentrale Aufstellung,
- dezentrale Aufstellung.

Bezüglich der Funktionen, die bei einem automatischen Datenverarbeitungsprozeß durchgeführt werden, können - aus der Sicht des Benutzers - die folgenden vier Grundfunktionen unterschieden werden:

- Die Eingabe,
- die interne Verarbeitung,
- die interne Datenhaltung,
- die Ausgabe.

Werden etwa die Eingabe- und/oder die Ausgabefunktionen über dezentral aufgestellte Geräte abgewickelt, so bedeutet dies, daß der Benutzer über diese Geräte mit einem (im allgemeinen zentralen) Rechensystem Informationen austauscht. Das betreffende dezentrale Gerät heißt dann Benutzerstation:

> *Benutzerstation (DIN)*: Eine Funktionseinheit innerhalb eines Rechensystems, mit deren Hilfe einem Benutzer direkter Informationsaustausch mit dem Rechensystem möglich ist.
> (user terminal)

Abbildung 9-7 stellt ein Beispiel für die Verteilung der Grundfunktionen und deren räumliche Ansiedlung dar. Hierbei werden die Eingabe und die Ausgabe dezentral abgewickelt, während die interne Datenverarbeitung und die Datenhaltung zentral vorgenommen wird.

In bezug auf die (äußere) zeitliche Abwicklung einer Datenverarbeitungsaufgabe ist folgendes festzustellen: Zunächst können hinsichtlich des zeitlichen Zusammenwirkens zwischen den an der Ausführung beteiligten Personen und dem ADV-System zwei grundsätzlich verschiedene Ablaufformen gesehen werden:

- Die Aufgabe wird vollständig formuliert und dann dem ADV-System zur Durchführung übergeben;
- die Aufgabe wird in Teilaufgaben formuliert und jede Teilaufgabe wird dem ADV-System separat übergeben. Jede dieser Teil-

aufgaben löst im ADV-System die Durchführung eines Teilprozesses aus, durch den Zwischenergebnisse entstehen, die bereits verwendet werden können.

Grundfunktionen / Aufstellung	Dateneingabe	Datenverarbeitung	Datenhaltung	Datenausgabe
Zentral		X	X	
Dezentral	X			X

Abb. 9-7: Beispiel für die Verteilung der Grundfunktionen und deren räumliche Ansiedlung

Diese beiden Nutzungsformen werden als Stapelbetrieb bzw. als Dialogbetrieb bezeichnet:

Stapelbetrieb (DIN): Ein Betrieb eines Rechensystems, bei dem eine Aufgabe aus einer Menge von Aufgaben vollständig gestellt sein muß, bevor mit ihrer Abwicklung begonnen werden kann.
(batch processing)

Dialogbetrieb (DIN): Ein Betrieb eines Rechensystems, bei dem zur Abwicklung einer Aufgabe Wechsel zwischen dem Stellen von Teilaufgaben und den Antworten darauf stattfinden können.
(conversational mode)

Beispiele für die Abwicklung im Stapelbetrieb, der früher ausschließlich angewendet wurde, sind die meisten Abrechnungsverfahren der betrieblichen Datenverarbeitung: Die zu verarbeitenden Daten werden als Stapel in die ADV-Anlage eingegeben. Nach Abwicklung der Aufgabe werden die Ausgangsdaten als Stapel von der ADV-Anlage ausgegeben, ohne daß zwischendurch ein menschlicher Eingriff - abgesehen von Sonderzuständen, etwa zur Beseitigung eines Fehlers - erforderlich ist.

Ein Beispiel für den Dialogbetrieb ist die Nutzung einer Datenbasis, auf die direkt zugegriffen werden kann und bei der schrittweise immer mehr Merkmale des oder der gesuchten Datensätze in einem Dialog zwischen dem anfragenden Menschen und dem ADV-System kombiniert werden können.

Bei bestimmten Problemstellungen existieren zeitliche Restriktionen für den Programmablauf. Ein Beispiel hierfür ist die Steuerung eines technischen Prozesses mit Hilfe einer ADV-Anlage [9]. Wenn bei solchen Problemstellungen weder der Zeitpunkt des Programmbeginns bekannt ist, noch die für das ADV-System verfügbare Zeit zur Programmausführung ausreicht, um das Laden des Programms von einem externen Speicher erst bei Vorliegen der von außen kommenden Anforderungen vorzunehmen, so wird es notwendig, das Verarbeitungsprogramm in der ADV-Anlage ständig betriebsbereit zu halten. Einen solchen Betrieb nennt man Realzeitbetrieb:

> *Realzeitbetrieb (DIN)*: Ein Betrieb eines Rechensystems, bei dem Programme zur Verarbeitung anfallender Daten ständig betriebsbereit sind, derart, daß die Verarbeitungsergebnisse innerhalb einer vorgegebenen Zeitspanne verfügbar sind. Die Daten können je nach Anwendungsfall nach einer zeitlich zufälligen Verteilung oder zu bestimmten Zeitpunkten anfallen. (real time processing)

Alle drei der oben genannten Nutzungsformen (Stapel-, Dialog-, Realzeitbetrieb) können intern im seriellen Betrieb, im Multiplexbetrieb und/oder im Parallelbetrieb abgewickelt werden.

Als eine weitere Dimension ist bei dezentraler Aufstellung von Systemkomponenten die Zuständigkeit für die Initiative zum Datenaustausch zwischen den entfernt aufgestellten Systemkomponenten zu sehen: Bezüglich des Datenaustausches zwischen einer Benutzerstation und einer entfernten Zentraleinheit werden zwei Nutzungsformen unterschieden, je nachdem, ob die Initiative von der Zentraleinheit oder von der Benutzerstation ausgeht, nämlich der Abrufbetrieb und der Anforderungsbetrieb:

> *Abrufbetrieb (DIN)*: Ein Betrieb eines Rechensystems, bei dem eine Zentraleinheit nach einer festgelegten Vorschrift von Benutzerstationen Daten abruft.

> *Anforderungsbetrieb (DIN)*: Ein Betrieb eines Rechensystems, bei dem eine Zentraleinheit von einer Benutzerstation zur Übernahme angebotener Daten veranlaßt wird.

Die einfachste Vorschrift, nach der beim Abrufbetrieb von meh-

---

[9] Vgl. dazu das Beispiel in Abschnitt 7.6.

reren angeschlossenen Benutzerstationen Daten abgerufen werden, besteht darin, innerhalb eines Zyklus in gleichen Zeitabständen jede Station zur Abgabe von Daten aufzufordern. Ein Beispiel hierfür ist ein Datenerfassungssystem mit dezentralen Benutzerstationen, die als Datenerfassungsplätze dienen. Ein Beispiel für einen Anforderungsbetrieb kann ein Auskunftssystem (etwa innerhalb eines Platzbuchungssystems) sein, bei dem der Kommunikationsprozeß von der Benutzerstation initialisiert wird.

Was die internen Betriebsformen angeht, so haben in den beiden obigen Fällen nur Parallel- bzw. Multiplexbetrieb einen Sinn.

Die letzte Dimension betrifft die Abhängigkeit zwischen Programmen, die bei gemeinsamer Nutzung eines Rechensystems durch mehrere angeschlossene Benutzerstationen abgewickelt werden. Man unterscheidet hier zwei Ausprägungen: Das Teilnehmer-Rechensystem und das Teilhaber-Rechensystem:

Ist das System so ausgelegt, daß von jeder Benutzerstation aus unabhängig Aufgaben abgewickelt werden können, so spricht man vom Teilnehmer-Rechensystem:

> *Teilnehmer-Rechensystem (DIN)*: Ein digitales Rechensystem mit mehreren angeschlossenen Benutzerstationen, von denen aus Aufgaben unabhängig voneinander abgewickelt werden können.

Teilnehmer-Rechensysteme wurden zunächst im Hochschulbereich zur Lösung von mathematischen und technischen Aufgaben eingerichtet. Inzwischen haben solche Systeme aber auch in der Wirtschaft zur interaktiven Lösung von Aufgaben starke Verbreitung gefunden.

Sind die von den verschiedenen Benutzerstationen initialisierten Aufgaben nicht unabhängig voneinander, sondern verwenden sie das gleiche Programmsystem und den gleichen Basisdatenbestand, so spricht man vom Teilhaber-Rechensystem:

> *Teilhaber-Rechensystem* (in Anlehnung an DIN): Ein digitales Rechensystem mit mehreren angeschlossenen Benutzerstationen, von denen aus Aufgaben abgewickelt werden können, die alle das gleiche Programmsystem und den gleichen Basisdatenbestand verwenden.

Die ältesten Beispiele für Teilhaber-Rechensysteme sind die Platzbuchungssysteme der Verkehrsgesellschaften.

Eine bestimmte Nutzungskategorie ergibt sich nun, indem man für jede der obigen Dimensionen eine der jeweils möglichen Ausprägungen konkretisiert. Eine Kategorie ist z.B. die dezentrale Eingabe im Stapelabrufbetrieb bei einem Teilhaber-Rechensystem.

9.4 Das Betriebssystem und die systeminduzierte Software

9.4.1 Zum Begriff des Betriebssystems

Bereits bei der Diskussion über den Umfang des Befehlsvorrates einer ADV-Anlage war festgestellt worden, daß jede Anlage über ein ihr eigenes Befehlsrepertoire verfügt. Alle nicht unmittelbar in diesem Befehlsrepertoire realisierten Funktionen müssen in Form von Programmen verwirklicht werden. Hierzu gehören insbesondere solche generellen Funktionen, die für die Steuerung und Überwachung von Anwendungsprogrammen benötigt werden. Die Gesamtheit aller Programme, die als Hilfen für die Abwicklung von Anwendungsprogrammen auf einer ADV-Anlage geschaffen wurden, bilden das Betriebssystem der Anlage:

> *Betriebssystem* (in Anlehnung an DIN): Die Programme eines digitalen Rechensystems, die zusammen mit den Eigenschaften der Rechenanlage die Grundlage der möglichen Betriebsarten (Betriebsformen und Nutzungsformen) des digitalen Rechensystems bilden und insbesondere die Abwicklung von Programmen steuern und überwachen.
> (operating system)

Auf die Frage, wo die optimale Schnittstelle zwischen dem Betriebssystem und der Anlage liegt, welche Funktionen also vom Betriebssystem und welche maschinentechnisch zu realisieren sind, gibt es genausowenig eine allgemeingültige Antwort wie auf die Frage, welches das optimale Befehlsrepertoire einer Maschinensprache ist (vgl. Abschnitt 6.1). Je weniger Funktionen maschinentechnisch verwirklicht sind, um so mehr Funktionen muß das Betriebssystem übernehmen. Für den Benutzer eines ADV-Systems spielt diese Schnittstelle zwischen Betriebssystem und Anlage eine untergeordnete Rolle: Für ihn stellen das Betriebssystem und die Anlage eine Einheit dar. Den Benutzer interessiert dagegen die Schnittstelle zwischen ihm und dem Betriebssystem, die durch eine eigene Sprache, die Betriebssprache, realisiert wird (s. Abbildung 9-8):

> *Betriebssprache (DIN)*: Eine Sprache zur Verständigung zwischen Benutzer und Betriebssystem.
> (operating language)

Mit Hilfe dieser Sprache formuliert der Benutzer Anweisungen an das Betriebssystem; die betreffenden Anweisungen heißen Betriebsanweisungen:

Betriebsanweisung (DIN): Eine Anweisung in der Betriebssprache.
(directive)

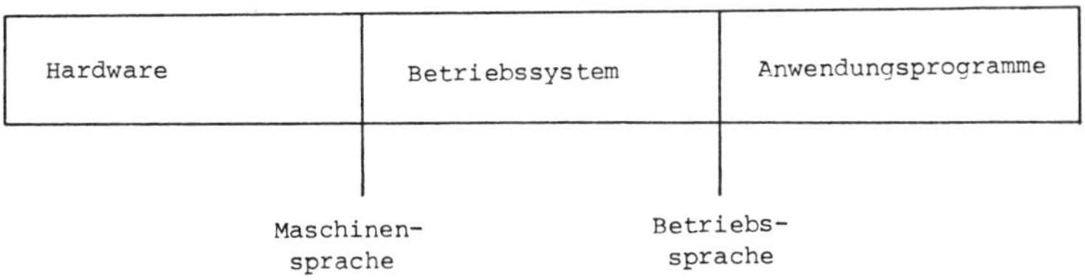

Abb. 9-8: Das Betriebssystem mit seinen Schnittstellen

9.4.2 Wichtige Aufgaben des Betriebssystems

Die Aufgaben des Betriebssystems für eine konkrete ADV-Anlage lassen sich aus den folgenden Funktionsbündeln ableiten:

- Den Funktionen der konstruktiv realisierten Komponenten,
- den Gesamtfunktionen des Systems als Einheit aus Anlage und Betriebssystem.

Die Aufgaben des Betriebssystems sind demnach um so größer, je weniger Funktionen konstruktiv realisiert sind und je mehr Funktionen vom ADV-System insgesamt wahrgenommen werden müssen.

Da für beide Gesichtspunkte keine allgemeingültigen Festsetzungen existieren, sind die Aufgaben eines Betriebssystems auch nicht generell zu definieren. Die wichtigsten Aufgaben, die vom Betriebssystem im allgemeinen wahrgenommen werden, sind die folgenden:

a) Die Steuerung der Einzelprogramme

Im Hinblick auf die Steuerung des Ablaufes eines Einzelprogramms obliegen dem Betriebssystem u.a. die folgenden Funktionen:

- Auswahl des nächsten, noch nicht initialisierten Programms aus der Warteschlange der zum Ablauf anstehenden Programme.

  Bei einer modernen ADV-Anlage werden die abzuwickelnden Programme im allgemeinen auf einem externen Speicher in einer Warteschlange bereitgehalten. Aus dieser Warteschlange wählt das Betriebssystem aufgrund einer vom Anwender festzulegenden Prioritätenregel das nächste Programm zum Ablauf aus.

- Analyse der Betriebsanweisungen.

  Die Betriebsanweisungen eines Programms legen u.a. fest, welche Betriebsmittel (z.B. Eingabe-/Ausgabe-Geräte, externe Speicher, Zentralspeicher), welche Dateien benötigt werden und welche weiteren Anforderungen für die Durchführung des Programms zu stellen sind (etwa welche Übersetzungsprogramme benötigt werden, sofern ein Quellprogramm zu übersetzen ist). Das Betriebssystem analysiert die Betriebsanweisungen und leitet daraus die notwendigen weiteren Aktivitäten ab.

- Zuweisung der Betriebsmittel.

  Dem Programm, das zur Ausführung gelangt, werden entsprechend den in den Betriebsanweisungen festgelegten Anforderungen Betriebsmittel zugewiesen.

- Eröffnung von Dateien.

  Die in den Betriebsanweisungen definierten Dateien werden eröffnet, d.h. für das Programm zugänglich gemacht.

- Anweisungen an den Operateur.

  Das Betriebssystem gibt diejenigen Manipulationsanweisungen an den Operateur, deren Erledigung zur Programmdurchführung notwendig sind; hierzu gehören Anweisungen zum Einspannen von Magnetbändern auf bestimmten Magnetbandgeräten, zum Einlegen von Lochkartenpaketen in einen Lochkartenleser oder in ein Stanzgerät, zum Einspannen von Formularen in einen Drucker usw.

- Laden des Programms und Einbinden (linken) von zusätzlichen, in Programmbibliotheken bereitgehaltenen Programmoduln.

  Das auf einem externen Speicher bereitstehende Programm weist im allgemeinen relative Adressen auf; beim Einbringen des Programms in den Zentralspeicher werden die relativen Adressen in Maschinenadressen umgewandelt. Außerdem werden bei diesem Ladevorgang weitere Programmoduln, die zusätzlich zu dem Programm benötigt werden, eingebunden.

- Start des Programms.

  Nachdem die notwendigen Voraussetzungen erfüllt sind, wird das Programm durch das Betriebssystem gestartet.

- Steuerung der Eingabe und der Ausgabe.

  Eingabe und Ausgabe von Daten sind bei einer modernen ADV-Anlage, insbesondere wenn diese im Multiplexbetrieb läuft, komplexe Operationen. Die Steuerung dieser Operationen wird vom Betriebssystem übernommen.

- Einfügen von Bibliotheks- oder Hilfsprogrammen während der Laufzeit.

  Bei den Bibliotheksprogrammen handelt es sich um generalisierte Routinen, die bei einer Vielzahl von Programmen benötigt werden und die in einem Einzelprogramm durch Parameter definiert werden und dann vom Betriebssystem an den entsprechenden Stellen eingefügt werden; Beispiele für solche generalisierten Routinen sind Programme mit mathematischen Funktionen, Sortierprogramme, Mischprogramme usw.

- Einfügen von Wiederaufnahmepunkten.

  Um zu vermeiden, daß bei einem länger laufenden Programm infolge eines Fehlers (etwa Maschinenfehler) Datenverluste und/oder Zeitverluste entstehen, werden - sofern der Benutzer dies wünscht - Wiederaufnahmepunkte gesetzt: In bestimmten Zeitabständen (etwa jede Minute) wird der augenblickliche Programmzustand festgehalten. Dies geschieht zum Beispiel dadurch, daß zu den betreffenden Zeitpunkten der gesamte Zentralspeicherinhalt und die Inhalte der Register auf einen externen Speicher abgelegt werden ('Momentaufnahme'). Nach Behebung des Fehlers, der zum Programmabbruch geführt hat, wird zur Wiederaufnahme des Programms der letzte fixierte Programmzustand (durch Laden der letzten Momentaufnahme aus dem externen Speicher) wiederhergestellt und das Programm bei diesem letzten Wiederaufnahmepunkt fortgeführt.

- Analyse und Behandlung von Programmfehlern.

  Beim Programmablauf können Fehler auftreten, die ein entsprechendes Unterbrechungssignal und damit - zunächst - den Abbruch des Programms bewirken. Der aufgetretene Fehler wird dann vom Betriebssystem analysiert und - soweit dies möglich ist - behoben, und anschließend wird das Programm fortgesetzt. Beispiele für solche vom Betriebssystem korrigierbare Fehler können Lesefehler bei peripheren Geräten sein: Nach Zurücksetzen des fehlerhaft gelesenen Datenblocks und erneutem Lesen tritt der Fehler eventuell nicht mehr auf, und das Programm kann fortgeführt werden. Daneben gibt es Fehler, die vom Betriebssystem nicht behoben werden können, sondern die zum endgültigen Programmabbruch führen. Beispiele für Fehler der letzten Art sind die meisten gerätetechnischen Fehler oder auch bestimmte Programmfehler, etwa die Division einer Zahl durch Null. Das Betriebssystem sorgt in diesen Fällen für eine geordnete Beendigung eines Programms und veranlaßt die Ausgabe eines entsprechenden Protokolls.

- Protokollierung des Programmablaufs.

  Das Betriebssystem protokolliert alle wesentlichen, den Ablauf eines Programms betreffenden Fakten: Art und Umfang der durch das Programm in Anspruch genommenen Betriebsmittel, Liste der verwendeten Dateien, Zeitpunkt des Beginns und der Beendigung des Programmlaufs sowie Art und Zeitpunkt aufgetretener Fehler. Diese Daten werden vom Betriebssystem ausgegeben und stehen zur weiteren Auswertung, insbesondere für die Leistungsabrechnung, zur Verfügung.

b) Die Steuerung des Mehrprogrammbetriebes

Beim Mehrprogrammbetrieb werden mehrere Programme zeitlich ineinander verzahnt in der Zentraleinheit abgewickelt. Die Steuerung dieses Betriebes obliegt im wesentlichen dem Betriebssystem, wobei dieses insbesondere durch das im allgemeinen konstrukiv realisierte Unterbrechungssignalsystem unterstützt wird. Die wesentlichen Funktionen des Betriebssystems sind in diesem Zusammenhang:

- Buchführung über die initialisierten Programme und die eingesetzten Betriebsmittel.

  Für alle im Rahmen des Mehrprogrammbetriebes laufenden Programme eines Programmbündels werden die den einzelnen Programmen zugeteilten Betriebsmittel und die Prioritäten der Programme festgehalten.

- Analyse und Behandlung der Unterbrechungssignale.

  Durch ein Unterbrechungssignal wird das in der Zentraleinheit gerade laufende Programm unterbrochen, und es wird die Art der Unterbrechung angezeigt. Das Betriebssystem analysiert das Signal und veranlaßt im Anschluß daran die erforderlichen Maßnahmen; die wichtigsten Maßnahmen sind der Programmwechsel und die Sicherung des Programmzustandes des unterbrochenen Programms. Dies geschieht in der Weise, daß die den augenblicklichen Programmzustand kennzeichnenden Registerinhalte (Befehlszähler, Register usw.) und der Inhalt des durch das Programm belegten Speicherbereichs - sofern dieser für das Folgeprogramm benötigt wird - auf einem externen Speicher ausgelagert werden.

- Reinitialisierung des nächsten Programms.

  Das Programm, das im Anschluß an eine Unterbrechung als nächstes wiederaufgenommen wird, ist in laufbereiten Zustand zu versetzen. Hierzu sind die entsprechenden, bei der letzten Unterbrechung dieses Programms abgespeicherten Zustandsgrößen und das Programm selbst - sofern es bei der letzten Unterbrechung ausgelagert wurde - in den Zentralspeicher zurück zu übertragen.

- Auswahl des nächsten Programms aus der Reihe der bereits initialisierten Programme.

  Aus der Reihe der Programme, die bereits initialisiert wurden, die also im Augenblick der Unterbrechung das Bündel vom im Mehrprogrammbetrieb laufenden Programmen bilden, ist dasjenige auszuwählen, das als nächstes aufgerufen werden kann. Die Auswahl erfolgt hierbei nach einer unter Umständen vom Benutzer festzulegenden Prioritätsvorschrift. Im einfachsten Fall wird dasjenige Programm wiederaufgenommen, das sich zum Zeitpunkt der Unterbrechung die längste Zeit im Wartezustand befindet. Eine andere Möglichkeit besteht darin, Programme mit kürzerer Laufzeit solchen mit größerer Laufzeit vorzuziehen. Für die Wiederaufnahme eines Programms muß natürlich vorausgesetzt werden, daß das Programm überhaupt wiederanlauffähig ist.

c) Weitere Funktionen

Neben den zuvor betrachteten Aufgaben im Zusammenhang mit der Steuerung eines einzelnen Programms und der Steuerung des Mehrprogrammbetriebes hat das Betriebssystem noch eine Reihe weiterer Funktionen:

- Protokollierung des Betriebsablaufes.

  Die Ereignisse, die den Betriebsablauf in einem ADV-System kennzeichnen, werden vom Betriebssystem protokolliert. Hierhin gehören die Buchführung über alle Unterbrechungen, deren Anlässe und die Maßnahmen, die als Folge dieser Unterbrechungen eingeleitet wurden.

- Erstellung von Statistiken über den Betriebsablauf.

  Das Betriebssystem erstellt im allgemeinen verschiedene Statistiken, die den Betriebsablauf kennzeichnen, z.B. Fehlerstatistiken (Art, Anzahl und Dauer von Fehlerstörungen) und Statistiken über die Auslastung der einzelnen Betriebsmittel.

- Beantwortung von Anfragen des Operateurs.

  Der Operateur kann bestimmte Anfragen an das System richten, die vom Betriebssystem über die Konsolschreibmaschine, über ein Bildschirmgerät oder eine andere Anzeige beantwortet werden. Mögliche Fragen sind z.B. die nach den gerade im Mehrprogrammbetrieb laufenden Programmen, nach dem Zustand eines Einzelprogramms, nach der Auslastung der Betriebsmittel usw.

9.4.3 Die Steuerungsfunktionen des Betriebssystems

Betriebssysteme sind umfangreiche und sehr komplexe Programmsysteme, deren Entwicklung Aufwendungen verursachen kann, die größer sind als der Entwicklungsaufwand für die Hardware eines ADV-Systems.

Funktionen und Strukturen konkreter Betriebssysteme hängen einerseits von systemtechnischen Vorentscheidungen, z.B. vom Leistungsumfang der Hardware, vom Leistungsumfang der Maschinensprache und von den verfügbaren Betriebsarten ab. Andererseits können sie meist in einer nicht unerheblichen Bandbreite durch Spezialisierungs-/Generierungsmaßnahmen an die speziellen Bedürfnisse des jeweiligen Anwenders angepaßt werden.

Im folgenden sollen die wichtigsten Komponenten eines Betriebssystems und die Art ihres Zusammenwirkens dargestellt werden.

Das Betriebssystem besteht im wesentlichen aus zwei Arten von Programmen:

- Programme mit Steuerungsfunktionen (Steuerprogramme),
- Programme mit anwendungsunabhängigen Dienst- und Hilfsfunktionen (Arbeitsprogramme)

In diesem Abschnitt werden die Programme mit Steuerungsfunktionen behandelt, während die Programme mit anwendungsunabhängigen Dienst- und Hilfsfunktionen in Abschnitt 9.4.4 behandelt werden.

Die zur Steuerung des gesamten Hardware-/Software-Systems im Betriebssystem vorhandenen Programme können in drei Subsysteme eingeteilt werden [10]:

- Programme zur Auftragssteuerung (Job Management),
- Programme zur Prozeßsteuerung (Task Management),
- Programme zur Datensteuerung (Data Management).

Die Programme zur Auftragssteuerung sorgen für die notwendige Verbindung zur "Außenwelt". Die Auftragssteuerung wird durch folgende Komponenten realisiert:

- Programm zur Auftragssteuerung im engeren Sinne (Job Scheduler) mit den Teilkomponenten
  - Eingabeleser (Reader),

---

[10] Hier erfolgt eine Anlehnung an Begriffe, die bei den Betriebssystemen des Herstellers IBM verwendet werden.

- Interpretierer (Interpreter) [11],
- Prozeßstarter (Initiator),
- Prozeßbeender (Terminator),
- Ausgabeschreiber (Output-Writer).

- Programm zur Bedienungssteuerung (Master Scheduler).

Ein Auftrag (Job) umfaßt drei Arten von Daten für das ADV-System:

- Steuerungsdaten, formuliert in Form von Anweisungen in der Betriebssprache (Job Control Language),
- Programmdaten, formuliert in Form von Anweisungen in einer bestimmten, auf dem ADV-System verfügbaren Programmiersprache,
- Daten, die verarbeitet werden sollen (Objektdaten).

Diese Daten können entweder unmittelbar vor Ausführung des Auftrags über ein Eingabegerät in das ADV-System gelangen oder sich bereits in einem der peripheren Speicher des ADV-Systems befinden und zur Ausführungszeit in den Zentralrechner geladen werden.

Das für die Auftragssteuerung zuständige Programm (Job Scheduler) wickelt seine Aufgaben schrittweise ab. Man spricht in diesem Zusammenhang von Auftragsschritten (Job-Steps). Beispiele für solche Auftragsschritte, die beim Mehrprogrammbetrieb verzahnt abgewickelt werden, sind die in Abschnitt 9.2 aufgeführten Teilaufgaben (vgl. Abbildung 9-1). Die Vorbereitung dieser Abwicklung geschieht durch den Reader und durch den Initiator. Nach vollzogener Abwicklung wird der Prozeß durch den Terminator beendet, und die Ergebnisse werden durch den Output-Writer in einem Ausgabebereich zur Verfügung gestellt.

Sobald ein Auftrag durch den Initiator bearbeitet, d.h. initiiert worden ist, wird er von den Programmen zur Prozeßsteuerung übernommen. Der Auftrag wird dann intern als Prozeß (Task) bezeichnet. Jedem Prozeß sind entsprechend seinem Zweck die jeweils notwendigen Betriebsmittel (Resources) zuzuordnen. Beispiele für Softwarebetriebsmittel sind Arbeitsprogramme des Betriebssystems (z.B. Lader, Binder usw.). Beispiele für Hardwarebetriebsmittel sind einzelne Eingabe-/Ausgabegeräte oder Bereiche in peripheren Speichern. Die meisten Betriebsmittel können zu einem Zeitpunkt auch nur von einem Prozeß verwendet werden (Beispiele: EA-Geräte). Daneben gibt es aber auch viel-

---

[11] Der an dieser Stelle auftretende Begriff "Interpretierer" deckt sich nicht mit dem in Abschnitt 8.3 verwendeten Begriff "Interpretierer". Dort ist eine spezielle Art von Übersetzer gemeint, hier dagegen ein Unterprogramm des Job Schedulers.

fach verwendbare Betriebsmittel (z.B. Multiplexkanäle und Datenübertragungseinrichtungen), die gleichzeitig von mehreren Prozessoren benutzt werden können. Die Programme der Prozeßsteuerung überwachen die Ausführung der initiierten Aufträge. Wichtigste Komponenten der Prozeßsteuerung sind Programme zur

- Prozeßüberwachung,
- Prozeßumschaltung,
- Unterbrechungsdiagnose,
- Unterbrechungsbehandlung,
- Fehlerdiagnose.

Entscheidend ist in diesem Zusammenhang, daß Prozesse nicht en bloc abgewickelt werden, sondern beim Eintritt bestimmter Ereignisse unterbrochen werden [12)]. Die Komponenten der Prozeßsteuerung arbeiten dabei mit den Hardware-Unterbrechungsmechanismen zusammen.

Mögliche Unterbrechungsarten bzw. -ursachen sind die folgenden:

- Unterbrechungen aufgrund der Beendigung von Eingabe- oder Ausgabevorgängen,
- Unterbrechungen aufgrund eines Signals des internen Zeitgebers,
- bewußte Unterbrechungen durch den Maschinenbediener (von der Steuerkonsole) oder durch den Benutzer (von der Datensichtstation),
- Unterbrechungen aufgrund von aufgetretenen Fehlern,
- Unterbrechungen durch die Komponente "Prozeßüberwachung" (beispielsweise aufgrund einer Betriebsmittelanforderung eines Anwender- oder Systemprogramms, das eine höhere Priorität besitzt.

Alle initiierten Prozesse stehen in einer oder mehreren Prozeßwarteschlangen abrufbereit zur Verfügung. Die Auswahl eines Prozesses aus einer Warteschlange geschieht entweder über Prioritäten, die dem Prozeß als Steuerinformation anhaften oder über ein standardisiertes Verfahren des Zeitabschnittbetriebs (vgl. Abschnitt 9.1), durch das allen Prozessen abwechselnd gleichlange Zeitscheiben zugeteilt werden.

Eine dritte Gruppe von Steuerprogrammen des Betriebssystems regelt die <u>Steuerung des Datenflusses</u> zwischen der Zentraleinheit und den externen/peripheren Speichern bzw. den EA-Geräten. Komponenten der Datensteuerung sind Programme zur

---

12) Auf die Funktionsweise des Unterbrechungssignalsystems wurde bereits in Abschnitt 9.2 eingegangen.

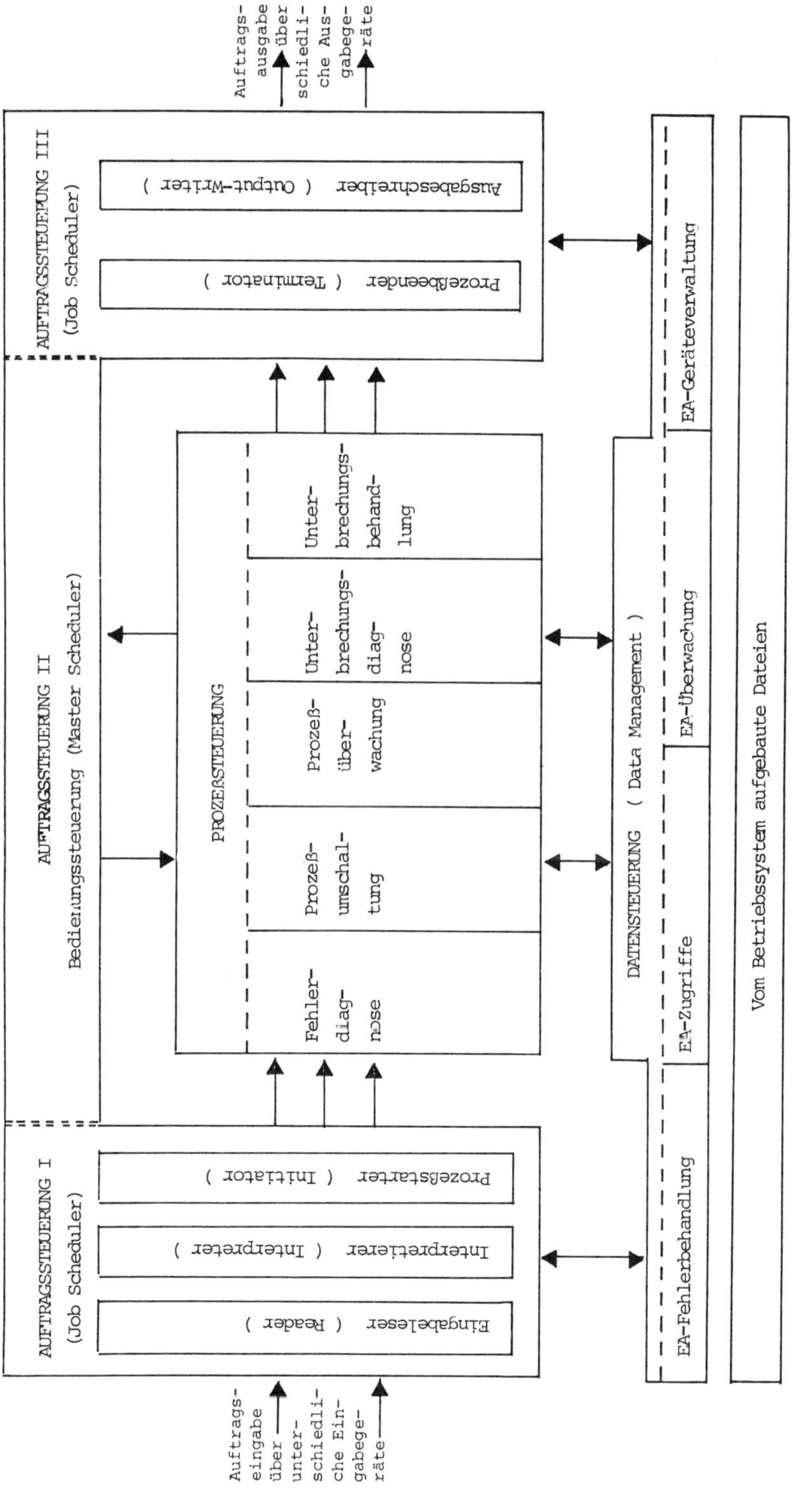

Abb. 9-9: Zusammenhänge zwischen den Steuerprogrammen des Betriebssystems

- EA-Geräte- und Speicherverwaltung,
- EA-Überwachung,
- EA-Fehlerbehandlung,
- EA-Zugriffssteuerung,
- Diagnose beim Programmtest.

Die Datensteuerung greift auf mehrere Dateien zu, die vom Betriebssystem für die verschiedenen Steuerungsfunktionen aufgebaut werden. Hierzu gehören neben Eingabe- und Ausgabedateien vor allem die Dateien, die die Auftrags- und Prozeßwarteschlangen enthalten.

Abbildung 9-9 zeigt die Zusammenhänge zwischen Auftrags-, Prozeß- und Datensteuerung nochmals schematisch im Überblick [13)]

9.4.4 Die übrigen Funktionen des Betriebssystems

Bei Beachtung der in Abschnitt 9.4.1 gegebenen Definition für den Begriff Betriebssystem zählen zweifellos nur die Steuerprogramme zum Betriebssystem. Hier tritt ein Konflikt zwischen der oben genannten Begriffsabgrenzung und den Funktionen von in der Praxis verbreiteten Betriebssystemen auf: Viele Hersteller fassen auch alle oder einzelne der nachfolgend genannten Arbeitsprogramme als Bestandteile ihrer Betriebssysteme auf:

- Lader und Binder,
- Bibliotheksverwaltungsprogramme,
- Dienstprogramme (Utilities),
- Sortier- und Mischprogramme,
- Testhilfen,
- Sonstige Hilfsprogramme.

Im einzelnen wird zu diesen Komponenten folgendes ausgeführt:

- Lader und Binder.

  Ein von einem Übersetzer erzeugtes Zielprogramm in der jeweiligen Maschinensprache ist nicht direkt ausführbar, weil es noch relative Speicheradressen enthält. Vor der Verarbeitung müssen dem Programm mit Hilfe eines speziellen Programms, des sogenannten Laders, absolute Adressen im Hauptspeicher zugewiesen und es muß geladen werden. U.U. ist es erforderlich, das übersetzte Programm vor seiner Ausführung und vor dem Ladevorgang noch mit anderen vorher übersetzten Programmteilen - z.B. aus einer Programmbibliothek - zu verknüpfen und zu

---

13) Abbildung in Anlehnung an Dworatscheck, S.: Grundlagen der Datenverarbeitung. 6. Auflage 1977, S. 390.

einem größeren Programmkomplex zu integrieren. Dies geschieht durch den Binder, der mehrere Zielprogramme zu einem Lademodul zusammenfügt.

- Bibliotheksverwaltungsprogramme.

  Sowohl die noch nicht übersetzten Quellprogramme als auch die übersetzten Zielprogramme - entweder mit relativen oder mit absoluten Adressen versehen - müssen vom Betriebssystem verwaltet, d.h. nach einheitlichen Kriterien in systematischer Form geführt werden. Man unterscheidet Quellprogrammbibliotheken, Zielprogrammbibliotheken und Lademodulbibliotheken. Unter einem anderen Gesichtspunkt werden "öffentliche" d.h. für alle Benutzer zugängliche Bibliotheken und "private" Bibliotheken unterschieden. Alle Bibliotheken werden von einem sogenannten Bibliotheksverwaltungsprogramm verwaltet, das einen vollständigen Überblick über alle Programme besitzt.

- Dienstprogramme (Utilities).

  Zum Betriebssystem gehören eine Reihe von Umsetzprogrammen, mit deren Hilfe Daten unter Berücksichtigung der vorhandenen technischen und formatmäßigen Unterschiede von einem peripheren Speicher auf einen anderen peripheren Speicher übertragen werden können, ohne daß dabei gleichzeitig eine Verarbeitung dieser Daten durch Anwendungsprogramme stattfindet. Beispiele sind Programme zur Umsetzung der Daten von Magnetplatte auf Magnetband und umgekehrt oder von einem bestimmten Magnetplattentyp auf einen anderen.

- Sortier- und Mischprogramme.

  Sortierprogramme ordnen die Datensätze einer Datei nach vorgegebenen Sortierkriterien. Mischprogramme führen mehrere vorher sortierte Dateien zu einer einzigen Datei zusammen. Der Vorteil dieser beiden Programmarten besteht darin, daß die Sortier- und Mischvorgänge von den eigentlichen, benutzerindividuellen Anwendungsprogrammen unabhängig durchgeführt werden können. Der Benutzer spezifiziert die für die Sortier- und Mischprozesse notwendigen Vorgaben (z.B. die Ausgangsdateien, die Sortier- und Mischkriterien und die Speicherbereiche, in die die Ergebnisse abgelegt werden sollen), mit Hilfe von Parameterangaben. Sortier- und Mischprogramme werden üblicherweise sowohl als Bestandteil des Betriebssystems, als auch - teilweise sogar in noch effizienteren Versionen - von Softwarehäusern als Standardprogramme angeboten.

- Testhilfen.

  Zwei Arten von Programmen zur Unterstützung des Testens von Anwendungsprogrammen werden im allgemeinen als Bestandteile des Betriebssystems angeboten: Speicherabzugsverfahren (DUMPS) und Ablaufüberwacher (TRACES). Mit Hilfe von Speicherabzugsverfahren werden gezielt die Inhalte von Speichern, vor allem des Hauptspeichers, und Registerzustände zu bestimmten Zeitpunkten oder im Anschluß an bestimmte Ergebnisse während des Ablaufs von Anwendungsprogrammen festgehalten und ausgegeben. Mit Hilfe von Ablaufüberwachern können über einen bestimmten Zeitraum hinweg oder zwischen bestimmten, in einem Programm als Grenzen gesetzten Überwachungsmarken alle auszuführenden Anweisungen und die dabei auftretenden Operandenwerte protokolliert werden. Auf diese Weise können Fehler lokalisiert werden, die mit herkömmlichen Mitteln nicht gefunden worden wären.

- Sonstige Hilfsprogramme.

  Die meisten Betriebssysteme enthalten als Bestandteil ein Abrechnungsprogramm (accounting program), das die Aufgabe hat, die Betriebsmittelinanspruchnahme für jedes Anwenderprogramm bzw. pro Benutzer (bei Dialogbetrieb) zu registrieren. Üblich sind beispielsweise die Protokollierung der für jedes Anwendungsprogramm verbrauchten CPU-Zeit, der Umfang der im Dialogbetrieb für jeden Benutzer bzw. jede Benutzerstation abgewickelten verschiedenartigen Transaktionen und der Umfang der in Anspruch genommenen Speicherseiten. Unabhängig von solchen benutzer- bzw. anwendungsbezogenen Informationen können auch Informationen über die Auslastung bestimmter Systemkomponenten gewonnen werden. Komfortable Abrechnungsprogramme bieten darüber hinaus die Möglichkeit, die protokollierten Mengen- und Zeitangaben mit bestimmten Werten und Gewichten zu multiplizieren und auf diese Weise eine Verteilung bzw. Verrechnung der Kosten des ADV-Systems auf die Benutzer vorzunehmen.

  Zur Gruppe der sonstigen Hilfsprogramme werden teilweise auch die sogenannten Systemunterstützungsprogramme gerechnet, durch die wichtige Rechenzentrumsfunktionen, z.B. die Datenträgerverwaltung, die Arbeitsvorbereitung und Ablaufplanung unterstützt werden. Die Zuordnung ist insofern nicht eindeutig, weil die Betriebssysteme funktional unterschiedlich strukturiert sind und die Hersteller unterschiedlichen Komfort für den Anwender bieten. Häufig werden Hilfsprogramme, die vom jeweiligen Hersteller des Betriebssystems nicht als Bestandteil vorgesehen sind, separat von Softwarehäusern entwickelt und den Anwendern als Zusatz angeboten.

9.4.5 Die Software-Arten eines ADV-Systems

Das ADV-System besteht aus Hardware- und Software-Komponenten. In Abschnitt 4.8 sind die Begriffe Hardware und Software abgegrenzt worden. Abbildung 9-10 gibt einen Überblick über die Softwarearten, die in einem ADV-System auftreten können [14)]

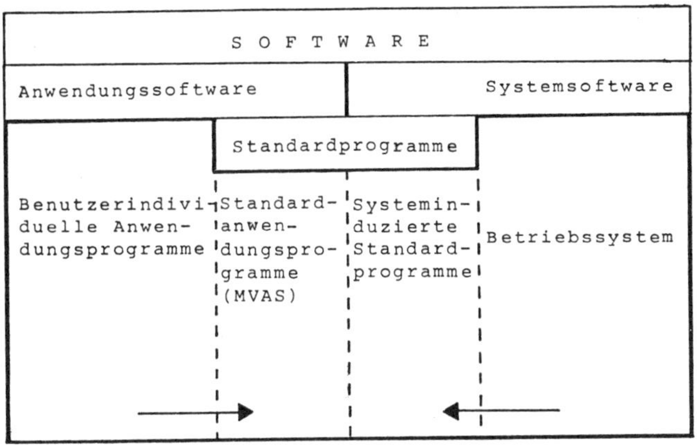

Abb. 9-10: Überblick über die Softwarearten in einem ADV-System

Es wird deutlich, daß die Programme des Betriebssystems lediglich eine der vier unterschiedenen Softwarearten repräsentieren. Besondere Bedeutung haben die beiden Gruppen der Standardprogramme. Standardanwendungsprogramme (auch als mehrfach verwendbare Anwendungsprogramme bezeichnet) sind von Benutzerseite induziert, d.h. beruhen auf Problemstellungen, die in gleicher oder ähnlicher Weise bei vielen Benutzern auftreten. Auf der anderen Seite gibt es die Gruppe der systeminduzierten Standardprogramme, durch die die (ebenfalls standardmäßig verfügbaren) Dienstleistungsfunktionen des Betriebssystems schrittweise ausgedehnt werden. Eine klare und allgemeingültige Grenze zwischen den Programmen des Betriebssystems und den systeminduzierten Standardprogrammen gibt es in der Realität nicht. Jeder Hersteller von ADV-Systemen sieht diese Grenze individuell und verschiebt dieselbe im Zeitablauf. Beispielsweise werden von einigen Herstellern die im vorausgegangenen Abschnitt abge-

---

14) Abbildung in Anlehnung an Seibt, D.: Organisation von Software-Systemen. Wiesbaden 1972, S. 24.

grenzten "sonstigen Hilfsprogramme" (noch) nicht zum Betriebssystem gerechnet. Häufig werden diese Programme in diesen Fällen auch nicht vom Hersteller selbst, sondern von Softwarehäusern entwickelt und für bestimmte Hardware-/Software-Systeme zur Verfügung gestellt.

Wichtige Arten von systeminduzierten Standardprogrammen sind Übersetzer (vgl. Abschnitt 8.3) und Datenbankmanagementsysteme (vgl. Abschnitt 9.5). Auch hier gibt es Hersteller, die diese beiden Arten von Software als Komponenten des Betriegssystems auffassen. Ein wesentliches Argument für diese Auffassung sind die engen strukturellen und funktionalen Bezüge zwischen Übersetzern, Datenbankmanagementsystem sowie Steuer- und Arbeitsprogrammen des Betriebssystems, die vor allem von den Betriebssystementwicklern systematisch beachtet werden müssen.

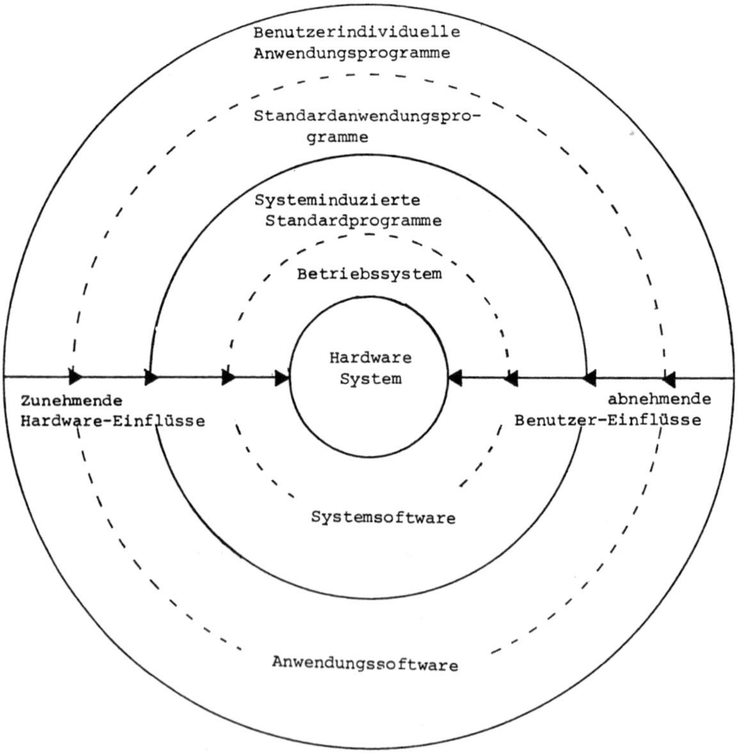

Abb. 9-11: Softwareschichten um den Hardwarekern eines ADV-Systems

Auch zwischen den benutzerindividuellen Anwendungsprogrammen, die meist von den Anwendern selbst entwickelt werden und den Standardanwendungsprogrammen, die meist von Softwareherstellern für viele Anwender erstellt werden, existiert keine scharfe Grenze. Schließlich gilt das gleiche auch für Standardanwendungsprogramme einerseits und systeminduzierte Standardprogramme andererseits. Für die Zuordnung eines konkreten Programmes zu einer der hier unterschiedenen vier Softwarearten ist die Position des jeweiligen Herstellers bzw. Anbieters und der auf der Benutzerseite noch verbleibende Anpassungsaufwand maßgeblich.

Abbildung 9-11 zeigt die Zusammenhänge noch einmal aus einer anderen Perspektive [15]. Es wird deutlich, daß die verschiedenen Arten von Software in Schichten um den Harwarekern eines ADV-Systems angeordnet werden können. Je näher diese Schichten am Hardwarekern liegen, um so erheblicher werden die Gestaltungseinflüsse der Hardware und um so schwächer werden die Einflüsse, die der Benutzer auf die Gestaltung des ADV-Systems nehmen kann.

9.5 Das Datenbankmanagementsystem

Die Notwendigkeit zur Strukturierung von Daten sowohl auf logischer Ebene (Benutzersicht) als auch auf physischer Ebene (Speichersicht) ist bereits in Abschnitt 5.2.1 begründet worden. Dort wurden die Begriffe Datenfeld, Datensatz, Datei definiert und die zwischen Datenfeldern, Datensätzen und Dateien bestehenden Beziehungen beschrieben.

Den Benutzern stehen verschiedene Alternativen offen, um die aus der Sicht der jeweils unterschiedlichen Verarbeitungszwecke festzulegenden Datenarten dem ADV-System bekannt zu machen, die Arten der Verknüpfungen zwischen den Daten, die Art der Zugriffe auf die Daten und die Art der Datenspeicherung. Bei jeder Alternative ergeben sich unterschiedliche Konsequenzen für die systematische Verwaltung der Daten und der entsprechenden Datenspezifikationen.

- Alternative 1.
  Alle Spezifikationen erfolgen als Teil des jeweiligen Anwendungsprogramms, d.h. sie werden im Anwendungsprogramm vereinbart bzw. angewiesen. Die logischen und die physischen Daten-

---

[15] Abbildung in Anlehnung an Seibt, D.: Organisation von Software-Systemen. Wiesbaden 1972, S. 25.

strukturen sind vom jeweiligen Anwendungsprogramm abhängig. Man spricht von logischer und physischer Datenabhängigkeit.

Konsequenz: Die Verwaltung der Daten und der Datenspezifikationen erfolgt ebenfalls ausschließlich im jeweiligen Anwendungsprogramm. Jedes Anwendungsprogramm kann datenmäßig als "Insel" betrachtet werden, die nichts mit den Daten anderer Programme zu tun hat.

- Alternative 2.
  Nur die logische Datenstruktur, d.h. die für den konkreten Verarbeitungszweck benötigten logischen Datenelemente und die logischen Beziehungen zwischen den Datenelementen werden als Teil des Anwendungsprogramms spezifiziert. Die Spezifikation der Datenzugriffs- und Datenspeicherungsarten erfolgt zentral, d.h. losgelöst von den Anwendungsprogrammen (logische Datenabhängigkeit, physische Datenunabhängigkeit).

  Konsequenz: Die Verwaltung der Daten und der Datenspezifikation muß aufgeteilt werden. Ein Teil, nämlich die Verwaltung der logischen Datenstrukturen, verbleibt im einzelnen Anwendungsprogramm. Der andere Teil, nämlich die Verwaltung der physischen Datenstrukturen, wird in Form von zentralisierter Software realisiert und steht dann allen Anwendungsprogrammen zur Verfügung. Ergebnis sind Daten- und Dateiverwaltungssysteme, die eng mit den Steuerprogrammen des Betriebssystems zusammenarbeiten (vgl. Abschnitt 9.4.3).

- Alternative 3.
  Sowohl die logischen als auch die physischen Datenstrukturen werden nicht mehr als Teil der Anwendungsprogramme, sondern auf einer zentralen Ebene bzw. an einer zentralen Stelle für alle Anwendungsprogramme zugänglich spezifiziert (logische und physische Datenunabhängigkeit).

  Konsequenz: Die Verwaltung der Daten und der Datenspezifikationen kann vom einzelnen Anwendungsprogramm losgelöst, zusammengefaßt und zentralisiert werden. Dies gilt für die Verwaltung der logischen und der physischen Datenstruktur.

Systeme, mit denen eine zentrale Datenverwaltung entsprechend Alternative 3 realisiert wird, werden als Datenbankmanagementsysteme bezeichnet. Bevor auf die Wirkungsweise derartiger Systeme näher eingegangen wird, muß der Begriff Datenbank abgegrenzt werden.

In einem rechnergestützten Informationssystem müssen häufig Daten aus mehreren Dateien miteinander verknüpft werden, damit die Benutzer die gewünschten Ergebnisse erzielen. Diesem Tatbestand wird in der Realität durch den Aufbau von Datenbanken

Rechnung getragen. Datenbanken fassen üblicherweise mehrere Dateien mit unterschiedlichen Inhalten zusammen. Zwischen den Datenelementen (Feldern, Sätzen) der verschiedenen Dateien existiert eine Vielzahl von logisch-inhaltlichen Beziehungen. Eine Datenbank ist aus logischer Sicht eine Abbildung der logisch-inhaltlichen Datenelemente und eine Abbildung der zwischen diesen Elementen stehenden Beziehungen. Eine Datenbank ist gleichzeitig aus physischer Sicht die Gesamtheit der auf einem oder mehreren Speichern physisch abgelegten und wieder auffindbaren, zugreifbaren und verknüpfbaren Daten und der physisch abgespeicherten Information über die Beziehungen zwischen den Daten. Die unterschiedlich aufgebauten Datensätze der Dateien sind untereinander mit Hilfe von Indices, Schlüsseln oder Zeigern verknüpfbar. Die Verknüpfungsarten können jeweils einem der folgenden Grundverknüpfungstypen zugeordnet werden [16]:

Typ I: Hierarchie,
Typ II: Netzwerk,
Typ III: Relationen.

Zur Realisierung einer Datenbank werden Direktzugriffsspeicher benötigt, damit mehrere bis viele Benutzer quasi gleichzeitig auf Daten zugreifen und sie verknüpfen können. Ein wesentliches Ziel beim Aufbau einer Datenbank besteht darin, die Datenelemente physisch jeweils nur ein einziges Mal zu speichern (Forderung nach Redundanzfreiheit). Durch entsprechende Software, nämlich durch die bereits genannten Datenbankmanagementsysteme, können dann beliebige Verknüpfungen zwischen den Datenelementen realisiert werden.

Nachdem wichtige Merkmale von Datenbanken hervorgehoben worden sind, können nunmehr die Begriffe Datenbank und Datenbankmanagementsystem definiert werden.

Datenbank: Eine Menge von (meist in Dateien strukturierten) Datenelementen, zwischen denen logische Beziehungen bestehen, die von mehreren Benutzern zu verschiedenen Zwecken in flexibler Weise benutzt werden.

Datenbankmanagementsystem (DBMS): Ein Softwaresystem zur Unterstützung einer Datenbank, das die Grundfunktionen der Verwaltung von Daten und Datenspezifikationen (logische und physische Datenstrukturen) für alle Benutzer einer Datenbank realisiert. Dies geschieht unter Zuhilfenahme wichtiger Steuerungsfunktionen des Betriebssystems.

---

[16] Vgl. Schlageter, Stucky; ebenso Wedekind, Härder.

Die Benutzung eines Datenbankmanagementsystems erfolgt mit Hilfe von speziellen Sprachen. Die entsprechende Software für diese Sprachen kann ebenfalls Bestandteil des Datenbankmanagementsystems sein. Zur Benutzung einer Datenbank sind die folgenden drei Sprachen notwendig:

- Datenbeschreibungssprache,
- Datenmanipulationssprache,
- Transaktionsbeschreibungssprache.

Die Software für diese Sprachen wird üblicherweise vom Hersteller eines Datenbankmanagementsystems mitentwickelt und als Bestandteil des DBMS angeboten. Darüber hinaus gibt es in vielen Fällen alternativ entwickelte Sprachen (mit der entsprechenden Software) von Softwarehäusern.

9.6 ADV-Systeme im Verbund

Wie bereits dargestellt wurde, sind in der weiteren Vergangenheit ADV-Anlagen ausschließlich zentral aufgestellt und genutzt worden. Demgegenüber tendiert der Anwender heute aus Wirtschaftlichkeitsgründen, aus Sicherheitsgründen oder wegen anderer Zwänge dazu, seine Anlagen bzw. Anlagekomponenten dezentral einzurichten und die an verschiedenen Orten aufgestellten Anlagen oder Anlagekomponenten durch ein Übertragungssystem miteinander zu verbinden. Eine solche Dezentralisierung ist jetzt auch möglich, weil die hierzu erforderlichen Übertragungseinrichtungen leistungsmäßig und wirtschaftlich verfügbar sind.

In einem solchen Fall werden zwischen den miteinander verbundenen Anlagen bzw. Anlagekomponenten Leistungen ausgetauscht. Man spricht dabei von einem Rechnerverbundsystem [17]:

> *Rechnerverbundsystem*: Funktionseinheit, die Verarbeitungskapazität räumlich verteilter ADV-Systeme oder ADV-Systemkomponenten verfügbar macht.

Das Grundkonzept eines solchen Rechnerverbundsystems kann aufgefaßt werden als ein System von Datenstationen, die über ein Netzwerk miteinander kommunizieren (Abbildung 9-12).

Datenstation und Netzwerk sind dabei wie folgt definiert:

> *Datenstation* (in Anlehnung an DIN 44302 [18]): Funktionsein-

---

17) Für die folgenden Ausführungen vgl.: Schmitz,P.; Hasenkamp, U.: Rechnerverbundsysteme. München - Wien 1981.

18) Für die im Zusammenhang mit der Datenübertragung verwendeten Begriffe wird auf die Norm DIN 44 302 verwiesen.

heit innerhalb eines Rechnerverbundsystems, die die Verarbeitungsleistung für entfernte Teilnehmer erbringt und/oder von der aus Aufträge für das Rechnerverbundsystem eingegeben werden.

Eine Datenstation besteht dabei aus einem vollständigen ADV-System bzw. aus Teilen davon (wenn z.B. über diese Station nur Eingabe und/oder Ausgabe realisiert werden) sowie den zur Realisierung der Übertragung erforderlichen Einheiten.

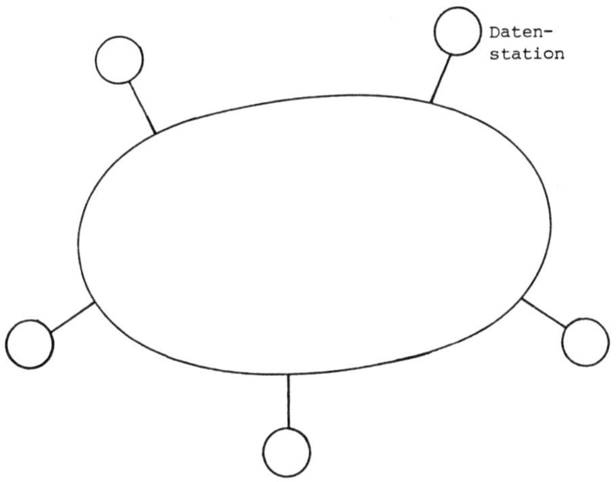

Abb. 9-12: Das Grundkonzept eines Rechnerverbundsystems

Netzwerk: Funktionseinheit innerhalb eines Rechnerverbundsystems, die die Datenübertragung steuert und realisiert.

Mit einem Rechnerverbundsystem werden die folgenden Sachziele verfolgt:

- Die Kooperation im Hinblick auf spezielle Funktionen (Funktionsverbund).

  Hierbei wird eine am Aufstellungsort nicht voll ausgeschöpfte funktionelle Leistung eines Rechensystems mehreren entfernten Benutzern verfügbar gemacht. Beispiele für solche Funktionen sind spezielle Rechenleistungen (z.B. Feldrechner), spezielle Nutzungsformen (z.B. Dialogbetrieb), spezielle Programmsysteme (z.B. Programmsysteme für Statistik, für Operations Research Aufgaben).

  Vergleichbar ist ein Funktionsverbund mit der Nutzung von speziellen Werkzeugmaschinen der Fertigungsindustrie für räumlich verteilte, unter Umständen zu verschiedenen Unternehmungen gehörende Fabrikationsstellen.

- Die Kooperation zum Zwecke der Anpassung von Verarbeitungskapazität an unterschiedliche Bedarfsarten zum Ausgleich von zeitweiligen und/oder lokalen Engpässen bzw. Überkapazitäten (Lastverbund).

  Eine der ersten und bekanntesten Realisationen dieser Art waren die Verbundsysteme, die in den USA aufgrund der Zeitverschiebungen zwischen Ost- und Westküste zum Zweck einer gleichmäßigen Auslastung von ADV-Systemen eingerichtet wurden. Ein anderes Beispiel sind die im Hochschulbereich existierenden Systeme, über die verschiedenen Hochschulen einer Region Rechenleistung verfügbar gemacht wird. Auch hier sind Analogien zum Fertigungsbereich gegeben, z.B. die Splittung von Fertigungslosen zur Verteilung auf mehrere Fabrikationsorte mit gleichwertiger Maschinenausstattung.

- Die Kooperation zum Zwecke der Zugänglichmachung von Datenbeständen für die Mehrfachnutzung an verschiedenen Orten (Datenverbund).

  Dies ist eine der zwingendsten Verbundarten für viele Wirtschaftsunternehmungen. Ein Beispiel ist die zentrale Bestandsführung für dezentrale Verkaufsstellen.

- Die Kooperation zum Zwecke des Nachrichtenaustausches (Kommunikationsverbund).

  Diese Verbundart gewinnt zunehmend an Bedeutung. Sie stellt u.U. eine zusätzliche Nutzungsmöglichkeit eines ohnehin - für andere Zwecke - bereits vorhandenen Rechnerverbundsystems dar: Wenn z.B. ein Datenverbundsystem eingerichtet wurde, so kann dies zusätzlich für reinen Nachrichtenaustausch (auch außerhalb von ADV-bezogenen Anwendungen) herangezogen werden. Der Kommunikationsverbund kann aber auch Selbstzweck sein; Bespiele hierfür sind Electronic-Mail-Systeme, Teletextsysteme, Telexsysteme, Bildschirmtextsysteme usw.

Im Hinblick auf die räumliche Distanz der angeschlossenen Verbundpartner werden zwei Typen von Verbundsystemen unterschieden:

- Verbundsysteme mit weit auseinanderliegenden Datenstationen (wide area networks = WAN),

- Verbundsysteme mit eng benachbarten Partnern (local area networks = LAN, inhouse systems).

Diese beiden Typen von Verbundsystemen können durch die Ausprägung in einigen wenigen Merkmalen schwerpunktmäßig voneinander abgegrenzt werden:

- Durch die Betreiber der angeschlossenen Systeme,
- durch die Betreiber des Netzwerkes,
- durch die Topologie des Netzwerkes,
- durch die Übertragungsgeschwindigkeit (die an den Datenstationen zur Verfügung steht),
- durch den derzeitigen Realisationsstand,
- durch den Normungsstand.

In Abbildung 9-13 sind die beiden Verbundtypen mit ihren Ausprägungen in diesen Merkmalen dargestellt. Eintragungen sind

<table>
<tr><th>Typ
Merkmale</th><th>Wide area network</th><th>Local area network</th></tr>
<tr><td>Betreiber der angeschlossenen Endstellen</td><td>verschiedene Betreiber</td><td rowspan="2">ein Anwender</td></tr>
<tr><td>Betreiber des Übertragungssystems</td><td>im allgemeinen DBP</td></tr>
<tr><td>Topologie</td><td>im allgemeinen Netzwerk mit Knoten</td><td>im allgemeinen kein Netz und keine Knoten, sondern z.B. ein Ring oder eine Linie</td></tr>
<tr><td>Übertragungsgeschwindigkeit</td><td>im allgemeinen relativ gering</td><td>sehr große Geschwindigkeiten</td></tr>
<tr><td>Realisationsstand</td><td>seit mehreren Jahren praktisch realisiert; Basis: Verbundmodelle von Herstellern von ADV-Systemen</td><td>erst in den Anfängen in der Praxis realisiert; Basis: Verbundmodelle von Herstellern von ADV-Systemen</td></tr>
<tr><td>Normungsstand</td><td>Normungsbemühungen nationaler und internationaler Normungsinstitutionen; Ziel: Offene Systeme</td><td>noch keine Normung absehbar</td></tr>
</table>

Abb. 9-13: Merkmale von Verbundsystemen

lediglich als Tendenzaussagen, von denen im Einzelfall Abweichungen möglich sind, zu verstehen.

Einige wichtige Probleme, die noch nicht zufriedenstellend gelöst sind und die einer raschen Verbreitung von Verbundsystemen entgegenstehen, sind die folgenden:

- Das Fehlen von verbindlichen Normen für alle Schnittstellen innerhalb von Rechnerverbundsystemen; hierdurch werden potentielle Betreiber und Benutzer verunsichert, und es wird die Einbeziehung von Komponenten unterschiedlicher Hersteller erschwert;
- die Kopplung von wide area- und von local area- networks.

Literaturverzeichnis

Literaturempfehlungen zu den einzelnen Kapiteln

Die angegebenen Nummern beziehen sich auf das nachfolgende Literaturverzeichnis.

1 Einführung
8, 9, 10, 21, 22, 24, 25, 26, 28, 43, 48, 52, 56, 60, 67, 72, 73, 75

2 Das Grundkonzept eines ADV-Systems
3, 5, 13, 14, 15, 20, 40, 41, 53, 59, 77, 81

3 Grundlagen der Datenverarbeitung
1, 3, 4, 13, 14, 15, 16, 17, 33, 40, 41, 46, 64, 69, 81

4 Erste Detaillierung des Konzeptes eines ADV-Systems
6, 13, 14, 15, 16, 17, 18, 20, 33, 36, 75

5 Die automatische Abwicklung von Datenverarbeitungsaufgaben
3, 11, 13, 14, 15, 16, 33, 46, 68, 69, 70, 74, 78

6 Zweite Detaillierung des Konzeptes eines ADV-Systems
6, 13, 14, 15, 28, 36, 49, 57, 68, 69, 74

7 Beispiele für automatisierbare Teilaufgaben in einem betrieblichen Informationssystem
23, 27, 29, 42, 47, 50, 51, 57, 58, 63, 79, 80

8 Programmiersprachen und Übersetzer
1, 2, 4, 5, 11, 13, 14, 15, 30, 31, 34, 36, 39, 55, 65, 71, 76, 77, 78

9 Dritte Detaillierung des Konzeptes eines ADV-Systems
1, 7, 12, 13, 14, 15, 16, 19, 31, 32, 35, 38, 45, 54, 61, 62, 63, 66, 68, 79, 80

Literaturverzeichnis

1 Balzert, H.: Informatik 2. Vom Programm zur Zentraleinheit. Vom Systementwurf zum Systembetrieb. München 1978

2 Barron, D. W.: Assembler und Lader. München 1970

3 Bauer, F. L.; Gnatz, R.; Hill, U.: Informatik, Aufgaben und Lösungen. Band I, 1975; Band II, 1976

4 Bauer, F. L.; Goos, Gerhard: Informatik. 3. Aufl.; Teil 1 1982; Teil 2 1984

5 Bauer, F. L., Wössner, H.: Algorithmische Sprache und Programmentwicklung. 2. Aufl.; Berlin, Heidelberg, New York 1984

6 Bauknecht, K.; Zehnder, C. A.: Grundzüge der Datenverarbeitung. 2. Aufl.; Stuttgart 1983

7 Behrendt, R.: SNA - Systems Network Architekture. Das neue DFV-Konzept der IBM. In: Adl-Nachrichten, 20. Jhg., 1975, Heft 95, S. 50 - 53

8 Biethan, J.: Einführung in die EDV für Wirtschaftswissenschaftler. 2. Aufl.; München 1982

9 Brauer, W.; Haacke, W.; Münch, S. (Hrsg.): Studien- und Forschungsführer Informatik. 2. Aufl.; Berlin 1984

10 Bundesminister für Bildung und Wissenschaft (Hrsg.): Zweites Datenverarbeitungsprogramm der Bundesregierung. Bonn 1971, S. 29

11 Clifton, H. D.: Business Data Systems. London 1978

12 Colin, A. J. T.: Betriebssysteme. München 1973

13 DIN Deutsches Institut für Normung (Hrsg.): Taschenbuch 25 Informationsverarbeitung 1. Normen über Grundbegriffe, Datenübertragung, Schnittstellen. 5. Aufl.; Stand 31.05.81.; Berlin, Köln 1981

14 DIN Deutsches Institut für Normung (Hrsg.): Taschenbuch 166. Informationsverarbeitung 4. Normen über Codierung, Programmierung, Beschreibungsmittel. 1. Aufl.; Stand 31.05.81; Berlin, Köln 1981

15 DIN Deutsches Institut für Normung (Hrsg.): Entwurf DIN 44300. Informationsverarbeitung. Begriffe. Entwurf vom März 1982, vorgesehen als Ersatz für Ausgabe 03.72. Berlin 1982

16 Dworatschek, S.: Grundlagen der Datenverarbeitung, 6. Aufl.; Berlin - New York 1977

17 Euwe, Max: Einführung in die Grundlagen der Datenverarbeitung. 4. Aufl.; München 1972

18 Ganzhorn, K; u.a.: Datenverarbeitungssysteme. Aufbau und Arbeitsweise. Berlin, Heidelberg, New York 1981

19 Ganzhorn, K.; Schieferdecker, E.; Endres, A.: Systemprogrammierung. München - Wien 1972

20 Golstine, Herman H.: The Computer from Pascal to von Neumann. Princeton 1972

21 Gorn, S.: The Computer and Information Science. A New BASIC Discipline. In: Society for Industrial and Applied Mathematics Revue. April 1983, S. 150 - 155

22 Griese, J.; Pape, U.; Schmitz, P.; Seibt, D.; Thome, G. (Hrsg.): Studien- und Forschungsführer Betriebs- und Wirtschaftsinformatik. 2. Aufl.; Braunschweig/Wiesbaden 1984

23 Grochla, Erwin (Hrsg.): Computergestützte Entscheidungen in Unternehmungen. Wiesbaden 1971

24 Grochla, E.: Betrieb, Betriebswirtschaft und Unternehmung. In: HWB - Handwörterbuch der Betriebswirtschaft, 4. Aufl. Hrsg. E. Grochla und W. Wittmann. Stuttgart 1974, Spalte 541ff.

25 Grochla, E. und Mitarbeiter: Integrierte Gesamtmodelle der Datenverarbeitung. Entwicklung und Anwendung des Kölner Integrationsmodells. München und Wien 1974

26 Grochla, E.; Meller, F.: Datenverarbeitung in der Unternehmung. 2. Aufl.; Reinbek 1977

27 Grochla, E.; Szyperski, N.; Seibt, D.: Ausbildung und Fortbildung in der Automatisierten Datenverarbeitung. Eine Gesamtkonzeption. München - Wien 1970; S. 65ff.

28 Grochla, E.; Schmitz, P.; Seibt, D.; Szyperski, N.: Ein Vorschlag für einen Studiengang "Diplom-Betriebswirt der Fachrichtung Informatik". In: Angewandte Informatik, Heft 2/1972, S. 85

29 Grochla, E.; Szyperski, N. (Hrsg.): Modell- und computergestützte Unternehmensplanung. Wiesbaden 1973

30 Haas, Peter; Markowski, Hartmut: Übersetzer für elektronische Rechenautomaten. München 1971

31 Haase, V.; u. a.: Datenverarbeitung heute mit Einführung in BASIC. Menschen - Maschinen - Daten - Programme. 2. Aufl.; Stuttgart 1984

32 Habermann, A. N.: Entwurf von Betriebssystemen. Berlin, Heidelberg, New York 1981

33 Hansen, H. R.: Wirtschaftsinformatik I: Einführung in die betriebliche Datenverarbeitung. 4. Aufl.; Stuttgart - New York 1983

34 Hansen, H. R.; Maier, B.: Grundzüge der Datenverarbeitung und Anwendungsprogrammentwicklung. München 1980

35 Hasselmeier, H.; Spruth, W. G. (Hrsg.): Rechnerstrukturen. Vorträge des Informatik-Symposiums der IBM Deutschland, Wildbad 1973. München, Wien 1974

36 Hunt, R.; Shelley, J.: Computers and Common Sense. 2. Aufl.; London 1979

37 Jackson, M. A.: Grundsätze des Programmentwurfs. 4. Aufl.; Darmstadt 1982

38 Kästner, H.: Architektur und Organisation digitaler Rechenanlagen. Stuttgart 1978

39 Kaucher, E.; Klatte, R.; Ullrich, Ch.: Höhere Programmiersprachen ALGOL, FORTRAN, PASCAL in einheitlicher Darstellung. Mannheim, Wien, Zürich 1978

40 Knuth, D. E.: The Art of Computer Programming, Vol. 1: Fundamental Algorithms. Reading, Mass. 1969. 2nd edition 1974

41 Knuth, D. E.: The Art of Computer Programming, Vol. 2: Seminumerical Algorithms. Reading, Mass. 1969. 2nd edition 1981

42 Knuth, D. E.: The Art of Computer Programming, Vol. 3: Sorting and Searching. Reading, Mass. 1973

43 Kommission für Prüfungs- und Studienordnungen der Ständigen Konferenz der Kultusminister der Länder in der Bundesrepublik Deutschland und der westdeutschen Rektorenkonferenz - Fachausschuß für die Diplomprüfungsordnung der Informatik: Studienmodelle für das Studium der Informatik; o. O. 1969

44 Koreimann, Dieter S.: Lexikon der angewandten Datenverarbeitung. Berlin 1977

45 Kraushaar, R.; Goth, D.; Goth, L. J.: Datenfernverarbeitung. Siemens AG, München 1972

46 Liffick, Blaise W. (Hrsg.): Numbers in Theory and Practice. USA BYTE BOOKS. o. O. 1979

47 Lutz, Th.: Das computerorientierte Informationssystem (CIS). Eine methodische Einführung. Berlin, New York 1973

48 Lutz, Th.: Grundlagen der DV - Der Computer und seine Möglichkeiten (Lerntext). Hrsg. IBM Deutschland GmbH. Berlin 1981

49 Maurer, H.: Datenstrukturen und Programmierverfahren. Stuttgart 1974

50 Mertens, Peter; Griese, Joachim: Industrielle Datenverarbeitung. Bd. 1: Administrations- und Dispositionssysteme. 5. Aufl.; Wiesbaden 1983

51 Mertens, Peter; Griese, Joachim: Industrielle Datenverarbeitung. Bd. 2: Informations- und Planungssysteme. 4. Aufl.; Wiesbaden 1984

52 Michajlov, A. E.; Cerny, A. E.; Giljarevskij, R. S.: Grundlagen der wissenschaftlichen Dokumentation und Information. Köln und Opladen 1970, Band 1, S. 43.

53 Noltemeier, H.: Informatik I. Einführung in Algorithmen und Berechenbarkeit. München - Wien 1981

54 Du Roscoät, J.: Grundsätze und Probleme eines Computer-Betriebs-Systems. Köln 1972

55 Sammet, J. E.: Programming Languages. Englewood Cliffs 1969

56 Scheepmaker, B. (Hrsg.): IFIP World Conference on Computer Education 1970. Conference Edition of the Papers in Three Parts. Amsterdam 1970

57 Scheer, A.-W.: Wirtschafts- und Betriebsinformatik. München 1978

58 Schlageter, G.; Stucky, W.: Datenbanksysteme: Konzepte und Modelle. 2. Aufl.; Stuttgart 1983

59 Schmitt, A.: Automaten-Algorithmen-Gehirne. Frankfurt 1971

60 Schmitz, Paul: Betriebsinformatik. In: Handwörterbuch der Organisation. 2. Aufl.; hrsg. von Grochla, E; Stuttgart 1980

61 Schmitz, P.; Hasenkamp, U.: Rechnerverbundsysteme. München - Wien 1981

62 Schmitz, P.; Krekel, D.: Aufgabenorientiertes Modell zur Nutzung der automatisierten Datenverarbeitung im Hochschulbereich. In: Das Rechenzentrum; Heft 2/82 und 3/82

63 Schmitz, P.; Schönlein, A.: Lineare und linearisierbare Optimierungsmodelle sowie ihre ADV-gestützte Lösung. Braunschweig 1978

64 Schulz, Arno: Informatik für Anwender. Berlin 1973

65 Schulz, Arno: Methoden des Software-Entwurfs und Strukturierte Programmierung. 2. Aufl.; Berlin, New York 1982

66 Seibt, Dietrich: Organisatión von Software-Systemen. Wiesbaden 1972

67 Seibt, Dietrich: Betriebsinformatik. In: Handwörterbuch der Betriebswirtschaftslehre, begründet von H. Nicklisch, 4. Aufl.; hrsg. von E. Grochla und W. Wittmann. Stuttgart 1974, Sp. 583ff.

68 Stahlknecht, P.: Einführung in die Wirtschaftsinformatik. Berlin-Heidelberg-New York-Tokyo 1983

69 Steinbuch, Karl; Weber, W. (Hrsg.): Taschenbuch der Informatik. Berlin-Heidelberg-New York 1974. In drei Bänden. 3., neubearbeitete Aufl. des Taschenbuches der Nachrichtenverarbeitung

70 Studienkreis Prof. Dr. Meller: Grundlagen und organisatorische Möglichkeiten der Datenerfassung. Wiesbaden 1972

71 Studienkreis Paul Schmitz: Die Wirksamkeit von Programmiersprachen. BIFOA Band 19; Wiesbaden 1975

72 Szyperski, N.: Informationssysteme, computergestützte. In: Handwörterbuch der Organisation. 2. Aufl.; hrsg. von Grochla, E; Stuttgart 1980

73 Szyperski, N.: Unternehmungs-Informatik. Grundlegende Überlegungen zu einer Informationstechnologie für Unternehmungen. BIFOA-Arbeitsbericht 68/2, S. 6

74 Tafel, H. J.; Kohl, A.: Ein- und Ausgabegeräte der Datentechnik. München - Wien 1981

75 Taub, A. H. (Hrsg.): John von Neumann. Collected Works. Vol. V: Design of Computers, Theory Of Automated And Numerical Analysis. Oxford - New York - Toronto - Sydney - Paris - Frankfurt 1961. Reprinted 1976

76 Turski, W. M.: Computer Programming Methodology. London 1978

77 Waldschmidt, H.: Einführung in die Informatik für Ingenieure. München - Wien 1980

78 Wedekind, H.: Datenorganisation. 3. Aufl. Berlin 1975

79 Wedekind, H.; Härder, T.: Datenbanksysteme I. Eine konstruktive Einführung in die Datenverarbeitung in Wirtschaft und Verwaltung. 2. Aufl.; Mannheim - Wien - Zürich 1981

80 Wedekind, H.; Härder, T.: Datenbanksysteme II. Mannheim - Wien - Zürich 1976

81 Zemanek, H.: Elementare Informationstheorie. Wien, München 1959

Sachwortverzeichnis